国家出版基金项目
NATIONAL PUBLICATION FOUNDATION

西方古典学研究

论动物的运动

De
motu animalium

Aristotle, Oliver Primavesi, Christof Rapp

[古希腊] 亚里士多德 著
[德] 奥利弗·普利马维希 希腊文本编辑和语文学导论
[德] 克里斯托弗·拉普 导论
刘玮 编译

北京大学出版社
PEKING UNIVERSITY PRESS

著作权合同登记号 图字：01-2021-5014
图书在版编目（CIP）数据

论动物的运动 /（古希腊）亚里士多德著；（德）奥利弗·普利马维希编；刘玮编译. —北京：北京大学出版社，2021.11
（西方古典学研究）
ISBN 978-7-301-32629-9

Ⅰ. ①论… Ⅱ. ①亚… ②奥… ③刘… Ⅲ. ①古希腊罗马哲学 Ⅳ. ① B502.233

中国版本图书馆 CIP 数据核字（2021）第 205928 号

De motu animalium, by Aristotle, Oliver Primavesi ed.

书　　名	论动物的运动 LUN DONGWU DE YUNDONG
著作责任者	[古希腊] 亚里士多德（Aristotle）著 [德] 奥利弗·普利马维希（Oliver Primavesi）编　刘　玮　编译
责任编辑	王晨玉
标准书号	ISBN 978-7-301-32629-9
出版发行	北京大学出版社
地　　址	北京市海淀区成府路 205 号　100871
网　　址	http://www.pup.cn 新浪微博：@ 北京大学出版社
电子信箱	pkuwsz@126.com
电　　话	邮购部 010-62752015　发行部 010-62750672　编辑部 010-62752025
印 刷 者	北京中科印刷有限公司
经 销 者	新华书店
	730 毫米 ×1020 毫米　16 开本　12.5 印张　171 千字
	2021 年 11 月第 1 版　2021 年 11 月第 1 次印刷
定　　价	42.00 元

“西方古典学研究”总序

古典学是西方一门具有悠久传统的学问，初时是以学习和通晓古希腊文和拉丁文为基础，研读和整理古代希腊拉丁文献，阐发其大意。18世纪中后期以来，古典教育成为西方人文教育的核心，古典学逐渐发展成为以多学科的视野和方法全面而深入研究希腊罗马文明的一个现代学科，也是西方知识体系中必不可少的基础人文学科。

在我国，明末即有士人与来华传教士陆续译介希腊拉丁文献，传播西方古典知识。进入20世纪，梁启超、周作人等不遗余力地介绍希腊文明，希冀以希腊之精神改造我们的国民性。鲁迅亦曾撰《斯巴达之魂》，以此呼唤中国的武士精神。20世纪40年代，陈康开创了我国的希腊哲学研究，发出欲使欧美学者以不通汉语为憾的豪言壮语。晚年周作人专事希腊文学译介，罗念生一生献身希腊文学翻译。更晚近，张竹明和王焕生亦致力于希腊和拉丁文学译介。就国内学科分化来看，古典知识基本被分割在文学、历史、哲学这些传统学科之中。20世纪80年代初，我国世界古代史学科的开创者日知（林志纯）先生始倡建立古典学学科。时至今日，古典学作为一门学问已渐为学界所识，其在西学和人文研究中的地位日益凸显。在此背景之下，我们编辑出版这套“西方古典学研究”丛书，希冀它成为古典学学习者和研究者的一个知识与精神的园地。“古典学”一词在西文中固无歧义，但在中文中可包含多重意思。丛书取“西方古典学”之名，是为避免中文语境中的歧义。

收入本丛书的著述大体包括以下几类：一是我国学者的研究成果。近年来国内开始出现一批严肃的西方古典学研究者，尤其是立志于从事西方古典学研究的青年学子。他们具有国际学术视野，其研究往往大胆而独具见解，代表了我国西方古典学研究的前沿水平和发展方向。二是国外学者的研究论著。我们选择翻译出版在一些重要领域或是重要问题上反映国外最新研究取向的论著，希望为国内研究者和学习者提供一定的指引。三是西方古典学研习者亟需的书籍，包括一些工具书和部分不常见的英译西方古典文献汇编。对这类书，我们采取影印原著的方式予以出版。四是关系到西方古典学学科基础建设的著述，尤其是西方古典文献的汉文译注。收入这类的著述要求直接从古希腊文和拉丁文原文译出，且译者要有研究基础，在翻译的同时做研究性评注。这是一项长远的事业，非经几代人的努力不能见成效，但又是亟需的学术积累。我们希望能从细小处着手，为这一项事业添砖加瓦。无论哪一类著述，我们在收入时都将以学术品质为要，倡导严谨、踏实、审慎的学风。

我们希望，这套丛书能够引领读者走进古希腊罗马文明的世界，也盼望西方古典学研习者共同关心、浇灌这片精神的园地，使之呈现常绿的景色。

“西方古典学研究”编委会

2013 年 7 月

目　录

《论动物的运动》导论

克里斯托弗·拉普 撰

刘玮 编译

【编译者按：这是克里斯托弗·拉普教授为《亚里士多德的〈论动物的运动〉：亚里士多德研讨会论文集》撰写的导论，细致梳理了亚里士多德撰写这部作品的目的、其中的主要论证和主要的学术争论。这里的编译对拉普教授的正文略作缩减，并去掉了很多详细的注释；更多细节可参考Christof Rapp and Oliver Primavesi eds., *Aristotle's De Motu Animalium: Symposium Aristotelicum*, Oxford: Oxford University Press, 2020, pp. 1-66】

一、《论动物的运动》的论题与写作目的

《论动物的运动》在亚里士多德的全集中处于一个特殊的位置。它讨论的是动物的自主运动现象，也就是人和非人动物都可以推动自己运动。虽然动物有不同的方式运动，有些行走、有些飞行、有些游泳、有些爬行、有些跳跃，但是在这些运动中有某种共同的原因，这个共同的原因就是《论动物的运动》意在揭示的内容。这个普遍性的论题将这部作品与亚里士多德的动物学著作联系在一起。事实上，在《论动物的运动》和《论动物的行进》(*De incessu Animalium*，英文通常译为 *On the Progression of Animals*)，以及《论动物的部分》(*De Partibus Animalium*)中讨论动物的肢体终端及运动部分的章节之间有着非常实质的共同之处。与此同时，让人有些吃惊的是，《论动物的运动》的论证中有两章讨论的是宇宙整体的运动，还提到了不动的推动者（unmoved mover）、天体的永恒运动，以及“第一哲学”。整体而言，这部作品展现出了这样一种倾向，即用来解释月下世界动物运动的原理，与解释更普遍的运动的原理一致。

在这个令人惊叹的整体视野之外，《论动物的运动》还有一个非常具体的任务，就是把亚里士多德的灵魂论 / 心理学著作《论灵魂》（*De anima*）和那些被合称为《论自然诸短篇》（*Parva naturalia*）的著作联系起来。从《论动物的运动》第 6 章开始，确定所有动物运动共同原因的整体计划被具体化为灵魂如何推动身体。灵魂的能力之一就是引发位移运动，这是《论灵魂》III.9-11 的核心论题。《论灵魂》III.10 在讨论了思考和欲求在引发位移运动中的作用后指出，“欲求推动运动的工具是某种身体性的东西”，有必要把它当作身体和灵魂共同的功能之一来加以考察（433b19-21）。讨论“身体和灵魂共同的东西”是亚里士多德在《论自然诸短篇》中的计划：在《论感觉与可感物》（*De Sensu*）I.436a6-9 中，他提到了“感觉、记忆、意气、欲望以及普遍而言的欲求”都是这种共同功能的例子，虽然《论自然诸短篇》中的著作没有任何一部将“意气、欲望以及普遍而言的欲求”当作主题，而《论动物的运动》对欲求和它的身体－生理方面有很多讨论。此外，《论动物的运动》第 10 章总结了前面很细致的讨论里展开的关于灵魂如何推动身体的论述，“通过被推动进行推动的灵魂部分我们已经说过了”（703a28-29）。这指的是被推动的**身体**部分，**通过这个部分**灵魂导致运动，这个说法本身就暗示了它是在回应《论灵魂》III.10 的说法。这个呼应使得《论动物的运动》的核心部分成为心理－物理或者灵魂－身体计划的一部分，意在探索灵魂开启运动的身体工具或前提条件。

那么很显然，《论动物的运动》在很多方面都和亚里士多德的哲学和科学思想联系在一起。这些联系反映在对亚里士多德其他著作的大量暗示和提及之中。虽然《论动物的运动》看起来只讨论了一个相对而言很具体的问题，但是这部作品却因为对于动物运动的解释，而成为连接亚里士多德哲学不同层面的作品，并因此给很多阐释上富有争议、哲学上富有挑战的问题提供了线索。

玛莎·努斯鲍姆（Martha C. Nussbaum）关于《论动物的运动》的翻译和注疏在 1975 年以博士论文的形式完成，之后在 1978 年出版（1985

年出版了经过修订的第二版），这是第一部完整的对《论动物的运动》现代注疏，并因此成为一部标志性的著作。虽然她的一些观点并没有被学界广泛接受，一些讨论也可以明显看到当时哲学讨论的影响，但是整体而言，这部作品还是树立了哲学问题的讨论计划，这些问题直到今天依然得到学者们的广泛讨论。在努斯鲍姆之后，一部德语（Kollesch 1985）和一部法语（Morel 2013a）的注疏相继出版，以弗所的迈克尔（Michael of Ephesus）的希腊语注疏也有了英译本（Preus 1981）。马尔文・拉希德（Marwan Rashed）和安德雷・拉克斯（André Laks）编辑了关于《论动物的运动》的论文集（Laks/Rashed 2004）。除了这些注疏和文集之外，还有一些讨论整部《论动物的运动》的专著，最值得关注的是 Labarrière 2004, Morel 2007 和 Corcilius 2008a。此外，还有像 Lorenz 2006 这样的关注《论动物的运动》的某个部分与《论灵魂》III.9-11 关系的作品。

二、《论动物的运动》的结构

从宏观层面上看，《论动物的运动》讨论两个彼此不同但相互联系的问题。第一个是在**第 1 章开头**提出的：适用于所有运动类型的“共同原因”是什么（698a4）？这个表述意在将《论动物的运动》与《论动物的行进》中的不同计划区分开来，后者更多关注的是不同类型的动物运动以及不同物种之间的结构差异。之后的五章讨论的是动物自主运动的前提条件，但是它们也关心同样的条件是否适用于其他运动，特别是宇宙整体的运动。第二个主导性的问题在第 6 章开头提出，标志着讨论转向了更关注动物运动的方向，严格说来有两个问题：“……我们还需要研究灵魂如何推动身体，以及动物运动的原理 / 始点（*archê*）是什么”（700b9-11）。第一个问题非常直接，看起来是拾起了《论灵魂》III.9-11 中准备好的问题，因为说灵魂通过欲求（同时加上感觉、表象 / 想象［*phantasia*］或思想）引起运动，并没有回答灵魂的欲求能力如何让动物的肢体和整个动物运动起来。第二个问题指向了动物运动的原理，从而提醒我们在《论动物的运动》开篇提到的问题，即寻求动物运动的“共同原因”。我们可以预期，对这个共同原因的完整论述会提到灵魂或者灵魂的某些能力，同时也会确定某些身体工具，将运动传递到动物身体导致运动的部分。因为这里探索的是一个普遍的原因，身体性的或者生理性的解释，就必然抽离于不同物种在解剖学上的差异。

【著作的两个部分?】这样看来，这部作品的第一部分就是**第 1 至第 5 章**，第二部分是**第 6 至第 10 章**（或者第 11 章，取决于我们把最后一章看作附录还是更紧密地与第 6 至第 10 章的主要论证联系在一起）。原则上讲，我们可以说第一部分讨论的是运动的某些普遍条件，第二部分关注的是具体的动物运动。这么说看起来没有错，但并不完整，因为前两章已经在讨论具体的动物运动了，而第 6 章接着第一部分比较动物的运动和宇宙或天体的运动。尽管如此，把这部著作划分为两部分还是比较方便的方法。

作品的第一部分是由第 1 章的一个整体性的说法聚合成一体的（698a7-10）：自己推动自己的东西（即自动者）是其他事物运动的始点或原理（*archê*），而它**自己**运动的原理，也就是自动者运动的原理，是不动的（*akinêton*）。这个说法并不是特别针对动物运动的，而是从其他语境中挪用过来的，与永恒运动的讨论有关。这个向动物运动的过渡是因为要把普遍论述应用到具体案例中，而需要讨论的首要案例就是动物的运动。

【动物运动的案例】第 1 章的其余部分和第 2 章将这个说法变得更具有实质意义：首先表明在动物体内必然有某个不动的东西（1.698a14 以后），之后表明必然有某种外在于动物的不动的东西，通过挤压它动物得以运动（第 2 章）。换句话说，一开始说到的“不动者”的普遍要求至少可以用两种不同的方式应用于动物的位移运动：第一，它们需要一个内部的静止点；第二，它们需要一个外部的静止点提供阻力（否则它们就会像人在流沙上行走一样难以前进）。亚里士多德立即将内部的静止点与关节联系起来，因为当动物弯曲或伸直肢体，关节里的一个点是运动的，另一个点是静止的（关节或者关节中的一个点，有的时候是潜在的一、现实的二，有的时候是现实的二、潜在的一）。因此关节是运动的始点，特别是关节中不动的区域或点。至于外在的静止点，第 2 章表明，这个不动的事物整体而言必须不同于整个运动的东西，也就是说不能是它的一部分。

【不动之物的要求和整体的运动】在第 2 章开头引入外部的静止点时，亚里士多德指出，需要在这里暂停一下，做更普遍的反思，因为这个观点不仅让当前的研究与动物的运动有关，而且也和宇宙的运动有关（698b9-12）。事实上，**第 3 章和第 4 章的第一部分**就讨论了将在动物运动中发现的不动之物的要求应用在宇宙整体带来的疑难（*aporiai*）：是不是有某个不动的东西与整个自然的关系，和地面与自主运动的陆生动物之间的关系相同？那是不是意味着有某个不动的东西既不在宇宙之中，又不是宇宙的一部分？如果宇宙的推动者本身是被推动的，它必然至少要接触或者依靠某个不动的东西，并因此不是宇宙的一部分；还是说这个宇宙的推动者本身是不被推动的？有些人认为宇宙的两极不能承担推动者的职责，神话中的阿特拉斯（Atlas）也不行，据说他脚踏大地旋转天球。此外，所有包括一个像阿特拉斯那样的内在推动者，利用大地处于静止状态的模型都会遇到一个问题，那就是过度的力量；因为如果推动者使用了不成比例的力量在大地上，大地就会被从它的中心位置移开。如果出现这样的情形，就会威胁到宇宙的不可破坏性。但是对亚里士多德来说，《论动物的运动》并不是充分解决这种难题的地方。关于宇宙运动的这个离题话在什么意义上对整个论证有所贡献，并不清楚且存在争议。不管怎样，这段有关两个疑难的讨论以带着肯定的语气引用荷马而告终，他说不管用多大力气都不可能把宙斯从天上拉到地上。亚里士多德对这几行的阐释是，那绝对（并且依据本性）不可能被移动的东西就肯定不能被移动，一个这样（完全不能移动）的原理也可以避免上面提到的宇宙被破坏的威胁。

【不动之物的要求在更大的语境中】第 4 章的后一部分和第 5 章看起来回到了原有的计划，重复了第 1 和第 2 章无可争议的结论，即为了要运动，生物体既需要内在又需要外在的不动之点。这个结果现在体现在两个更大的视野之中。第一，亚里士多德问，这个要求是不是也适用于无灵魂的存在，还是只适用于有灵魂的存在使得无灵魂的存在运动（就像第 1 章说的那样）。第二，亚里士多德问，这些要求是否只适用于位移运动，还是适用于所有种类的变化和生长。为了回答这些问题，亚里士多德提醒读者，在宇宙中和在个别动物的生成中位移运动都是首要的。在第 5 章结束时，我们可以说，从第 1 章就确立的不动之物的普遍要求已经以某种方式贯穿了若干种具体情况（698a12-14）：生物、整个宇宙、无灵魂的存在以及若干种运动 / 变化（*kinêsis*）。

【过渡到第二部分】从第 6 章开始的第二部分开始了一个不同的计划。既然无灵魂的存在得到了讨论（部分在其他地方，部分是它们的运动依赖自主运动者），第一推动者和第一被推动事物（也就是第一天球）也在"第一哲学"的语境中得到了讨论，那么现在需要讨论的就是**动物的**自主运动。具体来说，需要讨论的就是灵魂如何推动身体运动，动物运动的原理 / 始点是什么。这两个问题给出了直到第 10 章结尾的论证的共同线索。值得注意的是，第 6 章的新进路直接提到了宇宙运动和有意的动物运动中的目的因。

【动物运动的灵魂要素】为了回答灵魂如何推动身体这个主导性的问题，第一步就是要使用《论灵魂》III.9-11 中提出的观点。动物推动自己是为了某个目的或目标。如果我们想要知道它们如何做到，以及这些推动的要素是什么，我们可以很容易地看到，它们是被推论性的思考（*dianoia*）、表象 / 想象（*phantasia*）、决定 / 选择（*prohairesis*）、想望（*boulêsis*）和欲望（*epithumia*）推动的。这个相当长的列表——或许还可以增加感觉（sense-perception）和意气（*thumos*）——可以很快被还原为两个整体性的推动要素，即思想（*nous*）和欲求（*orexis*），因为想望、意气和欲望只不过是不同种类的欲求，而感觉和表象 / 想象，就像思想，都包括判断（*krinein*），因此可以和思想归为一类。选择 / 决定是这个列表上的最后一项，包括了推论性的思考和欲求。第一推动者因此可以被说成是欲求的对象（*to orekton*）和思想的对象（*to dianoêton*），但是并非任意推论性思考的对象，而是可以通过行动实现的目标。在《论灵魂》III.9-11，在探究达到类似的阶段后，亚里士多德讨论了欲求和思想到底哪一个是决定性的推动者，而在《论动物的运动》第 6 章，这个讨论并没有发挥作用，或许是因为第 7 章的“实践三段论”模型意味着欲求和思想（在非人动物那里就是感觉和表象 / 想象）必须要结合起来才能开启运动。但是《论动物的运动》第 6 章重复了《论灵魂》III.9-11 中另一个重要的结果，这个结果关乎欲求（*orexis*）或欲求能力（*orektikon*）与欲求对象（*orekton*）之间的关系：后者引发运动而无须被推动，而前者（在动物身上）引发运动同时被（欲求对象）推动。在这个链条中，最后被推动的要素，也就是这个动物，并不必然推动任何其他东西。因此我们就得到了这样一个在《论灵魂》III.10 已经有所了解的三元结构：**不动的推动者—被推动的推动者—被推动的对象**。欲求对象是不动的推动者，这一点让我们想起《论动物的运动》第 1 章对“不动之物的要求”的第一次表述，根据这个要求，自主运动者的运动依赖之前不动的推动者。在《论动物的运动》第 10 章开头，亚里士多德提到“表达了运动原因的论述”时，明显是在回溯这个三元结构。

【实践三段论和灵魂论解释的完成】第 7 章的第一部分引入了著名的“实践三段论”，并且用比亚里士多德在其他著作中更大的篇幅、更多的细节和变化讨论了这个问题。值得注意的是，这个讨论是由一个很具体的问题引发的：前面的讨论将思考和欲求的对象当作动物的推动者，但是当一个人思考（某个对象）时，为什么有时候行动有时候不行动？对本章中论证的重构是一个争议极大的问题，但是我们有足够的理由说实践三段论的模型意在回答这个问题：它在行动或有意识的位移运动之前的灵魂状态中区分出了若干种不同的“前提”，并且表明要带来一个运动（它处于结论的位置），就需要某两个具体的前提，最典型的情况是一个前提说明了什么是好的，另一个前提说明了什么是可能的，或者像很多阐释者认为的那样，前一个是欲求，后一个是思想或感觉。比如，我在想每个人都应该走动，并且我是一个人，那么我就会立刻开始走动。想着一个人应该喝东西，并且想着这是饮品，那么一个人就会立刻喝这个东西。如果只有这两个前提中的一个，就不会产生行动。此外，实践三段论的模型让亚里士多德可以解释，为什么在一些情况下需要额外的计算，而在另一些情况下行动是直接发生的。不管怎样，这个讨论是由行动者为什么有时候会行动有时候不行动的问题引发的，由此得出了更普遍的结论，也就是动物拥有移动和行动的冲动，当感觉、表象 / 想象或者思想产生了对某个具体对象的欲求，这就是运动最后的或最近的原因。

【过渡到生理性解释】第 7 章的后半部分，从 701b1 开始有一个重要的焦点转换。到这里为止，讨论只是使用了我们从《论灵魂》III.9-11 中了解到的心理学词汇，而从这里往后，亚里士多德开始讨论解剖学中的身体区域和部分，比如关节、韧带、骨骼、天生的普纽玛（connate *pneuma*）等等，以及各种生理过程，比如降温、升温、收缩、膨胀。在动物体内运动的开启和传递，由三个类比得到说明。亚里士多德首先提到自动剧场，在那里一些线绳被松开，木偶就开始用它们的刀剑互相击打，自动剧场里铁质的和木质的部分以及收紧的线绳，就像动物体内的骨骼和韧带。自动剧场意在说明一个很小的初始运动最终可以导致巨大的变化和差别。船舵也可以说明同样的观点：船舵一个很小的调整，就可以导致船头的明显转向。在另一个类比中，亚里士多德提到了轮子大小不一的马车，虽然车夫努力让它走直线，但是它却在画圆，因为较小的轮子就像是中点。这表明，最开始的变化不仅可以被放大，而且可以被转换为不同种类的变化。不同于马车和自动剧场，在动物的身体里有一些部分可以改变大小或者变成不同的形式，因此动物的身体甚至更适合将小的冲动加以传递、放大和改变，从而带来肢体的运动和整个动物的运动。

【心理 – 生理变化的顺序】感觉、表象 / 想象和思想，再加上欲求，推动了动物的运动。但是运动到底从哪里开始，这个初始的变化如何被转换成位移运动呢？《论动物的运动》第 7 章的几个类比（自动剧场、船舵和马车）给了我们第一个线索，但是我们依然需要追踪从最初的变化直到最后的位移运动的整个过程。**第 7 章最后的部分和第 8 章的主体部分**，就试图补上这个过程的缺失环节。一切都始于我们熟知的感觉、表象 / 想象和思想这三样东西。感觉直接就是或者涉及某些变化，表象 / 想象和思想至少有“它们对象的能力”（701b19），因为一个表象 / 想象中的或者思想中的对象，比如一个可怕的东西，有着和一个可怕事物本身相同的效果，可以让我们颤抖和恐惧。一个对象如果可以通过行动实现或避免，那么它就成为运动的始点或原理。取决于这个感觉到的、表象 / 想象中的，或者想到的对象是显得令人愉快（从而值得追求）或者令人痛苦（从而最好避免），在动物体内必然跟随而来的是升温和降温。这些变化最开始可能很小很弱，动物甚至都没有注意到它们。但是它们最终会影响到工具性的部分（也就是终端关节附近的组织）始点的内部区域，这部分适合从固态变成液态，从坚硬变成柔软，反之亦然。这些身体部分，也就是上面提到的过程中扮演主动或被动角色的部分，根据它们的自然本性或者适合主动或者适合被动，从而直接导致相关的运动（之后在第 9 和第 10 章，这个图景还会被进一步区分，收缩与膨胀会被看作降温与升温的结果）。

【运动的心理始点的位置】然而，只要动物体内运动的始点还没有被确切定位，前面勾勒的图景就还不完整。**从第 8 章中间（702a21）到第 9 章结束**，亚里士多德构造了一个宏大的论证，表明运动在灵魂上的始点（或者“进行推动的灵魂的原理”）在身体的中部，也就是心脏（在无血液动物中就是类似心脏的器官）的位置。第一步是论证推动动物的首要东西必然是一个始点，并且这个始点不是任何其他东西的终点，因为《论动物的运动》第 1 章论证，有些运动的始点也是某个别的东西的终点，包括比如通常的关节。因此当手移动棍子时，手腕就是运动的始点，同时它又是前臂的终点。肘关节是一个运动的始点，同时也是上臂的终点，等等。在这个意义上，推动动物的首要原因必然在这样一个始点中，它不是任何东西的终点。亚里士多德用一个思想实验证明这一点：假如前臂是整个动物，那么灵魂引起运动的始点就在肘关节。下一步，他表明，这个始点必然在身体的中间部分，从这里它可以同时引发右侧和左侧的运动。这是一个很合理的结论，因为这同时也是首要的感觉器官所处的位置，因此通过感觉导致的变化可以立即传递到邻近的部分。就像第 1 章里提到的关节，亚里士多德说当动物的左右两侧被推动时，身体的这个中间部分是潜在的一和现实的多。第 1 章还表明，严格说来一个几何学上的点是不能被分割的，因此这里说到底身体的中间部分必然有一定的大小，而不是一个点。假设身体的两侧同时运动，那么如果 A 代表了始点，而 B 和 Γ 代表身体的两侧，那么 AB 和 AΓ 都是被推动的（见图 1–1）。

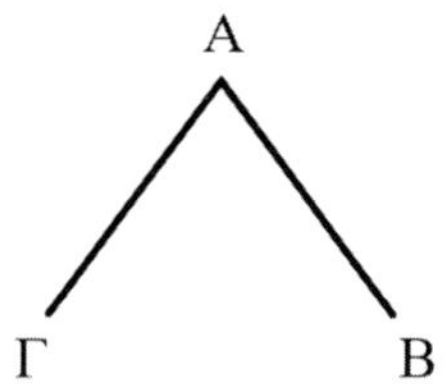

图 1–1

假如只有 AB 被推动，那么始点中 AΓ 这个终端就会保持静止，并导致 AB 的运动；与此相似，假如只有 AΓ 被推动，那么始点中 AB 这个终端就会保持静止，并导致 AΓ 的运动。但是既然 AB 和 AΓ 同时运动，那么就没有什么保持静止，这样就违反了第 1 章确立的不动之物的要求。因此亚里士多德得出结论说，必然还有某个其他的东西在这些之外，导致了运动但是不被推动，而这个东西必然是一个整体，为了提供身体两侧的静止点，它不能被等同于 AB 或 AΓ 的始点。亚里士多德的结论是，这个不被推动的整体是灵魂，它不同于身体中部有大小的区域，而是居于其中。

【天生的普纽玛的作用】到这里，运动的始点就确定了位置，亚里士多德可以在第 10 章完成他的整个论述了。在不动的推动者—被推动的推动者—被推动的东西这个整体结构中，欲求处于中项的位置，因为它是被欲求对象推动的，同时又在被推动的动物那里引发了运动。在生物中，必然有“那种”物体（即既能引发运动又能被推动的物体）。它是某种天生的有着气状形态的物质（connate aeriform stuff），它被称为普纽玛（*pneuma*），它的自然本性就适合导致运动和传递力量。普纽玛呼应着降温和升温，而降温和升温来自动物欲求躲避或追求某个对象，普纽玛将这些冲动转化成推拉的力量，它们推动动物的终端运动，只要有某种处于静止状态的东西。这一章没有止于讨论普纽玛的具体特征，这显然是因为亚里士多德认为这些特征在其他著作中已经讲得很清楚了。所以他努力澄清普纽玛在动物身体中的位置。他说普纽玛与运动的灵魂始点的位置关系，必然像关节中被推动的部分与静止的部分之间的关系。因为灵魂中运动的始点在身体的中间，也就是在心脏或者类似的部分，那么普纽玛必然也在那里，这样才能把从那里产生的冲动传递到身体的邻近部位，并且（如果我们严肃看待与关节中被推动的和不动的点的类比）依靠某个不动的东西。

【自愿和不自愿的运动】《论动物的运动》的主要部分关于自愿行动和运动，它们始于感觉、表象／想象、思想、欲求，全书最后一章也就是**第11章**，讨论了违背意愿的运动，也就是这种运动独立于动物实际上和有意识地追求的东西。在这些非自愿（non-voluntary）的运动中，有睡觉、醒来、呼吸等等；至于不自愿（involuntary）的运动，亚里士多德提到了心脏和生殖器违背思想命令的运动。后者的运动来自身体其他区域的变化，亚里士多德提醒读者，表象／想象和思想带来对象的形式，它们有力量去导致与对象本身类似的变化。此外，亚里士多德还指出，变化可以从身体的部分（比如肢体和感觉器官）进到始点（也就是身体中部的灵魂），也可以从始点到部分，因此在某个部分无意识的变化可能是另一部分开启的变化的结果，只是**通过**始点而没有被始点**认可**。

三、真实性

直到19世纪中期，那些注疏亚里士多德作品的作者都很乐于将《论动物的运动》接受为一部真作，并且将《论灵魂》III.10.433b19-21提到的作品与《论动物的运动》联系起来。只是从19世纪50年代开始，才有一些有影响力的学者，比如布兰迪斯（Brandis）、弗罗伊登塔尔（Freudenthal）、策勒（Zeller）和希克斯（Hicks）开始严肃看待瓦伦丁·罗瑟（Valentin Rose）对于这部作品并非亚里士多德所著的质疑。在1912年和1913年，法克哈尔森（Farquharson）和耶格尔（Jaeger）很有说服力地反驳了罗瑟的主要观点。即便如此，依然有一些在亚里士多德灵魂学说上持发展论的学者认为在《论动物的运动》和其他亚里士多德作品之间存在张力，最有代表性的是弗朗索瓦·努扬（François Nuyens 1948）和罗斯（W. D. Ross 1957, 1961）。他们的主要质疑有下面这些。

（一）《论动物的运动》第10章中带有误导性或后来插入的引用

在第10章703a10-11亚里士多德说："如何保全这个天生的普纽玛在其他作品中已经得到了讨论（τίς μὲν οὖν ἡ σωτηρία τοῦ συμφύτου πνεύματος, εἴρηται ἐν ἄλλοις）。"有趣的是，被认为晚出和非亚里士多德本人所做的《论普纽玛》（*De Spiritu*）的第一句话就宣称了一个计划，与这个说法完全吻合，它提到了这个天生的普纽玛的永久性（διαμονή）和生长（αὔξησις）（481a1-2）。策勒是第一个指出这个对应的，他认为在一部被认为是真作的作品中提到一部伪作，这本身就让《论动物的运动》的真实性变得非常可疑。事实上《论普纽玛》包括了很多来自亚里士多德之后解剖学的定理（自从耶格尔的时代这一点就被人多次论证）；直到最近才有少量学者为《论普纽玛》的真实性辩护（Bos/Ferwerda 2008），但是所有这些尝试都被决定性地反驳了（Gregoric/Lewis 2015）。因此我们可以排除亚里士多德想的是这部作品。以此为背景，一个合理的推断是考察一下这个对普纽玛的提及是不是后来加上的。耶格尔就是沿着这个思路展开论证的，他表明这句话打断了一个思想的进程，在几行之后才有另一处提及关于普纽玛的讨论，两次提到普纽玛这个主题会在其他地方得到讨论非常奇怪（Jaeger 1913a, 48）。

然而，大多数注疏者都尝试确定其他作品作为这个提及的目标。比如以弗所的迈克尔怀疑这个提及指的是已经逸失的作品《论营养》（Περὶ Τροφῆς, *On Nourishment*），在若干亚里士多德的作品中都提到了这个计划。然而，不清楚的是亚里士多德是否完成了这样一部作品，因此所有关于其内容的看法都是猜测性的。法克哈尔森暗示了这里的提及可能是相反的，也就是《论普纽玛》的作者想要指出亚里士多德在自己的作品中提到的问题，法克哈尔森还提到了这句话可能意指的其他一些文本，但是没有任何一个解释看起来是完美的。托拉卡（Torraca）建议《论呼吸》（*De Respiratione*）的一个文本（479b26-480a15）是这里提及的目标，但是杜林（Düring 1950, 416）批评了这种观点。杜林建议这里指的是《论青年与老年》（*De Iuventute and Senectut*）470a5-b5，然而这里讨论的并不是普纽玛的保全，而是保全与此相关的生命热量（vital heat）。努斯鲍姆建议《论动物的生殖》（*De Generatione Animalium*）II.6.742a14-16。不管现代学者为了回答这个问题（即天生的普纽玛如何得到保全以及如何产生）提到什么文本，必然都应该包括《论动物的生殖》中的材料。唯一的问题在于，根据一个广泛的共识，《论动物的生殖》写于《论动物的运动》之后，这也是努斯鲍姆（她也接受这个时间表）为什么补充了一个提示性的注释，说明这个对《论动物的生殖》的提及很可能是后来的插入，基于《论动物的运动》中对普纽玛理论的阐述，而这又将我们带回了耶格尔的看法。

即便有这么多学者们的努力，703a10-11 的这个句子看起来依然有些令人困惑。即便如此，这句话造成的问题不该被夸大，毕竟它只是一个不清晰的提及，除了它之外，还有大约 10 个毫无争议、非常实质性的，并且基础牢固的对于亚里士多德其他作品的提及，还有大量精确或近乎精确地复制了亚里士多德其他作品的表述。此外，《论灵魂》III.10.433b19-21 对于探究身体与灵魂共同性的前瞻性提及，还有对这个探究主要观点的预演（433b21-27），也都非常令人满意地与《论动物的运动》的核心论题吻合，并且只与这部作品而非在论题上相关的《论动物的行进》吻合。

（二）在古代证言中少有证据？

令注疏者困惑的是，《论动物的运动》这个标题只出现在几个亚里士多德作品的古代目录里（参见 Moraux 1951）。有人论证，这些目录提供了最强有力的证据，表明某部作品在亚里士多德的全集中真实存在。就《论动物的运动》而言，这一点看起来格外令人担忧，因为我们没有任何来自拜占庭以前的注疏。托勒密 – 艾尔 – 加里布（Ptolemy-el-Garib）的目录里提到了《论动物的运动》，这个目录来自安德罗尼柯编辑的亚里士多德作品的第一个版本。另外两个更早的、希腊化时代的目录早于安德罗尼柯的版本，第欧根尼・拉尔修（Diogenes Laertius）的目录完全没有提到《论动物的运动》，而《海希齐安传记》（*Vita Hesychii*）里包括了另一个目录，这里提到了《论动物的运动》，但只是在附录里，而不是在正文里。第欧根尼目录中的缺失和仅仅出现在海希齐安目录（可能较晚）的附录里，乍看起来是怀疑这部作品真实性的基础。但是其他更广为人知的作品，比如希腊化时代的目录也没有提到所有的动物学作品（《动物志》[*Historia Animalium*] 是唯一的例外），在《形而上学》的全部十四卷中，第欧根尼的目录只提到了 Δ 卷。对于在希腊化的目录里，《论动物的运动》和其他毫无争议的亚里士多德作品题目的缺失，最好的解释似乎是，这两个目录的共同模本只记录了在某时某地可以看到的亚里士多德的作品，或许是在亚历山大里亚的图书馆，而另一部分作品在当时是看不到的，只是在它们重新得见之后才被补充进了目录之中。

此外，这些目录并非可以证明某个作品确是亚里士多德所作的唯一证据。古代注疏家提到某个作品或者题目至少同样重要。亚历山大（Alexander）、辛普里丘（Simplicius）和斐罗波努斯（Philoponus）都在作品里提到了《论动物的运动》的题目。亚历山大和特米斯提乌斯（Themistius）还对它的内容作了复述，并且没有对它的真实性提出任何质疑。在努斯鲍姆提到的证据之外，亚历山大的《论灵魂》中还有一大段文字（76.6-78.2 Bruns）最近才被确认是对《论动物的运动》7.701b13-8.702a10 的复述，并且包括了很多直接的引用。这个对《论动物的运动》一些核心论题的概括对于确定这部作品的真实性至关重要，因为它直接来自亚历山大对《论灵魂》III.10 思想的复述。我们因此可以得出结论：亚历山大不仅看到了《论动物的运动》的文本，并且认为这部作品是亚里士多德所作，而且认为《论动物的运动》回答了《论灵魂》III.10 提出的问题。

（三）主题上缺少统一性？

我在前面提到，《论动物的运动》可以被划分为两个主要部分，1—5章是一部分，6—10章（再加上第11章）是第二部分。然而，根据对这个划分的某些描述，它们似乎意味着两个截然不同的计划，从而威胁到了整部作品在主题上的统一性。由于这类观察，19世纪的学者认为很难在亚里士多德的全集里给这部作品找到一个恰当的位置，因此有些人，特别是罗瑟，最终否认这部作品的真实性。与此类似，在第3和第4章插入的宇宙论疑难，即宇宙中不动的推动者，也是第一哲学的真正主题，这也被看作威胁到了这部作品整体的统一性。最后，看起来与前文没有什么关系的天生的普纽玛在《论动物的运动》第10章的出现，也被认为是这部作品缺少统一性（因为普纽玛在前面完全没有提到）和真实性（因为关于普纽玛的理论在亚里士多德之后的漫步学派哲学家中非常流行）的证据（关于这一点参见下面的第六节）。

最近法佐（Fazzo 2004）论证了《论动物的运动》包括两个或多或少分离的计划。她区分了 *MA* 1（1—5章）和 *MA* 2（6—10章），并且将698a1-7，698a7-14和700b4-11看作三个独立的序言，它们将 *MA* 1和 *MA* 2的独立计划联系在一起。考虑到第3—4章长篇的离题话和第6章开头的“重新开始”，这个理解似乎很有吸引力。但是我们还是有很多理由强调这部作品的统一性，反对这种 *MA* 1和 *MA* 2的区分。第一，亚里士多德对这部作品有时候会偏离主线是有所意识的（比如2.698b9-12，3.699a12，4.699b12-13，4.699b31）。所有这些标识出来的偏离都是关于宇宙论问题的，那么除了从正题——动物运动的共同原因之外还能从哪里偏离呢？第二，和宇宙运动的比较并不只是出现在第1—5章，比如在6.700b29，亚里士多德还是认为将动物的推动者与宇宙的推动者联系在一起很有帮助。第三，第1—2章确定的生物自主运动需要内部和外部的静止点，这个原则与寻求动物运动的共同原因高度相关，特别是内部的静止点为第8—9章的论证铺设了道路（最终引向了灵魂在身体中处于中心位置的结论）。

四、《论动物的运动》的创作年代

《论动物的运动》因为主题的缘故，没有提到任何历史事件、历史人物或者类似的信息，我们几乎没有任何线索可以确定它的创作时间。根据新的文本证据，在 7.701a24 亚里士多德很可能使用了双数形式 δυεῖν 而非 δυοῖν，根据阿提卡的铭文，δυεῖν 的形式出现在公元前 330 年以后，基于这个证据，我们可以给这部作品确定一个相对较晚的创作时期。

除此之外，我们还可以利用一些相对日期。根据《论动物的运动》中的交叉引用，这部作品似乎预设了亚里士多德的一部分动物学作品（比如《论动物的行进》、《动物志》II，可能还有《论动物的部分》IV）、《物理学》（至少是《物理学》VIII）、《形而上学》Λ、《论生灭》和《论灵魂》。这些篇目中的一些被看作是较晚的或者是成熟的作品。此外，如果我们认为《论灵魂》III.10.433b19-21 真的、有预见性地提及《论动物的运动》，那么我们就可以得出结论：亚里士多德在撰写《论灵魂》（这部作品整体上也预设了很多其他的哲学理论和概念）时脑子里想着尚未完成的《论动物的运动》。所有这些关于交叉引用的初步观察，都明显地指向了亚里士多德第二次居住于雅典的时间（公元前 335 年以后）。

交叉引用是确定亚里士多德作品相对年代最重要的工具，但是它们也可能会带有误导性。然而在《论动物的运动》中，大多数交叉引用都是与实质性的论证前提一起出现的。比如，作品一开篇不可避免地预设了对具体种类的动物位移运动的讨论，并且预设了自主运动者与不动的始点之间的关系已经在其他地方得到了讨论。第 6 章明显预设了几种不同的欲求方式以及几种不同的认知 – 判断能力之间的差别已经在其他地方讨论过了。与此相似，第 10 章也把关于天生的普纽玛的讨论当作现成的。从这个角度看，我们可以很安全地认为《论动物的运动》是一部相对较晚的作品。

《论动物的运动》最后的几行（11.704a3-b3）将这部作品置于一个更大、更完整的研究计划中，将《论动物的运动》放在《论动物的部分》《论灵魂》《论感觉与可感物》，以及《论自然诸短篇》中关于梦与醒和《论记忆》（*De Memoria*）这些作品构成的序列之中。《论动物的运动》是在这个序列的最后被提及的。亚里士多德告诉我们，这之后就只需要讨论动物的生殖了，这样就将读者引向了《论动物的生殖》。我们可能会怀疑这最后几行是后来加上的，或许不是亚里士多德自己加上的，而是某个编辑。即便我们认为亚里士多德是这几行的作者，我们也不清楚这个计划的顺序是不是创作时间的顺序。如果把这些担忧放在一边，这最后几行似乎表明，《论动物的运动》在这些计划之后，而在《论动物的生殖》之前并且接近《论动物的生殖》，这一点与其他可以得到独立验证的假设一致。最值得关注的是，人们普遍认为《论动物的生殖》是亚里士多德最晚创作的作品之一（比如它没有包括任何带有预见性的指涉，也没有任何其他的亚里士多德作品以回溯性的指涉提到它；同样值得关注的是，《论动物的生殖》包括了很多关于心脏和普纽玛的细节，就像其他生物学著作和《论自然诸短篇》一样，但是又同时预设了灵魂－身体的形质论［hylomorphism］，就像《形而上学》和《论灵魂》的核心卷那样）。如果这个假设是正确的，那么这对于我们确定《论动物的运动》的年代至关重要，就像努斯鲍姆观察到的，《论动物的运动》与很晚创作的《论动物的生殖》有一些共同的旨趣。比如《论动物的生殖》提供了理解《论动物的运动》第 10 章提到的普纽玛的线索；再比如，《论动物的生殖》两次提到了《论动物的运动》第 7 章提到的自动机械。

总结一下，即便我们无法给出不可置疑的证据来确定《论动物的运动》的创作年代，但是也没有障碍让我们认为它是一部相对较晚的作品，无论如何也是亚里士多德第二次在雅典居住时创作的作品，甚至接近他这段雅典时光的尾声。同时，有一些正面的线索让我们有理由认为，这部作品预设了一些哲学背景，需要从很多之前的亚里士多德作品中收集起来，而这些作品中的一些本身就很晚。这部作品的广阔旨趣似乎也显示了一个成熟的作者想要去看到自己之前从不同角度创作的作品最终汇聚到一起（这一点带有猜测性质）。

五、《论动物的运动》与《论灵魂》中的心理学不一致吗?

一个长久困扰注疏者的问题是《论动物的运动》与《论灵魂》这部最权威的关于所有灵魂 / 心理问题的作品之间似乎存在不一致。主要的问题有如下这些。

(一)心脏中心论与工具主义

《论动物的运动》为心脏中心论(cardiocentrism)做了辩护,或者更普遍地说,灵魂位于身体的某个特定区域,这一点与《论灵魂》II.1-4 的一个主要学说,即灵魂与身体的形质论不一致。根据形质论的学说,灵魂是有机身体的形式或者一个潜在的活着的身体的现实(*entelecheia*)。如果灵魂是形式,是统一的、结构性的原理,正是由于灵魂一个确定的、属于某个物种的生物体,拥有这个物种特有的能力,那么灵魂难道不应该被认为是**整个生物体**的形式吗,为什么要把它放在身体的某个器官中呢?在《论动物的运动》中,灵魂的中心位置是在第 8 章后半部分(702a21 以后)和第 9 章论证的,但是关于不一致性的担心通常都是与第 10 章最后的内容联系在一起的(703a29-b2),在那里亚里士多德指出一个动物就像一个统治良好的城邦,在城邦的不同部分不需要不同的统治者;与此相似,也不需要灵魂存在于动物的每个部分。这样看来,在《论动物的运动》中,灵魂处于中心位置就是至关重要的理论。这个倾向将《论动物的运动》与《论自然诸短篇》中的几部作品和《论动物的部分》中的一些篇章联系在一起,在那里亚里士多德将灵魂的感觉或营养能力与心脏或者无血动物中的类似部分联系在一起,因此人们担心《论动物的运动》与《论自然诸短篇》和部分动物学著作联系在一起,从而与《论灵魂》中的身体 – 灵魂的形质论存在不一致。

认为灵魂 – 身体的形质论与心脏中心论存在张力,就是担心形质论不能与灵魂推动身体、灵魂将身体用作工具、身体和灵魂彼此作用这样的说法协调一致,因为这些说法可以被理解为灵魂不是将身体统一起来的原理，而是作为一个独立实体发挥作用。在 20 世纪后半叶，亚里士多德在灵魂问题上使用的工具性语言又助长了这个担心，他的语言让人们想到了吉尔伯特·赖尔（Gilbert Ryle）发明的“机器中的幽灵”（Ghost in the machine）一语，赖尔用它来否定笛卡尔式的二元论的一些意涵，特别是它带有工具性的互动论（instrumental interactionism）。而亚里士多德因为形质论的缘故，被认为是所有版本的灵魂－身体二元论或互动论的坚定反对者。从这个角度看，《论动物的运动》可能会显得非常可疑，因为它讨论了“灵魂如何推动身体”（6.700b10）和“通过哪个部分灵魂引起运动”（10.703a28-29）的问题。

前面提到的这些担忧不能被轻易打发，因为它们触及围绕亚里士多德的灵魂－身体形质论尽人皆知的困难重重的争论。看起来很清楚和没有争议的是，它们不能被用来当作论据来反对这部作品是亚里士多德所作，因为这些令人担忧的观察也同样适用于《论自然诸短篇》，以及动物学著作的相当一部分，几乎没有人会说这些作品**都是**伪作（这样做的结果会导致在亚里士多德现有的作品中伪作甚至超过了真作）。然而，我们还是可以问，心脏中心论和前面提到的工具论是不是可以构成《论灵魂》II.1-4 同一个理论框架的部分，还是说心脏中心论与工具论为一方，灵魂－身体形质论为另一方，属于不同的甚至完全不兼容的理论？很长时间以来，学者们偏爱的处理这类差异和不一致性的方法是发展论，也就是把看似不一致的学说归于哲学家发展的不同阶段。

（二）发展论

就亚里士多德的灵魂学说提出发展论的第一位学者是比利时的努扬（Nuyens 1948）。与耶格尔相似（耶格尔的名字与发展论的兴起紧密相联），努扬也认为亚里士多德的早期作品和柏拉图的相似，之后逐渐远离柏拉图。因此他认为亚里士多德对灵魂问题的最早思考体现在对话《欧德谟》（*Eudemus*）中，在里面有一些让人想起柏拉图的《斐多》的说法（比如灵魂的自然就是脱离身体而活着）；努扬认为最晚也是最成熟的阶段，也就是最远离柏拉图的阶段，体现在《论灵魂》中，因为在那里灵魂被定义成形式，或身体的第一现实（*entelecheia*），而这已经不是一个在身体之中或平行的独立存在的实体。在早期和晚期阶段之间，努扬还确定了一个中间的或过渡性的阶段，包括了亚里士多德的动物学作品（除了《论动物的生殖》），以及《论自然诸短篇》的大部分（除了《论感觉》和《论记忆》）。罗斯接受了努扬的三分模型，他这样描述这个中间阶段："灵魂不再是身体的囚徒，但是它依然是一个独立的、居住在身体之中的存在，位于心脏这个特定的器官之中，灵魂与身体被描述为相互作用"（Ross 1957, 65）。他还说，在这个中间阶段，灵魂被认为"与热量紧密相连，也与身体中最热的器官心脏紧密相连"（Ross 1961, 10）。最值得注意的是，罗斯修正了努扬关于《论灵魂》的说法，认为亚里士多德心理学中最成熟的观点，也就是将灵魂说成是"现实"的观点，只能在《论灵魂》II 和 III.1-8 中看到，同时认为《论动物的运动》展现了所有在他看来属于中期阶段的特征，他接受了《论灵魂》III.10.433b19-22 确实是对《论动物的运动》的提及，但是却把《论灵魂》的最后部分排除出了后期的成熟阶段。罗斯与努扬的另一个差别在于，他将《论感觉》和《论回忆》看作中期阶段的作品，因为它们之中没有"现实论"的迹象。

努扬 / 罗斯的论述一度影响很大。之后学者们感到发展论整体而言逐渐失势，尤其是因为这种观点把亚里士多德逐渐远离柏拉图作为发展的动力。学者们越来越强调，那些不同作品之间的差别和表面看来的不一致，不仅可以通过哲学家的心理或理智发展得到解释，还可以通过不同的语境、目的、读者来得到解释。就灵魂论著作而言，罗斯的看法有一个严重的缺陷，就是认为在《论灵魂》之中存在一个断裂，也就是在《论灵魂》第二卷和第三卷的后几章之间存在断裂，并且与其他至少同样可能的时间线索矛盾。此外，努扬和罗斯只使用了很少的一些标准，比如《论自然诸短篇》中没有提到 *entelecheia*，《论灵魂》没有表现出对心脏的兴趣，这些不需要被认为是学说上的差别，而可能仅仅是因为不同的计划，甚至可能是因为在不同作品之间有意的分工。此外，罗斯似乎还过分强调了在中期和晚期之间的不一致性，他把心脏中心论的观点与中期的、生物学时期的“二实体”理论联系在一起，因为这些生物学著作在灵魂的本体论判定方面保持中立。

（三）包容心脏中心论

更重要的是，发展论的支持者们过于仓促地认为心脏中心论与工具性的语言必然无法与灵魂 – 肉体的形质论这个主要学说协调一致，并因此放弃了探索它们之间联系的努力。布洛克（Block 1961）和哈迪（Hardie 1964）的论文在这方面做出了重要的贡献，他们批评了努扬 / 罗斯的论述，表明亚里士多德并不认为心脏中心论与形质论不兼容，他们的主要观点是，灵魂作为身体的形式或现实的定义在逻辑上并没有禁止我们“强调某个身体器官，把它当作让那些身体得以活着的行动的来源”。布洛克和哈迪还把我们的注意力引向了《形而上学》Z.10.1035b25-27，在这一章里灵魂也被说成是身体的形式（1035b14-16）。在讨论属于形式的部分是否先于质料性的复合物时，亚里士多德提到，“同时”的部分，也就是说它们既不先于也不后于复合物，他说这些部分是“主导性的，表述（formula，或定义）和实体（*ousia*）都首先在于它们，比如心脏或大脑，到底是哪个并没有差别”。根据这段文本，亚里士多德毫不犹豫地接受了在复合物中有某些首要的部分，它们比其他的部分更加紧密地与复合物的本质性活动联系在一起，因此可以说它们是本质“居于”其中的部分，虽然本质是整个复合物的本质。哈迪指出，这也构成了《论动物的运动》第 10 章中那个城邦比喻的背景——在动物体的每个部分不需要都有灵魂，这个比喻不该被理解得太强：“亚里士多德说的是一旦运动被开启了，作为结果的运动就紧随而来，无须进一步由观念引导行动。”

（四）包容或者缓和工具论？

一个与此相关但并不相同的问题是，如何理解不仅是《论动物的运动》，而且还有《论自然诸短篇》中那些看起来令人困扰的工具性语言。

学者们主要的担心是用这样的语言来描述灵魂这样的非质料的、非物质性的存在，或许借助像天生的普纽玛这样中介性的物质，可以作用在另一种截然不同的存在上，也就是质料性的身体。这看起来很接近一种笛卡尔式的观点，即理智使用松果腺作用于物质实体。在这个背景之下，过去几十年学者们逐渐达成了共识，工具性的语言不需要被看作与灵魂 – 身体的形质论不一致。但是即便有这样的共识，学者们依然要问，某种工具主义是否可以被包容进亚里士多德的灵魂 – 身体形质论，或者这种工具性的语言应该用另一种更温和的方式复述。

（1）**温和的复述**。对于主张一种更温和的复述的人来讲，有几种可能的策略。比如我们可以试图降低工具性语言的影响，把它当作一种松散的说话方式，并不是亚里士多德笃信的学说。有人进一步指出，对亚里士多德来讲，像感觉和欲求这样的现象必然是心理 – 物理的存在，因此我们不该毫无意义地流连于一个非物质的灵魂如何可以作用于物质性的身体这样的担忧："严格说来，并不是灵魂推动动物，而是由灵魂和肉体组成的人在推动。"（Charles 2009b, 207）另一个可能的策略是强调生物中的过程与机械玩具中的过程有所不同（Hardie 1964, 59），前者是生理性的，而后者仅仅是机械性的。这个差别在《论动物的运动》第 7 章来到了前台，在这里亚里士多德讨论了自动剧场、马车和生物的例子。强调在机械和生物之间差别的作者大体上是这样认为的，那种成问题的工具主义是和机械联系在一起的，而在生物那里，事件的链条是在有灵魂的生物的不同部分之间发生的，它们依据自然就适合对某些冲动做出回应，由此产生动物指向某个目标的运动，这也是动物的自然行动的一部分。

（2）**灵魂 – 复合物的模糊性**。更普遍地说，我们可以指出，在亚里士多德说到一边是灵魂的能力，另一边是生物体的能力或者实现了的能力时，并不总是完全清楚或者完全前后一致的。比如在《论灵魂》III.10.433b17-18 中，亚里士多德说 *orektikon* 是被推动的推动者，然而 *orektikon* 是他通常用来指灵魂欲求能力的词。下一行，他做出澄清，说这个词指的是被激活的欲求能力，这是一种运动（*kinêsis*），并且明显涉及有所欲求的动物的身体的相关部分。我们可以使用这个模糊性来解释，所有看起来适用于灵魂的那些工具性的说法事实上都是指生物（被激活的）能力。

（3）**彻底的包容**。还有人认为，我们无须降低亚里士多德在某些作品里使用的工具性语言的重要性，或者对它们做温和化的处理，最值得注意的是，这样的语言也可以在《论灵魂》中看到，比如在 III.10 亚里士多德将他的读者引向《论动物的运动》："欲求开启运动的工具就已经是某种身体性的东西了。"有人可能拒绝接受将这段话作为证据，因为它来自《论灵魂》第三卷被罗斯排除出形质论的部分。对此，我们还可以指出，在形质论的核心位置，也就是在《论灵魂》III.1.412b5-6 中关于灵魂的定义"一个自然的有机的身体（σώματος φυσικοῦ ὀργανικοῦ）的第一实现"。这里存在争论的是，*organikon* 应该被理解为"有机的"（organic），也就是**拥有器官的**（with organs）或者**由器官构成的**（constituted of organs），还是应该被翻译成"工具性的"（instrumental）。即便如此，在《论灵魂》的第二卷还有更加无可争议的例子，比如 II.4.415b19-20，在这里，亚里士多德说所有的自然物体都是灵魂的 *organa*（工具）。我们可以认为这是像"灵魂用某个身体性的工具推动动物"这样的表述一样，可以按照字面意思理解。就灵魂是否可以作用于身体，或者身体是否可以作用于灵魂的问题，我们可以认为，亚里士多德在《论灵魂》里的主要关注点在于排除掉灵魂可以被推动的可能性（除非是在一个偶然的意义上，参见 I.4.408b30-31），而他并不关心灵魂推动身体或者动物（在一个完全的意义上），只要灵魂这样做的时候本身没有被推动就行。

六、表面看来与主题无关的普纽玛

在《论动物的运动》第 10 章中出现的表面看来无关的天生的普纽玛曾经让学者们感到别扭。首先，它看起来给这部作品的整体性造成了问题，因为它仅仅出现在了这一章里。其次，它出现在这里被认为给亚里士多德的作品带来了一个张力，特别是《论灵魂》没有提到这个质料性的东西的名字。最后，学者们认为普纽玛更适合亚里士多德之后的生理学，在那里它一度非常流行（Lewis, Leith, Coughlin 2020），但并不适合亚里士多德本人的方法论（Rose 1854, 165-167）。

这个天生的普纽玛确实并不是那么自明，也确实给研究亚里士多德的学者们提出了巨大的难题。一方面，它看起来与生命热（vital heat）密切相关，虽然也和它不同；另一方面，它也被和天体中的元素，也就是所谓的“以太”（*aithêr*）进行比较。即便是它在《论动物的运动》第10章中的短暂出现，也非常清楚地表明，普纽玛的物理属性必然与四个“通常的”元素不同。但是这并没有让普纽玛成为一个“谜一般的”“模糊的”或者“几乎是奇迹般的”质料（Freudenthal 1995, 122, n.16）。在《论动物的运动》中，它被用来满足一个在引发运动时经过精确界定的功能，也就是将热量上的改变变成收缩和扩张，然后将感觉上微弱的冲动放大成为肢体的运动。亚里士多德似乎认为，这个在当时的医学理论中被称为“天生的普纽玛”的气状质料，依据自然必然会拥有恰当的属性去满足这个具体的功能。这个功能已经在《论动物的运动》第7章的第二部分进行了勾勒，因此当我们达到第10章时，普纽玛出现的舞台已经被完全准备好了。因此，我们不该说第10章因为关注天生的普纽玛而不能和这部著作的其他部分相容，从而对这部作品的完整性构成威胁。根据新的文本证据，普纽玛不仅在第10章提到，而且在7.701b15-16已经提到了，在这里亚里士多德提到生物体的某些部分，可以在升温和降温的影响下变大或变小（亚里士多德似乎认为他的读者熟悉这个词）。这样看来，普纽玛就非常好地被包容进了《论动物的运动》的主要论证，并且与这部著作的核心问题密切联系，即灵魂如何，也就是凭借什么身体的工具去推动身体。

至于其他与普纽玛相关的问题（与其他作品的张力、亚里士多德之后的影响等等），学者们的大量研究已经去除了那些最严重的问题。这些研究帮助我们确定了在生命热和普纽玛之间的分工，并且把亚里士多德对普纽玛的使用与后亚里士多德的使用（比如《论普纽玛》）区分开来（Gregoric/

Lewis 2015, Gregoric 2020）。最值得注意的是，学者们已经表明，关于普纽玛的理论完全渗透在亚里士多德生理学研究的重要部分之中。根据最同情和最有雄心的理解，天生的普纽玛甚至出现在“**全部灵魂功能**的生理学论述之中（只有人类的理智是个例外）”（Freuden thal 1995, 120）。在这个背景下，假如在亚里士多德关于如何开始身体运动的论述中**没有**看到这种质料的身影，反而令人惊讶。这个整体性的学术背景可以帮助我们排除掉这样的印象，即对普纽玛的使用会给这部作品带来某种非亚里士多德的味道。至于和《论灵魂》表面看来的不一致，我们需要指出，《论灵魂》虽然没有提到普纽玛这个名字，但是 III.10.433b19-27 的说法已经给那个**身体性的工具**留下了空间。

七、一个跨学科的研究？

我们在前面已经指出，在《论动物的运动》中，关于动物运动的问题和天体运动的问题是紧密联系在一起的。前者被认为属于生物学，而后者属于宇宙论，有人可能会好奇，这部作品是不是想要把生物学和宇宙论问题结合起来。如果这样来形容《论动物的运动》的计划，那么就违背了亚里士多德关于彼此分离的不同科学之间的重要规则（最重要的是在《后分析篇》[*Posterior Analytics*] 中的讨论），根据这个规则，将一个学科里独特的对象、现象和原理，与另一个学科里独特的对象、现象和原理混杂在一起，是错误的跨种作业（fallacious kind-crossing，亚里士多德称之为 *metabasis eis allo genos* [转变到另一个种类]）。在这个背景之下，努斯鲍姆提出，《论动物的运动》是一个“跨学科的研究”，体现了对此前《工具论》中观点“有意的和富有成果的”背离。根据努斯鲍姆的看法，相对较晚的《论动物的运动》承认，“某个科学中的某些重要结论不可能独立于我们在其他领域的发现”；根据这种看法，亚里士多德在晚期作品里放松了早期作品里的方法论限制，更偏爱一种“不那么分门别类和更灵活的科学研究图景”（Nussbaum 1978, 113）。从这个据说更成熟的角度看，在同一部作品里处理宇宙论和生物学问题就不再成问题。努斯鲍姆的这个看法有几个并非可有可无的预设。比如,《论动物的运动》讨论的问题分别是“生物学的”或“宇宙论的”;《论动物的运动》意在展示《后分析篇》中讨论到的那种证明性的科学知识（而不是包含教导性的、证明性的和辩证法的不同部分）；在亚里士多德的早期方法论框架中，从动物运动到天体运动，再从天体运动到动物运动，会被看作是错误的转变；生物学和宇宙论相互依赖，一个领域的发现必须要得到另一个领域的确认。

学者们带着很大的保留态度看待努斯鲍姆的这个“跨学科研究”论题。琼·昆针对这个看法发表了一篇很利落和带有决定性的论文（Joan Kung 1982）。科莱希虽然在她注疏的很多地方都追随努斯鲍姆，但是反对这个在她看来没有必要和没有得到证成的看法（Kollesch 1985, 28-29）。普遍而言，我们可以避免努斯鲍姆试图用发展论解决的问题，比如说我们可以不把这部作品的开篇看作生物学和宇宙论的混合，而是看作一个从更具体的动物运动到更普遍的运动原理（即自主运动者依赖某种不动的东西，第一推动者必然是不动的），然后再返回动物运动的论证步骤。这既不是用动物运动的案例来证明普遍的运动原理，也不是把普遍的运动原理应用在动物运动的案例上，那么即便是《后分析篇》也会允许一个学科里的定理可以通过另一个学科里的原理得到证明，只要前者是从属于后者的（《后分析篇》I.7.75b14-17）。此外，在《论动物的运动》第 3 和第 4 章对天体运动的讨论远不是要用一个学科的原理去**证明**另一个学科里的现象，这些段落给出了指导性的应用、类比、比较，这些程序通常都是教学性的（heuristic）或探索性的（zetetic），而不是证明性的。

八、共同原因的被解释项

很显然,《论动物的运动》意在说明**动物运动**的共同原因或解释。然而，“运动”（*kinêsis,* motion）这个非常宽泛的概念却可能让我们对被解释项产生担忧。首先，亚里士多德想到的被解释项肯定比“行动”（action）

要宽泛，因为在一些作品中，亚里士多德想要将行动限定在狭义的人类行动者之上。对比之下，《论动物的运动》是关于人类和非人动物的运动的，并且强调人类和非人动物之间的共同之处而非差别。当它讨论人类独特的能力，比如说思想（*nous*）或想望（*boulêsis*）时，它也会同时提到人类和非人动物共有的不那么独特的能力。只有在第 7 章讨论实践三段论的部分，亚里士多德似乎把注意力从整体而言的动物转到了人类身上，但是即便在这个语境中，他在终极的意义上也是在寻找适合所有动物的结论。

广义上的动物会做出和经历各种运动。它们是不是都是这部作品的被解释项呢？在《论灵魂》III.9.432a7，亚里士多德说灵魂有能力推动动物改变位置（*kata topon*）。与此相似，在《论动物的行进》1.704a5，亚里士多德将这部作品的主题限定在动物进行位置（*kata topon*）变化的部分上。相比之下，《论动物的运动》的目标是研究动物运动的共同原因，而没有局限在位移运动上。然而，第 1 章的运动例子明显都是位移运动：飞行、游泳、行走。5.700a26 区分了位移运动和其他种类的变化，这个区分看起来也是说只有**位移运动**才是到这里为止的讨论关注的东西。因此动物的位移运动看起来是这部作品想要解释的核心。此外，这部作品的第二段（698a7 以下）也说明了整个计划是关于自主运动的。如果我们将这些证据放到一起，这部作品的被解释项似乎就是“所有动物自己推动的从一个地方到另一个地方的运动”。事实上，在这部作品里给出的解释首先说明了动物为了达到某个它们欲求的对象所做的行动，这类运动的开始包括动物的感觉和欲求。只有到了第 11 章，亚里士多德才明确说这类运动是自愿的或有意识的（*hekousion*）。如果这是这部作品的核心主题，那么一方面，不是由感觉－认知和欲求能力配合导致的行动又该如何解释，另一方面，那些由这些能力引发但是并不是严格意义上的位移运动的自主运动又该如何解释？我们现在就来看看这两种情况。

（一）非位移运动

想象一头大象用它的鼻子去够一个美味的水果，因为大象鼻子的长度，它甚至无须改变位置就能够弄到想要的美味。这是一个指向某个目标的运动，在《论动物的运动》的框架中，我们知道能用动物的感觉或表象/想象，加上对某类对象的欲求来解释它。《论动物的运动》的完整论述甚至可以解释这头大象的欲求如何一步一步引导它开始肢体（也就是鼻子）的移动。这样看来，大象的例子就可以完全用《论动物的运动》里给出的共同原因来说明，虽然它并不伴随着整个动物从一个地方到另一个地方的运动。这样看来，虽然自我推动的动物位移运动是《论动物的运动》要说明的核心现象，但是共同的原因也可以用在那些不是严格**位移**运动的由目标引导的动物运动。

将《论动物的运动》中共同的原因或解释的范围扩大相当重要，因为这就让我们可以解释静止的动物的由目标引导的行为。亚里士多德知道，有些低等的水生动物，靠紧紧贴住某个对象生活，比如海绵；还有一些是固定在某处的，比如海葵；还有一些虽然不是依附在某个东西上，但是不能运动，比如牡蛎和海参。亚里士多德还说过，海葵和海绵拥有感觉，当手接近海葵时，海葵会表现出防御性行为；人们说当海绵察觉到有人想要把它们取走时就会收缩，由此变得很难取走。如果这些动物都有感觉，它们就能够感觉到快乐和痛苦，如果它们能感觉到快乐和痛苦，就必然拥有欲求的能力。我们可以把这些动物的行为看作是由欲求驱动的行为的基本形式，比如为了避免痛苦或毁灭。原则上讲，这看起来也属于《论动物的运动》讨论的共同原因，虽然它们并不是严格意义上的位移运动。

（二）非自愿行动

那么动物非自主运动的情况，也就是那些并不是由动物的感觉－认知和欲求能力的共同作用导致的运动呢？这样的运动是《论动物的运动》第 11 章的主题，因此它们显然也是这部作品要讨论的内容。但它们是否也是运动的共同原因呢？还是说第 11 章对它们的讨论仅仅是一个附录，为了补全各种动物运动的更大图景没有讨论到的东西？对于这个问题的回答取决于如何阐释这个麻烦的章节。在这里亚里士多德提到了非自愿运动（non-voluntary motions），比如睡觉、醒来、呼吸，也提到了不自愿运动（invontary motions），比如（被某种情绪引发的）心跳和生殖器的突然勃起。这两组情况都不是真正的位移运动，并且都只关乎动物某些**部分**的运动。第一组运动不需要是有意识的或欲求的，因此认知和欲求能力都无须在对它们的解释中发挥作用。第二组运动似乎与某些想法或表象 / 想象有关，比如一个可怕的或引发欲望的对象，但是它们也包括欲求吗？这一点在注疏者中间存在分歧。如果不涉及欲求，那么共同的原因或解释看起来就不能直接应用在这些例子上，除非是在经过限定的意义上。但是这些运动中的一些可能会属于共同原因的范围，如果我们认为它们虽然不能被认知和欲求的通常作用说明，但是恰当的解释也会在一定程度上使用这部分共同的原因，比如说解释感觉或者表象 / 想象如何被转化成身体部分的运动，或者身体里面的运动如何来自心脏或者心脏里面不动的区域。

九、机械性的和生物 – 运动性的预设

既然亚里士多德将动物的位移运动当作身体与灵魂共同的功能，那么它就包括了实质性的（虽然并不总是非常清晰的）考虑，要去解释运动的心理冲动如何在动物的身体中传递，从始点到终端或者直接产生运动的部分。亚里士多德不止一次诉诸机械性的功能，特别是杠杆现象。希腊语 ἀπερείδω 的中动态形式（让自己依靠某物、靠着某物）表达了力量施加在某个支撑物或者支持物上的意思，这个词在全书里出现了 10 次。[①] 第 1 和第 2 章说到了作为支撑物的内在的和外在的静止点，第 3 和第 4 章提到了力量的比例或平衡，第 7 章引入了三个机械的例子或类比（自动剧场、船舵、马车），第 9 章使用了两个人后背靠在一起移动双腿，第 10 章描述了普纽玛的作用是推和拉。此外，当亚里士多德在第 1 章引入内在的静止点

① 698b6, b14, 699a3, 700a9, a10, a20, a22, 701a14, 702a26, 702b35；另参见 ἀντερείδω（提供阻力）：698b18, 699b2, 703a1。

时，比较了关节中不动的区域和圆心，这正是希腊早期讨论机械的著作中用来说明支点的方式（《机械学》[*Mechanics*] 8.851b16-21），也就是杠杆运动时保持静止的点。第 1 章似乎将圆心保持不动看作理所当然，而《机械学》实际上证明了这对于各种不同种类的运动都适用。希腊语用来表达支点的词是 ὑπομόχλιον，这个词没有出现在亚里士多德自己的作品里，但是频繁出现在（据说是）伪亚里士多德的《机械学》和《问题集》（*Problemata*）中。在这个背景下，我们可以探索《论动物的运动》在什么意义上受惠于早期的机械学。

（一）早期机械学的影响

博德纳尔表明亚里士多德的《论动物的行进》和《论动物的运动》“使用了当时机械学中的分析和解释技巧”（Bodnár 2004, 137）。与此相似，贝瑞曼观察到亚里士多德对动物运动的论述使用了杠杆现象：“亚里士多德的兴趣在于对比被推动的推动者和不被推动的推动者，他把支点的作用看作不被推动的东西，这给一切运动都从一个不动的第一原理出发提供了支持”（Berryman 2009, 67）。德·格鲁特（De Groot）研究了“运动的半径原理”（the principle of the moving radius）在亚里士多德解释动物运动中的应用。这个原理说的是，在一个移动的半径上的点都在以不同的运动移动，与它们到圆心的距离成比例。在机械的问题上，这个原理用来解释杠杆的放大效果。她在《论动物的运动》第 1 章的图表（见图 1–2）中看到了这个原理的线索，在这里亚里士多德用圆心代表关节中不动的点（De Groot 2008, 2014）。

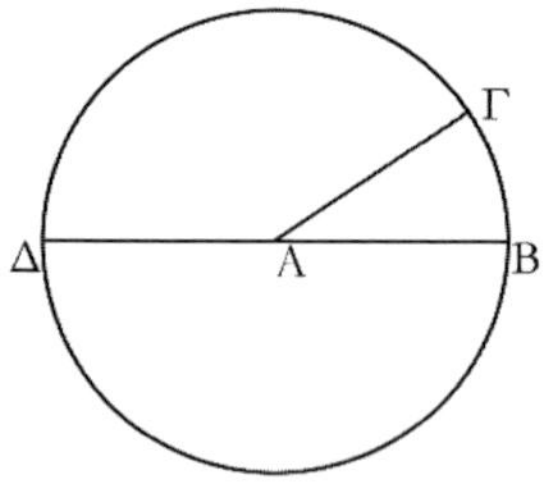

图 1–2

在这个图中，移动的半径（从 AB 移动到 AΓ）代表弯曲的肢体，比如胳膊。德·格鲁特看到这里有一个杠杆的例子，因为如果 A 代表肘关节（作为一个支点），半径代表前臂，我们可以想象 B 点是一只手，将一个重物沿着圆的边缘从 B 移动到 Γ。更具体地说，德·格鲁特将这看作现代词汇中的"第三类杠杆"，"支点位于杠杆臂的一端，而力作用在支点和要移动的重物之间"。这意味着有一个力被施加在靠近肘关节的地方，在那里肌肉与前臂接触。这个阐释是否恰当不好判断，因为事实上亚里士多德在这个上下文里并没有说到重物和力量，也完全没有说到肌肉。他说的是肌腱，至于它们在哪里与骨骼相连并不重要。德·格鲁特还论证说，相同的移动半径原理也在《论动物的运动》第 7 章得到应用，在马车的例子和剧场里自动木偶的例子之间建立了联系。德·格鲁特的结论是，亚里士多德熟悉移动的半径原理以及杠杆作用的不同表现（De Groot 2014, 33）；而贝瑞曼则坚持更谨慎的主张："亚里士多德分散地和零碎地使用了机械学传统中一些观念，对此最好的解释是在公元前 4 世纪这个学科还处于萌芽阶段。"（Berryman 2009, 193）

（二）机械学解释与有意运动

人们可能不情愿在解释有意识的运动时说到"机械学"或者"机械力量"。诉诸机械法则是不是会让亚里士多德落入我们所说的"机械论说明"（mechanistic account）呢？机械学关于受限制的运动，而动物的运动不是自然的吗？这样的问题可能会让我们提出更大的关于机械论与意向性的宏观问题。然而，在当前的语境中，看起来更好的策略是采取"紧缩的"进路（deflationary approach）。毕竟，并不是每一次提到机械论的观点都会使得这个论述成为"机械论的"。具体而言，第 7 章的三个机械论例子都有清晰的界定和有限的目的，都没有意在暗示动物整体的运作像机器一样。亚里士多德也强调了动物与机械之间的差别。那些从机械学借来的关于力和杠杆的例子只是为了理解生物体某些部分的特定功能。在整部作品中，亚里士多德讨论身体的部分在引起位移运动中的作用，它们的自然使得它们适合以某种特定的方式做出反应，而作为“一个东西撞击另一个”结果的运动是另外一类。亚里士多德对于普纽玛扩张和收缩中的差别也很敏感，由于普纽玛的本性，这种运动是**不需要力的**，普纽玛的扩张和收缩导致了推和拉，这两种运动**通过力**传递到邻近的部分。最令人瞩目的是，引向有意识行动的过程总是由认知行动引发和塑造的，为的是达到某个目标或目的，因此对于动物位移运动的整体解释就是目的论的，即便这个过程的某些前提条件或者某些部分需要机械论的解释。

（三）生物－动力学问题

现在需要考虑的是这些观念带来的生物－动力学的应用（bio-kinematical applications）。在《论动物的运动》第 7 章，在讨论完自动剧场和马车的例子之后，亚里士多德得出结论，动物都是用同一种方式运动的，并且这样表述比较的点：在动物身体里肌腱（*neura*）相当于可以“松开”的线绳，而骨骼相当于铁和木头的部分。这里的核心观念似乎是，放松（和拉紧）相当于绳索的部分，也就是附着在骨骼上的肌腱，移动关节周边的特定骨骼，一部分保持静止作为支点。格利高里奇和库哈尔补充了一些相关的观察（Gregoric/Kuhar 2014）。一个是关于肌肉的，现代读者很惊讶《论动物的运动》没有提到肌肉，因为我们现在知道，肌肉通过收缩带动骨骼，这或许也是学者们默默给这幅图景加上肌肉的原因（Nussbaum 1978, 281, 284; Preus 1981, 81）。但是格利高里奇和库哈尔论证说，亚里士多德将这个功能赋予肌腱，而没有赋予肌肉，因为他把肌腱描述成坚硬的和固态的，而把肌肉描述成柔软的和多汁的，他把肌腱和肌肉描绘成两种不同的东西（虽然他错误地将某些肌肉当成了肌腱）。格利高里奇和库哈尔还将《论动物的运动》中的论述与亚里士多德明确提到在心脏中有小的肌腱的段落联系在一起（他们将这确定为瓣膜腱索），这样在心脏里普纽玛就可以直接作用在这些肌腱上了。这些小的肌腱并没有和心脏之外的肌腱组成一个连续的系统，然而它必然要解释它们的冲动如何传递到那些实际上连接在骨骼上的肌腱。这似乎是为什么注疏家更愿意依赖血管系统的连续性来确保普纽玛能够达到全身，从而将运动从始点传递到身体的所有其他部分。

《论动物的运动》的其他生物 – 动力学图景中的细节与第 8 章 702a7-10 的内容有关，在这里亚里士多德指出，“内部的区域和在各个适合成为器官的部分始点附近的区域，是可以从固态变成液态，从液态变成固态，以及在软和硬之间变化的。”显然，这里描述的过程意在表示欲求活动及其混合的热量变化的效果。“工具性的 / 器官的部分”指的是肢体，因此这里提到的它们的“始点”大概就是关节。到这里为止都是学者们广泛同意的，接下来的部分争议就很大了。在这些关节“周围”，发生紧致和稀疏（即变软）变化的东西是什么呢？亚里士多德意识到了在关节周围有韧带（也是 *neura*），周围的骨骼通过它们连接起来。在第 7 章，他说多筋的部分（很可能包括各种 *neura*）可以放松和拉紧，根据第 10 章的说法，我们可以把这看作是普纽玛收缩和扩张的直接结果。**变硬**和**变软**是不是可以被看作是对**同一个**效果的不同描述呢，也就是放松和收紧应用到同一个对象上（肌腱，或许还有韧带）？特别是，有人指出，关节周围的肌肉可以在硬与软之间变化，可以让关节中的一个点在一个时间保持固定，而在另一个时间运动。对于那些认为关节周围的肌肉的变硬和变软与肌腱类的部分的放松和收缩不同的人（前者不是后者的延续），就会产生这样的问题：这两个过程是欲求以及与欲求结合的热量变化的共同效果，还是（更恰当地说）普纽玛运作的效果。

十、实践三段论

亚里士多德好几次都把行动之前心理和认知的要素与理论思考中三段论的作用和结构进行比较。三段论在行动领域的应用被称为“实践三段论”，虽然亚里士多德从来没有使用过这个表达方式。关于实践三段论的一个值得关注的事实是，这个模型被 20 世纪行动理论的重要代表热情地接受下来，特别是在五六十年代。伊丽莎白 · 安斯科姆（Elizabeth

Anscombe）、格奥尔格·亨里克·冯·赖特（Georg Henrik von Wright）、唐纳德·戴维森（Donaold Davidson）等人都评论过亚里士多德的实践三段论，并且都在某种程度上将亚里士多德的理论吸收进了自己的系统之中。这个哲学兴趣也在学术作品中有所回响：一些阐释者为了在行动理论中引入创新而阐释实践三段论，主导性的行动理论家不断变化的偏好（比如从反因果性到支持因果性说明）也悄无声息地进入了对亚里士多德这个著名定理的典型阐释之中，并且给我们提供更清晰的阐释选择。

（一）文本证据

在两处文本，亚里士多德明确地用他的三段论理论描述了行动的源头或解释，比如很清楚地区分出涉及普遍物的大前提、涉及个别事物的小前提，还有结论。一处文本是《尼各马可伦理学》VII.3.1147a24-b3，另一处是《论动物的运动》7.701a7-36。其他一些文本也暗示了这个实践三段论的模型，比如对比关于普遍与个别的知识，或者提到了前提、中项之类的概念，但是没有详细展开（比如《论灵魂》III.11.434a16-21）。学者们争论其他这些文本在多大程度上也对理解实践三段论的模型有所帮助。[①] 而这两个明确讨论实践三段论的文本都对比了理论思考的三段论与实践三段论的相似与差别，最大的差别在于，在理论三段论中接受前提就可以得出结论，而在实践三段论中前提或者类似前提的东西得出的是行动。亚里士多德对大小前提的区分有助于解释，为什么有时候即便给出了关于好，或者应该做什么的知识或思想，但是却没有产生相应的行动。

下面是亚里士多德提到的一些实践三段论的例子：

（1）每个人都应当走动；他是一个人；他立刻开始走动。（《论动物的运动》7.701a13-14）

（2）没有人应当走动；他是一个人；他立刻停止走动。（《论动物

① 与实践三段论相关的文本列表，参见 Corcilius 2008d, 103, n.6。下面关于实践三段论的讨论从这篇文章中受益良多。

的运动》7.701a14-15）

（3）我需要做某个好的东西；一个房子是好的东西；他立刻开始造房子。（《论动物的运动》7.701a16-18）

（4）如果要一个斗篷，就必须首先有这个；如果要有这个，又必须要有那个；他立刻就开始做那个。（《论动物的运动》7.701a21-22）

（5）我想要喝东西；这个是饮品；他立刻就喝了。（《论动物的运动》7.701a32-33）

（6）如果应该吃所有甜食；这个是甜食；那么一个人必然要这样做。（《尼各马可伦理学》VII.3.1147a29-31）

亚里士多德好几次强调行动是紧接着而来的——只要没有外在的妨碍。大前提通常是一个动词的形容词化（希腊文以 *-teon* 结尾）或者“必须”“应当”之类，这样的形式有时候会误导评注者认为亚里士多德想要用这些前提表达道德责任或者伦理原则。事实上，他完全没有考虑为什么要做这些事情，这些例子至少没有表现出任何对道德责任的关心，因此我们有理由认为亚里士多德的实践三段论模型是相对独立于规范伦理学问题的。

（二）“规则－案例”与“目的－手段”

值得注意的是，很多例子看起来都例示了可以被称为“规则－案例”（rule-case）的推理模式，一个具体的项目被置于一个普遍的命题之下；而另一些例子与这个模式不同，例示了（广义的）“目的－手段”推理。比如说健康是好的或者是要实现的目标，如果想要实现健康，就必须要有 X；如果要有 X，就必须要有 Y（而 Y 是某人可以做的事情）；那么他就直接去做 Y。因此学者们就区分了两种类型的实践三段论，取决于大前提表达的是规则还是目的。学者们讨论亚里士多德在《论动物的运动》第 7 章中区分的两种前提（一个是“好”，另一个是“可能性”，701a24-

25）是不是指两种实践三段论，[①] 还是说它应用于同一个三段论的不同前提。[②] 也有人尝试把这两种实践三段论相互改写，或者把其中一种还原为另一种。[③] 就目的 – 手段这类三段论而言，很多作者强调它不能被按照狭义的方式理解，也就是单纯工具性的含义，因为亚里士多德使用的表达"手段"的语言还包括了（1）目的的构成要素（比如阿克里尔的例子：推杆是打高尔夫球的一部分，但它并不是工具性的，不是一个人使用它去实现一个独立的目的——打高尔夫球，而是打高尔夫球的一个构成性的部分）；（2）目的定义中的部分（如果健康是目的，而"平衡"是健康定义中的一部分，那么我们努力实现平衡就不是一个单纯工具性的意义）。[④] 就"规则 – 案例"三段论而言，（1）一些现代注疏者会强调亚里士多德本人在实践思考中对于普遍规则的怀疑态度，另一些则强调"规则 – 案例"推理的意思并不是确立一种伦理学中的等级结构。[⑤]

（三）阐释上的困难

关于实践三段论有一些著名的争论，有一些直到今天依然没有解决。[⑥] 普遍性的问题在于如何阐明实践三段论与理论三段论之间的类比。如果我们将理论三段论看作一系列命题，结论（逻辑地）必然跟随前提而来，至少很难看出这也适用于实践三段论。因为一个行动与心理前提之间的关系

---

① Allan 1955, 330-331；但是 Hardie 1968, 247-248; Wiggins 1975; Nussbaum 1978, 189 正确地反对这个尝试。

② 比如 Wiggins 1975 等人，我认为这个看法是正确的。

③ Hardie 1968, 246-248 认为"规则 – 案例"是标准形式，而 Santas 1969, 168ff. 则倾向于将所有的实践三段论都还原成"规则 – 案例"三段论。

④ （1）是 Allan 1955, 337-339; Cooper 1975, 22; Nussbaum 1978, 176-177 强调的；（2）是 Wiggins 1975 强调的，他还给出了一种独特的对小前提的理解来反对工具性的阐释，他认为小前提的作用是通过感觉辨认出最重要的因素。

⑤ （1）是 Wiggins 1975 和 Nussbaum 1978, 165-175, 184, 198-201, 210-219 中的观点；（2）是 Hardie 1968, 254ff 和 Nussbaum 1978 的看法。

⑥ 相关讨论参见 Laks/Rashed 2004 中 Crubellier 和 Gourinat 的论文；Rapp/Brüllmann 2008 中 Corcillius, Gottlieb, Gourinat, Morel, Müller 和 Price 的论文；Corcilius 2008c；Fernandez 2014。

看起来并不是逻辑关系。面对这个根本性的困难，我们可以将实践三段论看作一个推理，这里的关系就是命题之间的关系；我们也可以接受一种因果性的关系，比如说在心理状态和作为结果的行动之间的因果关系，这种心理状态不同于命题，只是可以用命题的形式表达出来或者诉诸语言。

这个根本性的困难与很多更具体的争论有关。比如，亚里士多德反复提到，实践三段论的结论是一个行动，我们似乎没有理由怀疑他的意思是实践三段论的结论只能是一个行动。但是如果再思考一下，我们就会发现，似乎很难在行动本身和前提之间建立一种真正的逻辑关系。此外，我们还可以怀疑，如果亚里士多德严肃地认为结论是一个行动，这样的结论能够被表述成像“我应当制作一件斗篷”这样的形式。结论是一个行动还是一个指出某个行动的命题截然不同，因为一个用命题形式想到的结论无法排除掉这个行动永远不会发生的可能性。在得出结论与做出行动之间的逻辑空间可以用来解释（某些）不自制行为（akratic behavior），[①] 但是却可能破坏前提在解释一个行动为什么发生中的充分性。

显然，这些争论都和实践三段论最终意在实现的功能有关。它是意在模仿一个行动者的实践**推理过程**（或者思虑，或者是在其他动物那里类似实践推理的东西），从而让某个行动看起来是理性的吗？还是说它意在告诉我们某些心理状态（比如思想、表象 / 想象、感觉、欲求）在恰当的环境下可以作为原因产生，甚至是充分地产生某个动物的位移运动？还是二者都有？如果在讨论后一种可能性的时候，我们强调思虑，而思虑又是一种独特的人类行动，那么问题就变成了实践三段论是否适用于非人动物？就《论动物的运动》明显关注人和非人动物而言，实践三段论的模型出现在核心章节这个事实，乍看起来就足以排除它仅仅关乎人类思虑的可能性。但是，如果我们仔细考察第 7 章的文本就会发现，问题比这要复杂，亚里士多德关于实践三段论的例子基本上都关于人类的思想和行动。然而，讨论实践三段论的整个文本却以适用于所有动物的结论作为结束（701a34, *ta zôia*）。这样看来，情况可能是，虽然实践三段论的很多例子都

① 比如参见 Charles 2009c。

只适用于人类思虑，但是**有一些**适用于阐明非人类动物的位移运动。[①]

（四）理解实践三段论

实践三段论的大多数阐释者都是以某种方式讨论上面提到的那些困难，基本的选择可以通过下面的论述给出。

库珀将思虑与实践三段论分开处理，他认为“思虑的形式是搞清楚……做什么才能实现某个目的”，因此不可能采取三段论的形式。亚里士多德所说的三段论形式的结构只适用于很少一部分实践思考，即“最后一步，也就是实际做出行动的那一步”。这样看来，实践三段论给出的就是思虑或者思虑产生的决定与实际行动之间的连接，因为思虑以达到“履行某种恰当类型的行动”为终点，而这个决定就是一个实践三段论的大前提，它指出了要去做的某类行动；小前提的作用是“通过指示和人称代词指出大前提里面说到的那种人或对象确实存在；之后紧接着就是做出这个行动，作为三段论的结果”。由于小前提的作用，“实践三段论大多数时候都不该被理解为某种推理，而是表达直观感觉行动的内容（the content of the intuitive perceptual act），通过这个行动者辨认出之前的决定的最终手段出现或者成立。”[②]

努斯鲍姆对实践三段论的阐释利用了赖特的实践思考的“必然性”模型（anankastic model）：

> G 是要做的（或者是被欲求的）。
> 如果要实现G，那么我就必然要做A。

如果行动者不做 A，并且并不是被阻止去做 A，那么他要么不想要 G 或者不认为做 A 对于实现 G 来讲是必要的。努斯鲍姆用亚里士多德说的“假设的必然性”（hypothetical necessity）来理解这个必然性模型。努斯鲍姆

① 参见 Fernandez 2014。
② 参见 Cooper 1975, 23-26, 46-47。

同意赖特的看法，认为实践上的例子不足以产生演绎推理的那种有效性，但是可以“用它们自己的方式得到逻辑结论”。“所谓的结论”并不是一个命题，而是一个行动，这确实“是一种很奇怪的方式去讨论一个三段论的结论”，然而实践三段论“只是我们利用的一个形式化的机制（apparatus）去解释在我们的灵魂中发生了什么。”它有“双重功能”，一方面它“给出了普遍的解释模型；同时对人这种理性行动者而言……给出了证成通常经过有意识的思虑而来的行动的模式（scheme）”。实践三段论指出的灵魂状态有时候是有意识的，与行动者的“实际思虑”相符，但即便是在无意识的情况下（这也包括了非人动物），灵魂状态也拥有“现实”，可以成为行动发生的充分条件。因为努斯鲍姆偏爱必然性模型，并且反对“演绎理性主义”（deductive rationalism），她对实践三段论的阐释倾向于认为，在亚里士多德的论述中规则－案例的那些例子存在问题，并因此聚焦于目的－手段的例子。事实上，她确实用必然性模式来描绘亚里士多德实践三段论的前提：大前提是欲求的对象，小前提表达的是“如果要实现某个目标就要做某事的信念”。这个描绘不适用于亚里士多德的很多例子。因此，努斯鲍姆抱怨亚里士多德误导性地把两种不同的功能放到了“小前提”之下，即“如果要实现这个目标我们就必须要做什么的信念”以及“一个人现在可以做那个行动的感觉”。[①]

与库珀和努斯鲍姆不同，查尔斯认为实践三段论的结论是一个命题，得出这个结论是因为他采用了一种直截了当的“欲求－信念模型”，在这里信念是接受某个欲求为真，而欲求是以某种方式接受这个命题从而（在恰当的条件下）引发行动。这就意味着一个行动者有一个接受了大前提的欲求，和一个主张小前提的信念。“这些命题支持一个进一步的命题，它是这个三段论的结论。”如果行动者恰当地接受了这个结论，他就会欲求去做结论给出的行动，并且据此行动。这样理解的欲求“对认知性因素开放”；同时也会被非认知性因素影响——它们决定了欲求的强度。这样看来，虽然欲求意味着行动者在某个对象中看到了让它成为好的特征

① 参见 Nussbaum 1978, 176-191。

（good-making characteristics），但是这并不一定要求行动者对它的欲求强度和将它判断为好的强度相同。不管怎样，行动并不是通过实践三段论的结论本身得到解释的，而是通过接受这个结论的欲求的行动得到解释的。在这个框架之中，实践三段论的首要作用就是阐明亚里士多德关于实践推理的观念，而非理性动物缺少理性和进行推理的能力，这个时候欲求就会引发意向性的（intentional，或者“有意的”［voluntary］）的行动而“无需行动者做出实践推理”。[①]

在库珀关于这个问题最新的论文中，他采取了非常不同的进路。他依然主张实践三段论是“思想的最后一步，思虑（或者由它引发的决定）在紧接着的行动中被付诸实施”。但是强调《论动物的运动》第 6 至 7 章中讨论的“思想”的作用：因为亚里士多德说欲求的对象是第一推动者，思想的功能就是连接欲求和行动的目标。“虽然行动的目标是产生了自主位移运动的因果性的源头，但思想才是这个目标能够推动动物的直接原因。”至少对完全理性的人类行动来讲是这样。在第 7 章中，只有亚里士多德讨论喝水的例子时，行动是由非理性欲求引发的。也只有在这个例子中，对饮品的非理性欲求占据了思虑结果（即决定）的位置。[②]

十一、表象 / 想象的作用

Phantasia（表象、想象以及其他翻译）[③] 的概念在《论动物的运动》第 6 至 8 章以及第 11 章频繁出现（一共 12 次）。大多数情况下，它都是和感觉和思想一起提到的，这三者代表了认知性的 – 判断性的能力，总是需要与欲求相伴才能引发行动。思想是人类特有的，感觉和表象是人类和非人动物共有的，它们与思想“占据相同的位置”（700b19-20），它们都以不同的方式伴随判断。根据一个共同的亚里士多德学说，通过表象动物

① 参见 Charles 1984, 87-96。

② 参见库珀在 *Aristotle's De Motu Animalium: Symposium Aristotelicum* 中的论文。

③ 简洁起见，以下翻译仅保留“表象”一个译法，但其他意思也在其中。——译者注

可以把握那些当下没有出现在他们感觉中的对象，这似乎解释了为什么要和感觉一起提到表象，因为很显然并不是动物追求或者试图避免的每一个东西都是当下存在的。基于此，我们很自然地就会认为，在引发动物运动的过程中，表象与感觉或思想发挥着平等的作用。表象与感觉的唯一的区别在于，前者可以呈现不在面前的对象，而且当没有思想的时候（不管是针对非人动物、人类的小孩，还是成年人但是思想或拥有思想的能力暂时受到了损伤）可以使用。

（一）表象拥有特殊甚至必要的作用吗?

即便有这样的第一印象，过去几十年的学术讨论关注的问题还在于：亚里士多德提出表象，是否意在让它在动物产生位移运动（“弱论题”）或者产生欲求（“强论题”）过程中发挥某种**特殊的**（privileged）甚至是必要的作用？如果是这样，它又是如何发挥这个作用的？《论灵魂》III.3.428b10-17关于表象的最小化观念是否足以解释这个必要的作用，还是说要解释表象的作用需要一个更加详细的论述，比如Furley 1978和Nussbaum 1978提出的著名建议说的那样。

对于那个“强论题”，我们可以给出一个简单的回应：亚里士多德将欲求与基本的感觉联系在一起，或者否认某些低等级动物拥有表象，而没有同时质疑它们拥有欲求能力（比如《论灵魂》III.3.414b1-6）。

对于那个“弱论题”，我们也可以给出一个简单的回应：《论动物的运动》中的一些段落认为感觉加上欲求就足以产生动物的位移运动。比如在6.701a4-5，亚里士多德说：“因为动物是由欲求或决定推动行进的，感觉或表象改变了某些东西。”显然，只靠感觉**或**表象就足以推动这个过程。与此相似，总结了《论动物的运动》关于实践三段论的长篇讨论的7.701a33-36也没有赋予表象特殊的功能，也没有将感觉看作不足够的：“用这种方式，动物就有了冲动去运动和行动，欲求就是它们运动的最后原因，或者是通过感觉或者是通过表象和思想。”在这个论述中，表象与思想放在一起（这里说的是“和”而不是“或”），很可能是因为思想的效果总是要由表象或表象物（*phantasmata*）作为中介，但是感觉还是被呈现为欲求的独立来源，足以引发冲动去产生运动。9.702b21-25 也确认了这一点："当始点附近的区域因为感觉发生了改变，产生了变化，邻近的部分随之变化，被拉长或者压缩，那么由于这些在动物之中必然产生运动。"

在 701b18，701b35，703b18 都提到了表象和思想，而没有提到感觉，乍看起来这可能意味着感觉的作用被削弱了，不足以产生行动，而表象提供的感觉内容可以。但是，后两个段落取决于第一个段落，而根据这个段落，改变是由感觉直接引起的，而表象和思想（只）有被表象或思考的对象的"力量"。如果断章取义地理解，这不过是说在表象中，缺少来自感觉对象的直接的原因性冲动，得到了表象的补充，它保持和重新产生了原初感觉对象的原因性力量。但是既然这些能力最初都是来自之前的感觉，这些段落就不能支持所谓的表象的不可或缺性。相反，在感觉和表象之间的独特关系表明，如果仅仅是表象从感觉那里**继承**而来的那个力量都足以开启运动，感觉的原始冲动必然更可以做到。

（二）表象必要作用的所谓"明星证据"

在《论动物的运动》的语境中，如果想要支持表象的特殊或必要作用，就必然要依靠 701a17-21 和 703b9-11，在这两个地方都是只提到了表象，而没有提到感觉和思想。

第一个段落总结了变化的链条：表象为欲求做了准备，欲求为情感做了准备，而情感让作为工具的身体部分进入恰当的状态。亚里士多德在下一句加上了表象来自感觉或思想。显然，这段话不同于我们目前为止看到的标准论述，因为表象不再是和感觉和思想平等的，而是在引发动物运动的过程中另外的步骤。如果单独来看，这确实是对这段话最自然的理解，唯一的问题是它与之前的讨论公然矛盾，它们至少是将表象与感觉等而视之的。注疏者为了避免这个矛盾，往往认为这个段落代表了亚里士多德最终的观点，修正了之前的、临时性的立场（Nussbaum 1978, 233）。然而，这段话的语境不带有任何修正的意味。因此，看起来更有希望的理解是将

701a17-21 放在这个上下文的限定之中，这几行是在为前一行的主张提供解释，也就是每当一个人**想到**他应当走路，他几乎就会同时开始走路。亚里士多德表明这几个连续的步骤（从表象开始，通过欲求和受动，到工具性的身体部分）是紧密联系的，从而引入了一个重要的前提，也就是这个过程中的所有相关要素依据自然都是作为主动和被动联系在一起的，因此可以“几乎同时”带来运动。表象在这个过程的开头出现只是对这里讨论的特定例子的反思，也就是一个**思想**引发了行动。因为在这种情况下，严格说来，有思想伴随的表象直接带来了某个欲求中的变化。在这个过程得以确立之后，下一行（702a19：“但是表象或者是从思想或者是从感觉而来的”）是要提醒读者，这个过程开头的表象是从思想来的，这里是从一个人应该走路的思想来的，因为普遍而言表象也可以从感觉而来（虽然以另一种方式从思想而来），而不是因为除了通过表象之外感觉不可能产生位移运动。

另一个“明星证据”703b9-11 是全书最后一章关于自愿和不自愿运动的一部分。关于这些运动，亚里士多德说：“这些都不是直接由表象或欲求控制的。”有人可能会认为表象和欲求是“自愿运动的必要条件”（Moss 2012, 49）。这个结论的问题也是在第 7 至 9 章的论述与这里的论述之间，亚里士多德没有给出任何暗示说明自己改变了想法。而且，关于自愿运动的论述中这么重要的一个部分，仅仅放在关于不自愿和非自愿运动（这至少不是核心主题）的一个很随意的评论中，也是非常令人惊讶的。因此这段话没有资格被当作“明星证据”看待。在这个语境中使用“表象”可能有几个理由：某个表象或许（经常）出现在不受控制的运动的背景之中（比如心脏跳动、生殖器勃起），因此（经常）也是由想象“控制”它们。

（三）支持表象必要作用的其他考量

动物必然可以形成对那些当下不在感觉中的对象的欲求。亚里士多德至少间接意识到了这样的情况，因为他强调了表象和思想有形成对象的能力（也就是不在当下的对象）和提供这些事物形式的能力（也就是不管它们是否在周围）。因此我们就可以得出结论说，因为这个预见性的能力，当动物有意识地想要朝向一个当下没有看到或者感觉到的远距离的对象运动时，就必然需要表象。这是一个简单的图景，在实际生活中，这个简单的图景可以应用到很多情况中。我还没有感觉到冰箱里的啤酒，但是仅仅是想象啤酒或者想到冰箱里肯定还有一瓶啤酒，我就会形成产生位移运动的欲求。

如果欲求对象出现在感觉之中，还需要表象的这个预见性的能力吗？我们可能会认为不需要了。我们可以设想一只饥饿的兔子实际上感觉到了一根距离很远的胡萝卜。这个感觉为什么不足以引发兔子产生位移运动的欲求呢？这根胡萝卜并没有被树丛遮蔽，因此我们不需要想象一个感觉上无法通达的对象。对于这种情况，有人还是会提出反对，虽然兔子看到、听到、闻到胡萝卜，或许还是需要表象及其预见机能，去预见这个胡萝卜实际上**味道如何**，也就是说拿胡萝卜当晚餐是快乐的或好的。洛伦兹就给出了这样一个论证。引发兔子位移运动的并不是看到了胡萝卜，而是“拿它当晚餐的预期”。根据洛伦兹的看法，这就是为什么兔子形成吃胡萝卜的目的“包括了要完成设想一个未来情境的认知任务，这个情境现在还没有实现，事实上也可能永远不会实现”。[①]

从根本上讲，这种对表象的“阐释性阐释”，虽然带来了一个大不相同的论述，但是最早来自一个相似的担忧。不可能是胡萝卜本身，也就是被当作一个外在物体的东西，引发兔子的位移运动，而只能是与兔子的偏好或态度相关的胡萝卜才能发挥这个作用。因此“阐释性阐释”的支持者会说，是“在某些描述之下”的胡萝卜，或者被看作“某种对象”的胡萝卜，才能引发兔子的位移运动。这是对亚里士多德关于动物运动的论述的敏锐挑战，但是虽然表象具有预见性功能这一点在亚里士多德的文本中有着很强的基础，但是要理解表象为什么要把对象“**阐释为**”好的或者值得选择

---

① Lorenz 2006, 131-132，他用的例子是狮子和鹿。他承认在《论动物的运动》里没有**直接的**文本证据支持这一点，但是认为这可能是不言自明的。对洛伦兹观点的批评，参见 Moss 2012, 56 n.23 和 Pearson 2012, 44ff.。

的却困难得多，除了另外两种认知能力看起来都不适合承担这项工作：感觉看起来过于简单，无法承担这个要求很高的工作；而思想在动物界又不是普遍存在的。

（四）结论和建议

我们看到一种倾向，亚里士多德的阐释者们用表象当作百搭牌（wild card），去满足亚里士多德的概念系统里没有其他能力可以完成的工作。具体到《论动物的运动》而言，我们可能会想，是不是应该期待这部作品要给出证据解释动物如何将某些对象**当作**值得欲求的，而另一些是不值得欲求的。我们看到，这部作品的后半部分关注的是一个很具体的问题：动物灵魂中的某些能力如何引发了动物身体的位移运动。为了这个特定的目的，我们可以认为动物拥有某些欲求性的情状（desiderative dispositions）。这些情状是不是天生的，动物如何获得它们，是另外一些问题。在产生某些欲求性情状的过程中，表象可能发挥了重要的作用，比如它们来自一个人过去的经验，或者来自一个人面对未来挑战的独特方式，而另一些欲求性情状则仅仅来自这个物种的自然。比如海绵的自然欲求，就是不要被从它所附着的礁石上移走（如果亚里士多德说的是对的），那么就不需要多少表象。因此，困扰关于表象讨论的很多问题，可能是因为没有区分形成欲求的两类不同问题。一方面是动物如何拥有特定的欲求情状，或者某些“普遍欲求”，比如对甜食的普遍欲求。这个问题很可能不在《论动物的运动》这个短篇作品的考虑范围内。另一方面是对某个具体对象的具体欲求如何产生。后一个问题确实是《论动物的运动》要讨论的。给定某个动物拥有普遍的欲求（或者欲求性情状，它不需要在产生某个具体的行动或位移运动的过程中形成或产生），《论动物的运动》的解释策略就很适合解释通过感觉、表象**或**思想，动物如何实际欲求某个具体的对象（或者用目的－手段的语言，欲求实现 F 的手段 G），并且朝向它运动。从这个角度看，就不需要某种辨别能力去把某个具体的对象**阐释**或**评价**成好的或快乐的，也不需要**预见**这个具体的对象带来的快乐。

十二、欲求与情感

欲求在对动物运动的论述中扮演着至关重要的角色。从第 7 章的第二部分开始，讨论强调了身体与欲求相联系的变化，或许由此给出了一个例子来说明将欲求看作“身体与灵魂共同的功能”是什么意思。第 8 章开头提出了一个基本的假设，即欲求是伴随着热量变化的：追求一个对象的欲求伴随着升温，而避免一个对象伴随着降温。这个对于欲求的预设与另一个不同的但是相关的现象联系在一起，那就是受动（affection），因为像胆怯、自信，或者性唤起，都是相似地指向令人痛苦或快乐的对象，并且也相似地与热量变化联系在一起。身体的变化尽人皆知地也很生动地与灵魂的受动联系在一起，因此可以说明亚里士多德想要讨论的那种伴随着每一个欲求现象的身体变化，虽然它们经常以一种小规模的和不引人注意的方式发生。

（一）情感与其他的受动

在《论动物的运动》第 7、8、11 章，亚里士多德数次提到了 *pathê* 和 *pathêmata*，他经常用这两个词来指愤怒、羞耻、恐惧等。事实上，《论动物的运动》还提到了信心（702a2）、恐惧（701b20, b22, 702a3）、可怕的事物（701b20-22）、让人颤抖和战栗的事物（701b32），或者导致脸红和面色苍白的事物（701b31）。在所有这些地方，亚里士多德强调与情感相关的身体变化，比如颤抖、脸红、变得面色苍白，以及降温与升温的效果。他似乎看到了下面这些现象之间的连续性：（1）自信与恐惧；（2）非理性的欲求比如性欲（702a3）；（3）“其他痛苦的和快乐的身体反应”（702a3-4）。相比在其他作品里，每当亚里士多德将情感界定为“灵魂的受动”（*pathê tês psychês*）时都会给出典型情感的详细清单，[①]《论动物的运动》似乎有某种强调重点的转变。虽然亚里士多德经常用 *pathos* 和 *pathêma* 来指范围

① 比如《尼各马可伦理学》II.5.1105b21-23；《欧德谟伦理学》II.2.1220b12-14；《论灵魂》I.1.403a16-18；《修辞学》II.1.1378a20-23。

很大的灵魂和身体现象，但是有两个重要的不同：第一，《论动物的运动》看起来主要关注的是身体的变化；第二，它在 *pathê* 和 *pathêmata* 的狭义（情感或者典型的身体表现，比如经常提到的在愤怒时血液的沸腾）与广义（所有与引起位移运动的身体变化有关，比如普纽玛的扩张和收缩、关节周围肌肉的变软和变硬）之间切换。

广义的 *pathê* 在亚里士多德设想的其自然可以 *pathêtika*（受动）的身体的内在部分中也有所体现。因为这些部分和相应的主动部分（*poiêtika*），冲动得以在身体中传递，甚至几乎是瞬时地传递（702a10-21）。每当一个可以受动的身体实际被一个主动的行动者作用，这个具体的受动部分（*pathêtikon*）就产生了一个 *pathos* 或 *pathêma*。这个背景可能也和经常讨论的 702a17-19 有关：表象为欲求做了准备，欲求为情感做了准备，而情感为工具性的身体部分做了准备，这几行内容夹在讨论主动和被动部分中间，它们也参与解释了在工具性的身体部分的关节周围，组织发生了哪些变化（702a7-10）。因为第 7 至 8 章反复提到情感，有人可能会把这里的 *pathê* 理解成情感或感觉。[①] 但是这会带来一个很麻烦的结果，就是所有有意识的位移运动都依赖动物处于某种情感状态。这是一个很不合理的看法，除非我们把这里的情感或感觉做非常宽泛的理解，包括所有的欲求；然而，这样的话，我们就不能说这些 *pathê*（欲求或者包括欲求在内）是由欲求带来的。因此，在这个具体的语境中，*pathê* 就应该被理解为指的是动物关节周围的区域里发生的生理性受动。

（二）欲求

《论动物的运动》对理解欲求最大的贡献是阐明了与具体的欲求相联系的生理变化，并且把欲求放入一系列从感觉、表象、思想到实际位移运动的变化之中。它还展开了《论灵魂》III.10 最后提到的看法，即欲求作为被推动的推动者是作为不动的推动者的欲求对象（作为输入的一方）与

① Furley 1967, 217-218; Moss 2012, 91.

被推动的动物（作为输出的一方）之间的中介（6.700b35-701a2, 10.703a4-5）。其他有关欲求的重要看法就是预设而不是明确捍卫的了。最值得注意的是，欲求在动物的位移运动中扮演着不可或缺的作用，这一点被当作不言自明的。此外，亚里士多德没有再次讨论欲求是不是应该被当作灵魂的独立部分，而这是《论灵魂》III.9-11 的主要关注点。在《论灵魂》和伦理学著作的基础上，亚里士多德在《论动物的运动》第 6 章重复了欲求有三种不同的形式，欲望（*epithumia*）、意气（*thumos*）和想望（*boulêsis*），决定 / 选择（*prohairesis*）中也有欲求作为一个组成部分。这三种形式的欲求产生了一些严重的问题：它们的差别在于不同的对象还是不同的认知能力？如果是对象上的差别，每种欲求的对象分别是什么？这些是近来学术研究关注的问题[①]，但是《论动物的运动》并没有直接回答它们。

《论动物的运动》中关注的主要是在理性与非理性欲求之间的对比，或者说广义和狭义的欲求。前者是一个属概念，包括了上面提到的三种欲求；后者仅仅包括了非理性欲求。在 7.701a35-b1，亚里士多德明确对比了根据非理性欲求行动和根据理性欲求行动。现有文本中的 *dia orexin ê boulêsin*（因为欲求或想望，701b1），只有当 *orexis* 指狭义的非理性欲求时才能说得通。根据新的文本证据，似乎有一种更好的理解这一行的方式，不需要认为 *orexis* 的广义与狭义用法之间存在不一致。但是抛开 701b1，还是可以论证有一些其他文本要求对 *orexis* 做狭义的理解；比如在讨论实践三段论的文本最后，亚里士多德提到"代替了"思想的欲求（701a31-32），在这里 *orexis* 必然是指与理性欲求相对的非理性欲求。除了有关广义与狭义欲求的争论之外，关于实践三段论的讨论引出了亚里士多德是否预设了普遍与具体欲求之间区分的问题。如果大前提说的是要做的那类行动，那么就应该有一种对这类行动的普遍性欲求；而小前提将这个普遍性欲求引导到某个具体事物上。另一种可能性是：如果大前提指的是一种普遍的使某物为好的特征（good-making characteristic），那么与接受这个大

① 参见 Corcilius 2008a, ch. 4; Pearson 2012, part II。

前提相应的欲求，就不是和接受结论的欲求在同一个层面上，因为结论是一个要去做的具体事情。

（三）欲求在身体上的实现

因为在默认的情况下，欲求的行动带来了（不仅是某个灵魂状态，而且是）肢体的运动，以及接下来整个动物的运动，那么对动物位移运动的共同解释必然需要解释来自灵魂能力的活动如何被转变为可见的身体运动。《论动物的运动》生理学的部分（第 7 章 701b2 到第 10 章）看起来正是在完成这个任务。正如我们在前面看到的，在如何理解灵魂推动身体，或者如何将身体当作工具使用的问题上，还有不小的学术分歧。如果我们暂时认为《论动物的运动》关于欲求的论述要以灵魂的形质论为背景去理解，同时，所有的灵魂状态（除了思想以外）都包括某些身体器官，我们就可以认为，灵魂欲求能力的实现也包括了身体的某个部分或器官。在这个语境下，注疏者们通常都会提到《论灵魂》I.1 中纲领性的说法，在那里亚里士多德指出，像愤怒、勇敢、欲望这样的受动，虽然都被称为"**灵魂的**受动"，但是并非仅仅属于灵魂，而是必然包括了身体（403a6-8, 16-19）。这些灵魂受动的定义里就必须要包括"某个身体或身体部分的运动"（403a27-28），比如愤怒就包括了心脏周围的血液或温热质料的沸腾（403b1）。《论动物的运动》的生理性部分是不是意在给出欲求从身体方面的定义呢？某些身体部分必然与此相关，这一点是毫无疑问的。同样清楚的是，天生的普纽玛在这里扮演了重要的角色。然而，还是有一些地方并不清楚。比如，第 10 章提到了普纽玛的扩张和收缩，这两种运动和欲求之间的关系，是不是和《论灵魂》I.1 中提到的血液的沸腾与愤怒的关系相同，也就是从物质层面上实现它？这个看法是有道理的，最关键的是，《论动物的运动》第 10 章的开头暗示了这一点。在那里亚里士多德说，欲求是被推动的推动者，生物必然有这样的身体（703a4-6）。事实上，我们可以认为，这个说法的意思是，在功能上和欲求对应的身体和欲求在其中实现的是同一个身体。然而，如果天生的普纽玛是《论灵魂》III.10 提到的（也在《论动物的运动》10.703a28-29 的总结里提到了）欲求的身体工具，我们就可能会问，我们是否确定，动物的运动**得以**完成的身体工具，就是欲求在其中以“物质的方式实现”的相同身体部分，或者是否与后者处于一种真正的形质论关系中。另一个可能性是，欲求在其中得以实现的身体部分会变热或变冷（取决于动物是追求还是避免某个东西），从而将这个热量的效果传递到天生的普纽玛，因此普纽玛必然不同于身体的部分。这样的话，我们就会说，欲求的心理－身体活动不是在普纽玛中以一种形质论的方式实现的，而是将普纽玛用作工具，把首先是感觉然后是欲求传递到动物身体中能够运动的部分。

不管欲求是否直接与普纽玛联系在一起，看起来清楚的是，《论动物的运动》第 7 至 10 章的讨论都不仅仅是确定某个具体的身体部分，可以让欲求在其中以物质性的方式实现。这几章的主要结果是，有**一系列**紧密连接的变化，从感觉到表象或思想，然后引发肢体的运动，这一系列变化要求各种动物之中有类似的解剖学结构。因此，即便天生的普纽玛是论述灵魂如何通过一个身体工具推动身体的核心内容，是把天生的普纽玛嵌入一个恰当的解剖学结构，而不仅仅是找到某个器官，给出了我们需要解释。

十三、不动的推动者

（一）自动者

《论动物的运动》从始至终都把动物看作自动者。在第 1 章，亚里士多德很自然地将动物的位移运动与可以推动自己的事物这个更大的范畴联系在一起（1.698a8），他认为这一点无须解释，甚至无须多说。动物在位移运动方面自我推动。与《物理学》VIII 和《论天》相应，亚里士多德在《论动物的运动》中也不认为自我推动仅限于月下世界的动物，而且发生在整个宇宙中。这就是为什么从一开始《论动物的运动》就诉诸可以应用在宇宙运动和动物运动上的普遍原理。显然，亚里士多德愿意说自动者的运动依赖某些原理或始点（1.698a7-9）。更具体来讲，说某个东西是自动者和说它被不动的推动者推动没有任何不一致："首要地起推动作用的就是欲求对象（*orekton*）和思想的对象。"（6.700b23-24）这样看来，亚里士多德并不担心欲求对象（比如一只兔子看到并欲求一根胡萝卜）会妨碍到动物作为自动者的地位。他认为，被某个欲求对象推动截然不同于被另一个外在的推动者推开或踢开。我们还可以进一步推论，即便胡萝卜是首要的推动者，能够发生位移运动也主要是兔子的功劳；相反，胡萝卜要发挥不动的推动者的作用，就要求动物这边有某个行动，也就是与动物的灵魂有关的行动，即动物**认出**并**欲求**这根胡萝卜。

即便这些都没有分歧，我们还是可以问，到底是什么让动物和欲求对象之间的关系如此不同，又是什么让自动者如此不同于因为外在推动者的推、踢、扔而运动的其他事物。学者们认为，这个任务变得格外紧迫，因为在《物理学》第八卷的论证中，亚里士多德将动物作为自动者的状态与它们依赖某些外在因素或刺激联系在一起。围绕这一组问题大卫·富尔利在 1978 年发表的重要文章（Furley 1978）引发了一场激烈的学术争论。富尔利指出，欲求对象本身不能被独立地等同于欲求的灵魂能力，后者不是外在的，而是内在于运动者的。外在对象仅仅是一个推动者，是由灵魂的能力"看作如此的"。1994 年出版的一个论文集（Gill/Lennox 1994）把富尔利提出的问题扩展到了更广的语境之中，其中的论文强调了主动能力的作用、意向对象的作用、目标导向性的作用。贝瑞曼又给这个讨论增加了一个观点，认为动物"可以在回应其他种类的变化的意义上引发位移运动"（Berryman 2002b, p. 91）。

（1）**动物自动者威胁到了永恒运动吗？**对亚里士多德来讲，自我运动看起来总是一个挑战，特别是因为柏拉图曾经将灵魂描述为自动者，并将自我运动者当作宇宙运动的终极原因。在《物理学》VIII.2 和 VIII.6，特别是 VIII.2.253a7-12 和 VIII.6.259b1-22，亚里士多德面对的问题是：动物的自我运动现象是否威胁到了他的一些核心信条，特别是运动永恒存在，宇宙的第一推动者必然是不被推动的。因为，如果动物在一个时间静止，下一个时间就可以开始运动，即便没有任何外在的东西导致它们运动，那么有什么可以妨碍整个宇宙都是这样呢（VIII.2.252b24-26）？也就是宇宙从一个完全静止的状态，自发地开始运动。仔细分析动物的情况之后，我们就可以看到，它们只是**似乎**在完全的静止和运动之间转换，因为动物之中的某些固有的部分是变化的，即便动物没有进行位移运动；这些变化不是由动物自己的能动性产生的，而是由于动物所处的环境。因此动物仅仅是从位移运动的角度看才是自动者。所以一点也不奇怪，它们也不能代表从原因的角度讲完全自主的存在，它们的空间运动并不是那种真正从无到有的运动。

（2）**这样限制了动物的自我运动的含义吗？**这样我们就消除了对亚里士多德宇宙论信条的威胁，但是这个论证是不是导致我们限制了动物自主运动的含义呢？不管怎样，为了捍卫他的宏观宇宙论图景，亚里士多德不得不承认，动物作为自动者在某种意义上依赖外在因素。事实上，亚里士多德在论证中说，我们必须承认，动物只在一种运动上推动自己，并且它们这么做的时候也不是在完全的意义上（*ou kuriôs*, VIII.6.259b6-7）。我们可以反对说，这些论证只是意在表明动物作为生物，在原因上不是独立的，不是脱离环境的；这些论证不是意在限制动物在空间上的自我运动。此外，我们可以论证，引发位移运动的欲求对象提供了外在推动要素的例子，因为这个动物不能在完全的意义上成为自动者。针对这种担忧，莫里森很有说服力地论证，亚里士多德在《物理学》VIII.2 和 VIII.6 中并没有说，当动物自我运动时，如果这个运动的原理来自外在环境，动物的自我运动就变成了不严格意义上的（Morison 2004）。那么我们要如何理解亚里士多德说的动物的自我运动 *ou kuriôs*［不是在完全的意义上］呢？根据莫里森的看法，说动物是自动者并不是“显而易见的”，因为根据《物理学》VIII.5 的定理，普遍而言自动者内部被划分为推动和被推动的部分，因此推动的部分严格说来就不是自动者，因为它本身不是被推动的——除了在偶然的意义上；同时，被推动的部分也不是自动者，因为它不是推动者。这个定理当然是亚里士多德在反驳柏拉图将自动者当作宇宙运动的终极原因过程中的关键步骤。然而，这也是为什么这个论证不是专门针对动物自动者的原因，而我们要找的是限定动物作为自动者的动机。此外，亚里士多德在《物理学》VIII.2 和 VIII.6 要反对的观点是动物由于是自动者，就是完全自主的存在。后一个意思很可能并不是通常的（未加限定的）“自动者”（自我的位移运动）概念的应有之意。因此，亚里士多德反对的只是这样一个错误的推论，即从将某物称为“自动者”，到认为它是完完全全地自主。或许 *ou kuriôs* 的说法仅仅意在否认动物是彻底的自动者，也就是原因意义上完全自主的自动者，可以不需要任何事先存在的变化就能够从自己内部引起运动。

（二）不动的前提条件与不动的推动者

在《论动物的运动》中，自动者的概念与不动的推动者紧密联系。自我引发的动物位移运动的共同原因必须要提到这些不动的推动者。然而，在《论动物的运动》中，亚里士多德在动物的运动中辨别出了不止一个不动的要素。

（1）**关节和外在平台作为不动的要素。**在《论动物的运动》开篇，我们就读到自动者依赖不动的原理 / 始点，第一推动者是不动的。这些普遍性的论述直接被用在了动物的情况里，因为如果没有什么东西保持静止，生物就不可能运动。这个说法在第 1 和第 2 章又得到了动物运动所需要的内在和外在的静止点的确证。第 3 至 5 章首先讨论了这个结果对于整个宇宙运动的意涵，之后将最开始的关于自动者和不动的推动者的普遍陈述用在无生命的存在，以及几种类型的运动 / 变化（*kinêsis*）上。这样看来，寻找动物运动共同原因的第一步，就是确定在每种自我引发的位移运动中不动的要素是什么。我们有很好的理由期望，这些不动的要素在动物运动的共同原因中扮演着重要角色。

（2）**欲求对象进入讨论。**然而，从第 6 章以后，内在的关节和外在的平台看起来就不再扮演重要角色了。第 6 章提到了一个完全不同的演员，也就是欲求对象作为不动的推动者（700b24ff.），并且得到了 8.701b33-34

的直接确认和 10.703a4-5 的间接确认。因此我们可能有理由修正开始的预期，并且把欲求对象，而不是关节和外在的平台，看作关于动物运动的共同论述中那个不动的要素。在《论动物的运动》的第二部分对关节和外在平台的弱化，可能是因为亚里士多德发现，虽然关节和稳定的平台属于动物运动中不动的前提条件，从而提供了运动需要某些东西保持静止这一普遍规则的例子，但是它们还不足以被称为不动的推动者。即便如此，前五章中那两个不动的前提条件中，内在的静止点得到了比外在的更多的强调。不管怎样，它们被称为运动的“始点”（*archê*），关节中的一部分被看作是某种意义上的推动者。更重要的是，第 8 至 10 章反复提到了关节，不是作为有血有肉的关节（比如肘关节、膝关节、髋关节、肩关节），而是作为有着内部划分的统一体的例子，可以同时包括运动和不动的部分，可以在潜在上是一而在现实中是二，反之亦然。在这里，身体运动在灵魂中的始点，被描述成根据关节的模型来理解，主要的差别在于灵魂的始点，不是像身体上的关节那样是某个其他东西的终点。在这方面，前五章对动物运动共同原因的贡献就显然不只是确定了某些必要的前提条件，也不只是否定性的结果，即这些前提条件（即关节和稳定的平台）不是这里所需要的那个意义上的推动者。

（3）**灵魂作为不动的推动者**。第 6 至 10 章不仅提到了与第 1 至 5 章不同的不动的要素，而且不只提到了欲求对象这一个不动的推动者，还提到了灵魂。从第 9 章最后开始，亚里士多德论证在身体的中间，必然有某个东西超过了身体右侧和左侧的始点，某个引发运动但是本身不动的东西（9.702b34-35）。之后这个本身不动但是可以引发运动的东西，被确定为灵魂，它被说成是居于身体的中间，但是不同于有广延的中部区域。这样看来，不仅欲求对象，而且灵魂也可以被称为不动的推动者，虽然是完全不同的另一类不动的推动者。乍看起来，这似乎是一个令人不快的结果，亚里士多德（或者他的阐释者）为什么不满足于只确定一类不动的推动者呢？不动的推动者—被推动的推动者—被推动的对象这个三元结构不是只能允许一个东西扮演不动的推动者的角色吗？

此外，欲求对象和灵魂作为不动的推动者都有很好的理由。欲求对象作为不动的推动者得到了《论灵魂》III.10.433b15-16毫无争议的确认，《论动物的运动》第6章和第8章重复了这个观点；此外，和宇宙论、《物理学》VIII以及《形而上学》Λ的类比，也要求欲求对象在动物的自我运动中扮演神圣的永恒推动者在第一天球中扮演的角色（这个类比对《论动物的运动》非常重要）。此外，欲求经常被说成是被推动的推动者，而欲求只能被欲求对象推动。灵魂在某种意义上是推动者，是《论动物的运动》第6至10章中的主导性问题要求的，也就是灵魂如何推动身体。此外，如果辨认和欲求的能力推动动物（6.700b17），如果我们认为灵魂是一系列能力的结构，那么很自然的结论就是灵魂也是一个推动者。灵魂是一个**不动的**推动者可以从《论灵魂》I.4中很确定的说法推论出来：灵魂不可能被推动，除非是在偶然的意义上。如果稍微加上一点猜测的色彩，我们可以看到灵魂作为不动的推动者，与宇宙的情况形成了类比，从《论动物的运动》第3至4章的疑难（*aporiai*）可以看到，宇宙的运动需要一个推动者，它的本质就是不动的，而不是相对或偶然地不动。第9章还给出了一个稍微模糊一点的相似性，在那里亚里士多德论证说在动物之中有一个运动的始点，它不是相对的或偶然地不动，而是在本质上没有广延和不被推动，这就是灵魂作为内在的静止点如何进入了讨论。此外，《物理学》VIII.5要求自动者从内部被分成一个推动和一个被推动的部分。就动物作为整体而言，内在的（不动的）推动原理只能由灵魂来扮演。这样看来，欲求对象作为不动的推动者和灵魂作为不动的推动者，就都是说得通的，而且亚里士多德实际上也为它们做了相应的辩护。所以我们不能轻易去掉其中一个。这样，我们就有了下面两种可能的阐释。

（4）**一个还是两个不动的推动者？**一种阐释认为，说到底只有一个不动的推动者，因为在欲求对象与欲求的灵魂之间有着非常密切的联系。我们可以说，并不是外在对象本身（比如胡萝卜）是推动者，而是被欲求的对象（比如被兔子欲求的胡萝卜）甚至是兔子要吃胡萝卜的预期，才是推动者。事实上，在《论灵魂》一段令人印象深刻的文字中，亚里士多德说欲求对象是首要的作为不动的东西推动，“通过被思考或被表象”(III.10.433b13-14)。我们可以论证，对象，就它被思想或想象（或者被感觉）而言，以某种方式在灵魂之中，或者被灵魂呈现出来，因此就不再是外在的，并不能与灵魂清晰地区分开来。根据这个看法，说欲求对象是推动者的意思就是说处于某种状态的灵魂推动，即感觉、表象、思考这个对象的灵魂。这个阐释的一个问题在于，灵魂被理解为能力当然是不动的，但是仅仅作为能力状态，它还没有指向欲求对象（根据这个阐释，灵魂应该与这个对象形成一个统一的推动者）。要让欲求的灵魂指向某个具体的欲求对象显然意味欲求能力要被激活。虽然灵魂本身是不动的，被激活的欲求能力显然不是不动的，相反，亚里士多德将它归为被推动的推动者。

科西利乌斯和格利高里奇支持这种策略的一个变体，他们主张“动物的运动中没有广延的、不动的内在支点是动物运动的目标的内在表象，是动物向着它渴望的、令它快乐的对象移动时‘头脑中’的东西”(Corcilius/Gregoric 2013, p. 76)。然而，他们没有把灵魂看作一组产生欲求的能力，而是更加具体地看作“感觉……快乐或痛苦的对象的活动”。因为灵魂感觉到东西的时候并没有经历运动（即便这里伴随着某种变化），我们可以说，感觉的灵魂当然不是“被推动的”，并因此可以被称为不动的推动者。但是这是否导致感觉的灵魂成为真正不动的推动者（给定欲求的灵魂已经被推动了）呢？我们难道不是应该说灵魂的欲求能力推动了身体吗？

另一种阐释是接受有不止一个不动的推动者。有多个不动的推动者令人担忧，仅仅是因为它们可能相互竞争。然而，如果几个不动的推动者发挥互补的作用，或者它们对不同的问题给出答案，那么多个推动者就不会令人困扰了。比如欲求对象是不动的推动者，这一点来自《论灵魂》III.9-10 的讨论，也得到了《论动物的运动》第 6 章的重复；而灵魂作为身体之中不动的推动者，属于《论动物的运动》第 7 至 10 章的讨论，是为了回答一个更具体的问题：灵魂如何推动身体？这就解释了为什么动物身体中的运动来自身体中一个不动的要素，不会与欲求对象（作为目的或目标）

推动或激发了欲求能力从而产生运动的说法形成真正的竞争。同样引人注目的是，对灵魂作用的刻画，在很大程度上借用了关于关节作为内在支点的讨论，因此给灵魂赋予了一个身体中部的功能（灵魂作为运动的始点，来自和去到身体的两侧，发挥着一个中间的、最终的关节的作用），这个功能至少与关节中的静止点有着类似的作用。亚里士多德将灵魂描绘成独特的内在支点，甚至会让人产生这样的联想：就像关节与外在平台之间的关系；还有另一对内在和外在的静止点，也就是一个外在的不动的推动者对应着一个内在的不动的灵魂。

《论动物的运动》语文学导论

奥利弗·普利马维希 撰

刘玮 编译

【编译者按：本导论是奥利弗·普利马维希教授为他编辑的《论动物的运动》全新希腊文版本所写的长篇导论，详细介绍了《论动物的运动》希腊文本的传承史，编辑这个希腊文版的必要性，以及它艰难的诞生过程。这里的译文对原作的正文做了一些删减，并去掉了大量的注释；更多细节可参考Christof Rapp and Oliver Primavesi eds., *Aristotle's De Motu Animalium: Symposium Aristotelicum*, Oxford: Oxford University Press, 2020, pp. 67-156。】

根据亚里士多德的看法，《论动物的运动》的核心主题是欲求推动动物发生自主运动所需要的身体工具，这个主题要在关于身体与灵魂共同的运动中加以讨论（《论灵魂》III.10.433b13-21），也就是在所谓的《论自然诸短篇》中讨论。在《论动物的运动》最后，亚里士多德将这部作品与那些关于感觉、睡眠、记忆的作品（也就是《论自然诸短篇》的第一组作品）放在一起作为一个系列。亚里士多德赋予《论动物的运动》的这个位置，也解释了在公元前 1 世纪安德罗尼柯（Andronicus）编辑的亚里士多德"全集"中它所处的位置，以及它在后世亚里士多德著作清单中的位置。在这个系列中有三部作品：《论感觉与可感物》《论记忆与睡眠》和《论动物的运动》。第一和第三部作品显然对应着我们现存的《论感觉与可感物》与《论动物的运动》，而第二部作品很可能是安德罗尼柯将如今的《论记忆》《论睡与醒》《论梦》《论梦中的预言》合成了一部著作，因为在他的目录里没有提到这四部作品。因此，安德罗尼柯的三部著作的标题代表了《论自然诸短篇》的第一部分，并包括了《论动物的运动》。这组作品在拜占庭时代得以保存和传承，在文本的传承史上《论动物的运动》一直被包括在《论自然诸短篇》第一部分之中。此外，没有任何证据表明，在公元前 1 世纪的希腊化时代，还有不同于安德罗尼柯编辑的版本流传。这部作品不属于那些在特奥弗拉斯托斯（Theophrastus）去世后依然可以读到的亚里士多德作品，所以没有在希腊化时代的作品中被列出，而这些目录在第欧根尼·拉尔修（Diogenes Laertius）和赫西奇乌斯（Hesychius）的作品目录中被保留下来。因此，我们的文本传承看起来很可能只有安德罗尼柯的版本可以依赖。但是安德罗尼柯的版本和他所依赖的亚里士多德本人的材料之间的关系我们就无从考证了，我们只能根据安德罗尼柯的版本猜测《论动物的运动》的最终目的是什么。因此要编辑这个文本，我们就需要不仅熟悉直接的传统，也就是希腊文本的拜占庭抄本，而且要熟悉间接传统。后者始于阿弗洛迪西阿斯的亚历山大（Alexander of Aphrodixias, 约公元 3 世纪），在《论自然诸短篇》第一部分与《论动物的运动》构成的文本系列中，亚历山大只完整评注了《论感觉与可感物》，但是亚历山大本人撰写的《论灵魂》对《论动物的运动》第 7 至 8 章（701b13-702a2）做了详细的讨论。在中世纪，《论动物的运动》没有传到阿拉伯世界，但是有一些拜占庭的评注和概括，大阿尔伯特（Albert the Great）有一个拉丁语的概括，莫贝克的威廉（William of Moerbeke）有一个拉丁语的译本。

直接的传统包含了 47 个希腊文抄本，它们或者包括了《论动物的运动》的全部文本或者是部分文本，它们可以追溯到两个晚期古代的祖先 α 和 β。这两个“祖先”都没有传世，但是可以根据它们各自的“后代”加以重构，也就是 α 分支和 β 分支的抄本传统。但是这两个祖先的一些共同错误表明，它们可追溯到从同一个模本抄写下来的两个版本。因此那个模本就是“原始版本”（archetype），是所有我们所知的现存抄本的共同祖先。而 α 分支和 β 分支的“祖先”就是“次原始版本”（hyparchetypes），也就是我们的抄本传统所依赖的已经逸失的那些抄本。但是我们的直接传统所依赖的原始版本也只是安德罗尼柯版本的若干后代之一。因此，为了尽可能忠实地重构安德罗尼柯的文本，我们需要首先根据 α 和 β 这两个次原始版本重构原始版本的文本；其次，确定少量明显的错误并尽可能做出修正。然而，到目前为止，即便是第一步，也就是重构我们直接传统的原始版本都还远没有完成，因为自从阿尔都·马努齐奥（Aldo Manuzio）的版本（*editio princeps*, 1497 年）以来，所有的希腊文本的编辑都不知道还有 **β** 分支，因此所有的版本都完全建立在 **α** 分支上。耶格尔在 1913 年的版本中，正确地将他使用的有限的抄本划分为两个家族，但是他错误地认为这两个家族代表了现存全部直接传统的后裔。事实上，耶格尔辨认出来的两个家族都可以追溯到我们的 **α** 分支，更晚近的努斯鲍姆也是这样认为的。这就意味着，至今为止，**α** 版中的严重错误还没有能够根据 **β** 分支得到纠正。

我这里编辑的版本，是第一次基于全部现存希腊文手稿对《论动物的运动》进行的编辑，因此同时考虑到了 **α** 和 **β** 两个分支，后者保存在两个没有被污染（uncontaminated）的抄本中，它们分别保存在柏林和埃尔朗根（Erlangen），两个抄本都是在君士坦丁堡 1453 年陷落之前抄写的。我们的版本也是第一个考虑了亚历山大对第 7 和第 8 章长篇引用以及两个不同的希腊模本（它们均已逸失）的版本，德·李曼斯（De Leemans 2011a）令人信服地将莫贝克的威廉的拉丁语版本追溯到这两个模本上。我们的这个新版本与努斯鲍姆的版本相比，有 120 处不同，但是这并不是因为努斯鲍姆的编辑工作存在方法论上的缺陷，而是因为她使用的证据有所局限。我们对文本所做的大量修订，得益于从耶格尔（1913）到伊舍比（Isépy 2016）的一代代学者所做的努力，他们让这一文本的传承历史变得越来越清晰，而在这个过程中德·李曼斯的开创性工作具有决定性的转折意义。

在接下来，我会从第 6 章的一个典型文本入手，概述这一改进工作，因为这个文本有助于我们确立文本的传承树（*stemma codicum*），在这段文本中，亚里士多德使用了《形而上学》Λ.7 中的一个定理，说到了自主运动的第一原因是欲求对象（*orekton*）和思想对象（*noêton*）：这个定理在《论动物的运动》6.700b17-25 中得到应用成为动物自主运动的普遍理论。这个文本的传承包括了一个重要的错误，这个错误足以带来关于文本传承树的可靠结论，因为在 45 个《论动物的运动》的完整抄本中，有 40 个都因为缺失了四个词而无法理解。而另外 5 个则保留了缺失的词汇。这个错误是主要的证据，可以将《论动物的运动》的传承划分为两个不同的分支。首先，因为这是一个单基因错误（monogenetic），而非多基因错误（polygenetic），也就是说，这样的错误显然不大可能独立地犯超过一次；因此这就是一个“合取错误”（conjunctive error），也就是说，这 40 个犯了同样错误的版本必然都是来自同一个祖先。第二，这是一个分离性的错误（separative error），也就是说不可能通过一次文本修订就得到更正，因此另外 5 个抄本必然是独立于所有错误的抄本的——至少就我们所讨论的这个文本而言。

一、一段核心文本：《论动物的运动》6.700b17-25

伊曼纽尔·贝克（Immanuel Bekker）在 1831 年编辑了《论动物的运动》，他使用了四个希腊抄本，其中最早的是来自 10 世纪中期的 *codex vetustissimus* Parisinus 1853（E 抄本），另外三个都是君士坦丁堡被从法兰克人手里解放（1261 年）之后的版本，它们是 Vaticanus 1339（P 抄本）、Laurentianus Plut. 81.1（S 抄本）和 Vaticanus gr. 261（Y 抄本）。整体而言，贝克很看重 E 抄本的权威性，但是在一些地方他更喜欢 P 抄本中的读法，一个重要的例子就是第 6 章 700b17-25 的论证。在贝克使用的 4 个抄本中，只有 P 抄本中最后的结论是一个句法上完整的句子，而其他 3 个版本中的句子在句法和意思上都有缺陷（见表 2–1）：

表 2–1

[b17] ὁρῶμεν δὲ τὰ κινοῦντα τὸ ζῷον διάνοιαν καὶ φαντασίαν καὶ [b18] προαίρεσιν καὶ βούλησιν καὶ ἐπιθυμίαν ·	[前提 1] 我们看到，推动动物的东西是 [推论性的] 思考、表象、决定、想望和欲望。
ταῦτα δὲ πάντα [b19] ἀνάγεται εἰς νοῦν καὶ ὄρεξιν ... ·	[前提 2] 所有这些都可以被还原为思想和欲求……
ὥστε κινεῖ πρῶ-[b24]τον τὸ ὀρεκτὸν καὶ τὸ διανοητόν ·	[结论] 因此首要地起推动作用的就是欲求对象和思想对象。
οὐ πᾶν δὲ διανοητόν, [b25] ἀλλὰ τὸ τῶν πρακτῶν τέλος.	[限定] 但不是全部的思想对象，而是可以通过行动实现的目的。
b23-24 ὥστε κινεῖ πρῶτον τὸ ὀρεκτὸν καὶ P Bekker : ὥστε καὶ E S Y || b24 οὐ πᾶν δὲ P : οὐ πᾶν δὲ τὸ E S Y Bekker	

根据 P 抄本在 700b23-24 的读法，结论引入了这个定理，即动物的自主运动首先是由欲求对象（*orekton*）和推论性思想（*dianoia*）的对象（*dianoêton*）导致的。这个定理的真实性可以得到《形而上学》Λ.7 一段著名的平行文本的支持，在那里亚里士多德阐明了他给宇宙中的第一推动者，也就是不动的推动者，在因果系统里赋予的角色，而他使用的类比就是我们被欲求和认知对象推动。更惊人的是，根据 E 抄本、Y 抄本和 S 抄本，亚里士多德的结论仅仅是四个词 ὥστε καὶ τὸ διανοητόν（因此……也是思想的对象），在这个被截短的说法中，动物自主运动的原因和欲求对象都缺失了。想让这个版本说得通的各种努力都无法取得 P 抄本的那种效果。我们也就无须惊讶，P 抄本中的读法不仅得到了贝克的采纳，也同样被后来的编者采纳。而 EYS 中的残留物很可能来自抄工的一个遗漏，而这个遗漏可以追溯到所有这些抄本的共同祖先。这样看来，P 抄本就可以追溯到一个源头，它保留了 κινεῖ πρῶτον τὸ ὀρεκτὸν 这四个词。

二、P 抄本的读法是否可能来自拜占庭时期的一个猜测？

EYS 抄本中缺失的 κινεῖ πρῶτον τὸ ὀρεκτὸν 这四个词是否并非来自分离性的错误呢？它们是不是有可能来自抄工所做的一个绝妙的修订，或者根据某个之前的抄本试图修正抄本里的缺损呢（努斯鲍姆提出了这个可能性，但是过于简单地将它打发掉了，参见 Nussbaum 1975a, pp. 104-105）？这个可能性的问题在于，较短的版本缺少了首要的推动者和欲求对象的概念，它们都很难由紧密相连的上下文补充进来。确实，*dianoêton*（推理性思考的对象）这个词的出现说明了从灵魂的能力到对象的过渡，但是还不足以表明这些对象可以被当作这里提到的首要推动者看待。同时"欲求对象"的概念，虽然至关重要，但是在《论动物的运动》的其他地方都没有明确提到。这就意味着，为了给出 P 抄本的读法，就必须要使用《形而上学》Λ.7 的平行文本。而为了修订的目的使用《形而上学》的文本已经超出了拜占庭时期《论动物的运动》的两位主要的阐释者以弗所的迈克尔（Michael of Ephesus）和吉尔吉乌斯・帕奇梅勒斯（Georgios Pachymeres，1242—约 1310）的能力范围。

以弗所的迈克尔在 1118 年为当时的皇帝阿莱克西乌斯・康姆内努斯（Alexius Comnenus）的女儿安娜・康姆内娜（Anna Comnena）撰写了《论动物的运动》的评注。在他的评注所依据的抄本上，700b23-24 这两行显然是和 EYS 一样有缺损。迈克尔认为，这个被截短的句子的主语是 *ti dianoêton*（推理性思考的某个对象），因此他将 *to dianoêton* 改成了 *ti dianoêton*，他还将 *prohaireton*（决定的对象）当作了语法上的谓述（见表 2–2）。

表 2–2

有缺损的《论动物的运动》700b23-25	迈克尔：《〈论动物的运动〉评注》113.22-26 Hayduck 编辑
[b23] ἡ δὲ προαίρεσις κοινὸν διανοίας καὶ ὀρέξεως· ὥστε [... b24 ...] καὶ τὸ διανοητόν.	καὶ ἐπεὶ ἡ προαίρεσις κίνησις διανοίας καὶ ὀρέξεως, ἔσται καί τι διανοητὸν προαιρετόν·
οὐ πᾶν δὲ διανοητόν, [b25]	οὐ γὰρ πᾶν διανοητόν (τὰ γὰρ μαθήματα διανοητὰ μέν, οὐ προαιρετὰ δέ),
ἀλλὰ τὸ τῶν πρακτῶν τέλος	ἀλλ᾽ ὅσων διανοητῶν ἐστι τὸ τέλος πρακτόν (ὡς ἐπὶ τῶν τεχναστῶν καὶ ἄλλων τινῶν), τούτων καὶ τὸ τέλος προαιρετόν.
决定是推论性的思考和欲求共同的，因此……推论性思考的对象也是。 但是并不是推论性思考的任何对象，而是可以通过行动实现的目的。	由于决定是推论性思考和欲求的运动，推论性思考的**某个**对象也是决定的对象。 因为推论性思考的任何对象并非都是这样（因为数学对象是推论性思考的对象，但不是决定的对象）， 但是所有推论性思考的对象，目的都是一个可以通过行动实现的对象（就像技艺的对象和其他对象），目的也是决定的对象。

迈克尔补全 700b23-24 的方式是引入下一行的一个观点：“推论性思考的〈**某个**〉对象也是〈决定的对象〉，因为并**不是**推论性思考的**任何**对象都可以成为决定的对象。”相比 P 抄本传达的重要信息，这个带有权宜色彩的补充还远远算不上成功的修订。但确实是唯一有原创性贡献的补充，之后的抄工和学者在试图重写这段文本时，都会用到迈克尔的 *prohaireton*（决定的对象）。

这一点对于博学的吉尔吉乌斯 · 帕奇梅勒斯也成立，他抄写了并复述了《论动物的运动》的文本。他写下的抄本就是 Y 抄本。在抄写了其他一些文本之后，帕奇梅勒斯修正了他使用的模本（E 抄本）中的错误，学者们甚至倾向于认为，Y 抄本不是依赖 E 抄本，而是根据一个共同的祖先。但是在抄写 700b23-24 时，帕奇梅勒斯没有考虑任何可能的修订，而这一点至关重要。在他《〈论动物的运动〉概要》中，帕奇梅勒斯在讨论这处文本时依靠的是迈克尔。在逐字引用了我们的文本问题出现之前的最后一个完整的句子（决定是推论性的思考和欲求共同的）之后，帕奇梅勒斯不想去复述这个在接下来的文本中有问题的句子，而是使用了迈克尔的版本，“推论性思考的某个对象也是决定的对象。”这似乎就是为什么在帕奇梅勒斯的下一句话里，运动的原因被说成是只能来自思想和决定，从而与亚里士多德在《论灵魂》III.10 中的描述大不相同。帕奇梅勒斯想的很可能是，具体的欲求只有当思虑已经发生时才能被激活（*orexis bouleutikê*，经过思虑的欲求）。为了阐明欲求这个概念，帕奇梅勒斯直接跳到了 700b35-701a2，亚里士多德描述了欲求处于欲求对象与被推动的物体的中间位置（见表 2–3）。

表 2–3

《论动物的运动》700b35-701a2	帕奇梅勒斯:《哲学》8, f. 165v, 1.25-27
[b35] τὸ μὲν οὖν πρῶτον οὐ κινούμενον κινεῖ, ἡ δὲ [701a1] ὄρεξις καὶ τὸ ὀρεκτικὸν κινούμενον κινεῖ. τὸ δὲ τελευταῖον τῶν [a2] κινουμένων οὐκ ἀνάγκη κινεῖν οὐθέν.	ἡ γοῦν ὄρεξις, [26] ἐνεργεία γενομένη ὀρεκτική, ὑπὸ τοῦ ὀρεκτοῦ κινουμένη κινεῖ τὸ [27] ζῶον. τὸ δὲ τελευταῖον τῶν κινουμένων τὸ ζῶον οὐκ ἀνάγκη κινεῖ οὐδέν.
因此首要的东西推动而自己不被推动，而欲求和欲求能力导致运动同时也被推动。 但是被推动的最后一个东西本身不必然导致任何东西运动。	欲求，也就是被实现出来的欲求能力，被欲求对象推动，它推动了动物运动。 但是在被推动的东西中的最后一个并不必然导致任何东西运动。

帕奇梅勒斯正确地用“欲求对象”展开了亚里士多德用一种很抽象的方式提到的不动的推动者（700b35，τὸ πρῶτον“首要的东西”）。他很有可能想到了《形而上学》Λ.7 中的平行文本，在那里欲求对象和认知对象以一种相似的方式被说成是不动的推动者。因此，多亏他知道这段文本，帕奇梅勒斯可以在解释 700b35 的时候引入“欲求对象”这个概念，而这个概念在他使用的文本的 700b23-24 是没有的。但是他的复述清楚地表明，他完全没有想过利用这个知识去修订 700b23-24 的文本。

这样看来，即便是最有能力的拜占庭亚里士多德主义者，也无法通过猜测恢复 700b23-24 原初的文本。于是我们可以得出结论：P 抄本中出现的 κινεῖ πρῶτον τὸ ὀρεκτὸν 并不是源自某个拜占庭的修订，而是来自某个独立于 EYS 的另一支文本传承。如果在这段文本中的不同读法体现出来的家族划分，与贝克使用的四个抄本之间可以形成对应，即 EYS 属于一个家族，而 P 抄本属于另一个家族，那么也无伤大雅，但是问题比这更加复杂，这一点在耶格尔 1913 年版的文本中清楚地显现了出来。

三、耶格尔 1913 年版：两个抄本家族和一个开放的问题

耶格尔在 1911 从柏林拿到了博士学位，之后前往意大利去寻找尼萨的格里高利（Gregory of Nyssa）的抄本，在意大利的时候，作为副业，他完成了托伊布纳（Teubner）版的《论动物的运动》《论动物的行进》和《论普纽玛》。就《论动物的运动》而言，耶格尔的工作建立在两位前人之上，他们都开始但是未能完成这部作品的新版本。一位是弗朗茨 · 利提格（Franz Littig），另一位是恩斯特 · 诺伊施塔特（Ernst Neustadt）。前者重新核对了贝克使用的四个抄本和另外两个抄本；后者核对了贝克的校勘记（*apparatus criticus*）。即便如此，耶格尔还是将自己的版本建立在贝克的这四个抄本之上。但是他很快就发现，这些抄本应该被区分为两个家族，迈克尔的评注所依据的是一个属于第二个家族的文本（见表 2–4）。

表 2-4

第一个家族	第二个家族
Parisinus E 抄本 Vaticanus Y 抄本	以弗所的迈克尔 Laurentianus S 抄本 Vaticanus P 抄本

耶格尔将P抄本归入第二个家族，这就意味着他将P和S(以及迈克尔)的很多共同的读法当作合取的错误，这在一定程度上还是比较合理的。但是我们已经看到了，在贝克使用的四个抄本中，只有P抄本保留了 κινεῖ πρῶτον τὸ ὀρεκτὸν，而在其他三个抄本，以及迈克尔使用的抄本中都没有保留下来，我们也看到了这四个词不大可能通过推测补全。另一方面，文本的缺失显然不会出现两次，也就是说不会既出现在第二个家族的现有成员中，也同时独立地出现在第一个家族中。这样看来，700b23-24 的传承过程就不可能与耶格尔把 P 归入第二个家族协调一致，除非是满足下面这个条件：在抄写 700b23-24 时，P 抄本的抄工同时参考了另一份资料，而这份资料里有他第一份模本里缺失的那四个词。如果是这种情况，就会被归为“超－原始污染”(extra-archetypal contamination)，因为耶格尔所知道的所有抄本的最终来源，也就是他的原始版，只能由他的这两个家族来重构，而这样重构的原始版本确实包括了这处文本的缺失。但是耶格尔并没有根据他的家族划分重新思考这个地方的不同读法，或者说，他是用这段文本作为证据来强调 P 抄本的独特重要性，而没有过多考虑这个文本是 12 世纪的抄本，以及 P 抄本与迈克尔使用的文本之间的相似性。这样，耶格尔就没有看到他自己做出的家族划分，如果和 700b23-24 的文本传承放到一起考虑，这显然暗示了 P 抄本必然还参考了另一个独立的来源。这个疏忽的一个可能的解释是，贝克和耶格尔都采用了校勘记的“否定”形式，也就是说，只有被编辑拒斥的读法和抄本信息才会被加以说明；而没有同时使用“肯定”的校勘记形式，也就是标明编辑接受的抄本信息和某个读法的来源。比如，在关于 700b23-24 的校勘记中，贝克提到，EYS 抄

本传承下来的是这两行被截短的版本，但是他并没有说明，他印在文本中的读法（ὥστε κινεῖ πρῶτον τὸ ὀρεκτὸν καὶ τὸ διανοητόν）是只有 P 抄本才保留下来的读法。这一点必须要由读者自己推论出来，因此很容易被忽略。确实，耶格尔在罗马，可能也在威尼斯和佛罗伦萨检查了《论动物的运动》的其他抄本，以寻找独立的证据，但是以后见之明来看，这些努力必定失败，因为保存在意大利的 26 个抄本都是来自第一个源头，也就是都来自缺少了那四个词的版本。P 抄本是唯一一个抄本，这个缺损被根据另一个资料来源补充上了。可以理解的是，耶格尔形成了一个错误的看法，认为贝克的四个抄本提供了构建文本的充分基础。耶格尔如果不是在意大利，而是留在柏林完成他的托伊布纳版，或许可以对《论动物的运动》的传承史做出更准确的评判，因为这样他就会看到 Berolinensis Phillippicus 1507 这个抄本，这个抄本是特奥多·蒙森（Theodor Mommsen）在 1889 年为柏林皇家图书馆购入的，组成了著名的 *Bibliotheca Meermaniana* 的一部分。这也是柏林唯一包含《论动物的运动》的希腊抄本，事实上，它包含了这部作品两份抄本。第一份（B^e）和 P 抄本一样包含了 700b23-24 的原初词汇；此外，与 P 抄本不同，B^e 是完全独立于耶格尔划定的两个家族的，我们会在下面看到这一点。但是很遗憾，耶格尔将他的注意力完全集中在了意大利的图书馆。

四、托拉卡 1958 年版：莫贝克的威廉与 P 抄本

在《论动物的运动》文本传统的问题上做出独立研究的下一位编辑是路易吉·托拉卡（Luigi Torraca）。在 1958 年的版本中，托拉卡展示了一份米兰抄本（Ambrosianus H 55 sup.，X 抄本）中的不同读法，这份抄本代表了耶格尔第二个家族中的一个新的组别。在研究莫贝克的威廉的拉丁译本（约 1261 年）时，托拉卡观察到一个有趣的现象，这一点是阿图尔·法克哈尔森（Arthur Farquharson）在 1912 年首先提示的。同时，威廉的译本在 1955 年由伯恩哈特·盖耶尔（Bernhard Geyer）编辑，但是由于托拉卡并不知道这个版

本，他为自己的文本增加了一个附录，收录威廉的拉丁语译本。将 X 抄本和威廉的译本（或者说这个译本所依据的希腊文模本 Γ）加入耶格尔的第二个家族，托拉卡得出了下面这个扩大了的传统图示（见图 2–1）：

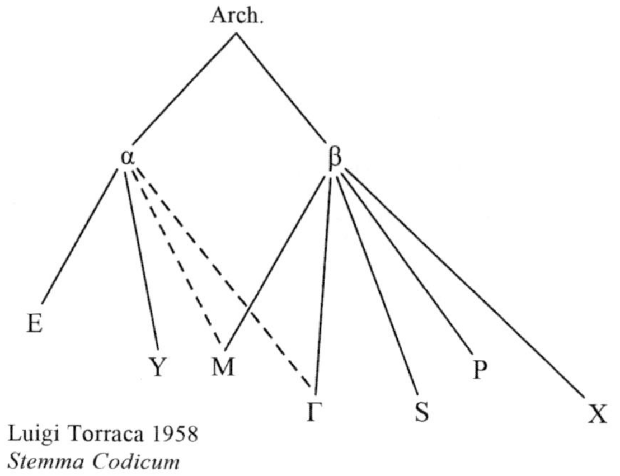

图 2–1

普遍而言，将威廉的译本（或者它的希腊文模本）归入耶格尔的第二个家族是可以由重要的合取错误支持的，但是却无法解释托拉卡本人首先观察到的一个基本事实。在 700b23-24，威廉的翻译是：*Quare movet primum quod appetibile et quod intellectuale*。这个翻译显然是与 P 抄本中的完整版本对应的：ὥστε κινεῖ πρῶτον τὸ ὀρεκτὸν καὶ τὸ διανοητόν（因此首要地起推动作用的是欲求的对象和推论性思考的对象）。

但是托拉卡没有充分利用他的这个观察。他忽略了在 700b23-24，P 抄本独立于耶格尔的两个家族，托拉卡也没有看到 P 抄本与威廉在那句话上的一致会带来什么影响，虽然他接受了只有 P 抄本和威廉译本中存在的两个重要文本。[①] 这样，他将这个一致当作了将威廉与耶格尔的第二个家族

① 一处是 701b35 πρὸς ἕτερον P Γ (Bekker Torraca) : πρότερον EYSX。另一处是 702a29 κινεῖ καὶ κινεῖται Γ (Torraca) vel κινεῖται καὶ κινεῖ P : κινεῖται EYSX Mich。

联系起来的证据，而事实上，这个证据清楚地显示了，在700b23-24莫贝克的威廉和P抄本一样，参考了另一个独立的资料来源。

学者们没有看到在700b23-24 P抄本的特殊地位，这一点很快就造成了令人困扰的后果。埃尔皮迪奥·米奥尼（Elpidio Mioni）正确地观察到，有一个《论动物的运动》的威尼斯抄本（Marcianus gr. 214，H^a抄本）支持耶格尔的第二个家族，而与第一个家族不同，而且这个抄本比P抄本更老。他错误地主张，P抄本依赖H^a，并因此主张在未来的版本中用H^a代替P。米奥尼没有意识到，这个大胆的步骤会排除掉当时唯一一个能够提供700b23-24正确版本的希腊文本。托拉卡在他对《论动物的运动》文本的重新考虑中拒绝了米奥尼的建议，这一点至关重要。通过仔细核对H^a，托拉卡表明，这个抄本虽然和X抄本一样都属于耶格尔所说的第二个家族的同一个分支，但是不如X抄本，因为H^a包含了额外的错误，而且显然没有被P抄本的抄工用作模本。被托拉卡用作证据证明P抄本不是依赖H^a的关键证据之一就是700b23-24的文本，P抄本中保留下来的那四个词在H^a中也是缺失的。

托拉卡的版本虽然存在众所周知的缺陷，但是对于《论动物的运动》的文本传承研究非常重要。他是第一个明确将P抄本与恢复700b23-24那四个词联系在一起的学者，也是第一个指出威廉的译本与那个读法一致的学者，他丰富了耶格尔关于第二个家族的观察，增加了一个新的小组（X抄本和H^a抄本），根据迈克尔的复述对700b23-24的缺损进行了修补。这样做的整体结果是，围绕700b23-24的文本，以P抄本和威廉为一方，其他的希腊抄本为另一方，这两方的差别变得更加明显了。不幸的是，托拉卡没有进一步深入研究P抄本和威廉的资料来源。

五、瓦泰尔：《论动物的运动》抄本的首个清单

安德雷·瓦泰尔（André Wartelle）在1963年出版了《亚里士多德及其评注者希腊抄本清单》（*Inventaire des manuscrits grecs d'Aristote et de ses*

Commentateurs)。这个清单基于在巴黎所有可以了解到的抄本集合的**目录**，并且包括了一个“亚里士多德著作索引”，说明了《亚里士多德全集》每篇著作的抄本信息。瓦泰尔的这项编辑工作，将会成为所有亚里士多德著作编辑的起点。就《论动物的运动》而言，瓦泰尔的索引包括了47个抄本。其中四个后来被移出了目录，或者是因为它们并不是抄本而是印刷的书籍，或者是因为没有包括《论动物的运动》；另外还有三项可以增补进去，瓦泰尔没有认识到它们是《论动物的运动》的抄本或者没有列在他的《清单》里。在瓦泰尔忽略的项目中，有一个抄本对于这部作品的传承和文本的重构至关重要，那就是Erlangensis UB A 4。

六、路易1973年版：一个直觉，但不是证据

第一个利用了瓦泰尔的《清单》的《论动物的运动》的编辑是皮埃尔·路易（Pierre Louis），他的布德（Budé）版《论动物的行进》和《论动物的运动》在1973年出版。路易重印了经过少量修改的瓦泰尔的抄本清单，他也重复了瓦泰尔的错误——只是避免了少量明显的错误，还增加了一个新的错误。路易版更严重的缺点在于，完全没有**使用**这个抄本清单，不管是在传承史上还是在文本的构成上。路易捍卫了P抄本的价值，反对米奥尼想要排除它的观点。他做了一个至关重要的观察，虽然他说那“只是一个印象”：**P抄本的抄工不仅照抄了他的主要模本，而且还参考了另一个抄本**。但是路易并没有告诉读者这个印象是基于什么证据，也没有考虑另外的抄本或者它的后代就有可能保存在他列出的45个抄本之中。即便是检查在法国国家图书馆里保存的抄本，他也有可能碰到在700b23-24有那四个词的抄本，那就是Parisinus graecus 1859（b抄本）。但是路易没有考虑这个可能性，主张他那个清单上的所有抄本都属于耶格尔提到的两个抄本家族之一。这个说法意味着把那些尚未仔细核对的抄本归入了树状图的某个位置，不管是瓦泰尔还是米奥尼都没有做这项工作。因此路易错过了可以确认他直觉的证据。

七、努斯鲍姆 1975 年版：逸失的“大写字母抄本”

努斯鲍姆 1975 年 5 月在哈佛大学古典系通过的博士论文是《论动物的运动》的下一个版本。这部博士论文的一些重要部分已经出版：一个是她在 1976 年的文章《亚里士多德〈论动物的运动〉的文本》（The Text of Aristotle's *De motu animalium*），另一个是她在 1978 年出版的《论动物的运动》的版本。但是还有其他从文本角度讲的重要内容，依然没有出版，需要去参考她 1975 年的论文。她的抄本目录几乎完全依赖路易的版本，重复了 7 个错误，又新增了 1 个。但是在一个抄本上，她修正了瓦泰尔的错误，而路易甚至没有注意到它。不同于路易，努斯鲍姆从不回避去研究希腊抄本，她核对了在她的校勘记中引用的 10 个抄本，也通读了第 11 个抄本 Laurentianus 87.21（Z^a 抄本），然后将它当作没用的搁置一旁。她的核对工作分成两组：一方面，她**重新核对**了 6 个抄本——贝克的 4 个抄本加上 Torraca 1958a 和 Torraca 1959 中的两个经过核对的抄本；另一方面，她**首次核对**了 4 个意大利图书馆中的抄本。

努斯鲍姆很有见地地将抄本分成了三组：***b2***（XH^aL）+ N，Z^aP 和 ***b1***（SO^d）（这三组中分别有一些共同的错误）。这样就把她和耶格尔心目中的第二个家族内部的结构梳理得更加清晰了。在她的文本传承图景中缺少了一个重要的、必不可少的项目，那就是 Laurentianus 87.4（C^a 抄本），这个抄本由伊奥尼吉奥斯（Ioannikios）的抄写坊抄写。她没有意识到这是第二个家族中现存最古老的抄本。只是到了 1983 年奈格尔・威尔逊（Nigel Wilson）才将伊奥尼吉奥斯的生活时间确定在了 12 世纪，他的证据是伊奥尼吉奥斯的抄写坊和 12 世纪的翻译家比萨的布尔贡迪奥（Burgundio of Pisa）之间的关系。然而，努斯鲍姆对文本传承的整体图景最重要的贡献在于，她在路易非常模糊地暗示的抄本 P 使用的第二个资料来源，以及托拉卡观察到的抄本 P 和威廉保存下来的那四个词，这两者之间建立起了联系。**努斯鲍姆是第一个学者详细说到了抄本 P 和威廉在文本的 700b23-24 有另一个独立的资料来源**。努斯鲍姆将这个她心目中的资料来源称为“大写字母抄本”（Majuscule MS），在她的抄本树状图中将这个版本放在和她的“原始版本”相同的层次上（见图 2–2）。

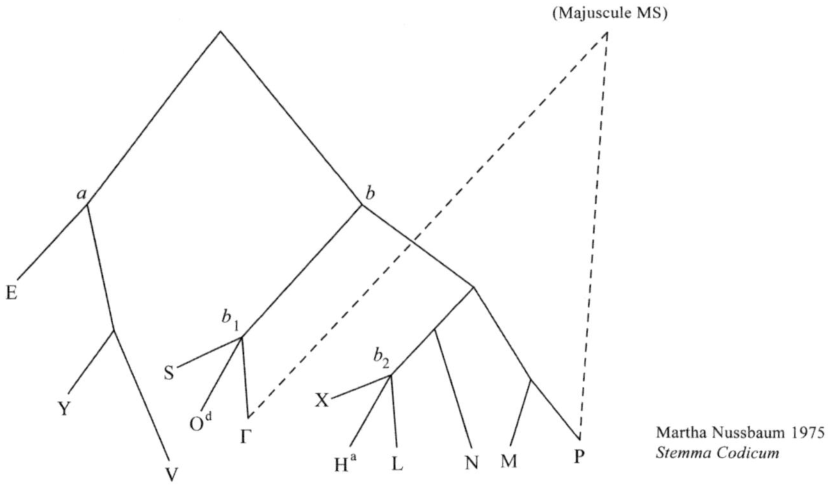

图 2–2

努斯鲍姆的树状图清晰地表明，她认为自己需要处理一个“超 – 原始污染”。但是如果某个独立的古代晚期的大写字母抄本的后代，在 P 抄本和威廉那个时代依然可以看到，**为什么不考虑“大写字母抄本”的这些或其他后代依然存世呢**？虽然努斯鲍姆只熟悉总共 44 个抄本（这是她自己给出的清单）中的 11 个（包括 Z^a），虽然她发现了在她的两个家族之外还有另一个独立传统的迹象，但是她还是主张剩下的那些没有核对的抄本“通常都是晚近的，几乎可以确定不包含任何有真正价值的内容”（Nussbaum 1975a, 72）。确实，努斯鲍姆敏锐地意识到，并且提醒我们注意路易编辑方法的缺陷，但是她自己根据抄本的**年龄**判断那些未曾核对的抄本还是很成问题：约翰·萨洛莫·塞姆勒（Johann Salomo Semler）曾经说“一个抄本的‘外部年龄’必须要和它的‘内部年龄’截然区分开”，因为甚至一个很晚的抄本也可能在某些情况下直接复制了现在已经佚失的

9 世纪的模本。

假如努斯鲍姆克服了她的偏见——“晚近”的抄本可以被先验地判定为现存模本的复制品，从而可以安全地忽略，她本可能很容易地核对她所说的“大写字母抄本”的后裔是否传世。因为她已经观察到 P 抄本和威廉可以接触到一个独立资料的最有力证据，即 700b23-24 的独特版本，她本可以去核对一下所有《论动物的运动》抄本的这两行，比如使用柏林亚里士多德档案馆（Berlin Aristotle Archive）的微缩胶片。事实上，她只要核对清单上的前两项就能有所斩获。因为 Alexandria Bibl. Patr. 87 和 Berolinensis Phillippicus gr. 1507（I 抄本）都包含了这两行的正确读法。她可以进一步考察，这些抄本是不是和她的 ***a*** 和 ***b*** 两个家族有重要的共同错误。假如是这样，她本可以再次遇到“超 – 原始污染”，就像在 P 抄本的情况中一样；但是假如不是这样，她就可以确定第二级的次原始版本的直接后裔，并因此将她的两个家族的共同源头降级。她现在是将这个共同源头当作“原始版本”，降级之后应该作为两个次原始版本之一。因此，她要处理的其实不是“超 – 原始污染”，而是“内 – 原始污染”（intra-archetypal contamination）。

八、德·李曼斯 2011 年版：威廉的两个模本与一组新的希腊抄本

皮特·德·李曼斯在 2011 年出版了莫贝克的威廉对《论动物的行进》和《论动物的运动》的拉丁译本，这个版本堪称典范，他决定性地认出了比 P 抄本更接近独立资料来源的希腊抄本。对于威廉的翻译，德·李曼斯考虑了 168 个拉丁抄本，根据文本上的差别，将它们区分为三组。第一组是 x 家族的抄本，第二组是 y 家族的抄本，第三组是 z 家族的抄本，还有大量抄本可以回溯到中世纪巴黎流行的抄写本的模本（P 代表巴黎）。这三组的相对时间可以通过威廉对亚里士多德在《论动物的运动》第 4 章引用的三行荷马的诗歌确定。德·李曼斯的结论是 x 家族的抄本保留了威廉翻译的初始阶段（*Editio pristina* = G1），而 y 家族和 P/z 家族则代表了

后来的修订（y: *Recensio prima* = GR'; P/z: *Recensio altera* = GR"）。

德·李曼斯还观察到，在不止一个例子中，威廉的原初翻译（G1）和后来的修订（GR' 和 GR"）之间的差别可能也体现了使用的希腊文本之间的差别。在原初的翻译中（G1），700b23-24 的那段话被翻译成 *Quare et intellectuale*，这个读法是威廉之前的编辑都没有记录下来的，这个翻译依据的显然是截短的版本，也就是努斯鲍姆的 ***a*** 和 ***b*** 两个家族中除了 P 抄本之外的其他抄本中的文本：ὥστε καὶ τὸ διανοητόν。威廉之后的修订中是 *Quare movet primum quod appetibile et quod intellectuale*，依据的是完整的 P 抄本中的文本：ὥστε κινεῖ πρῶτον τὸ ὀρεκτὸν καὶ τὸ διανοητόν。

德·李曼斯的结论是，威廉使用了两个希腊抄本，他的第一个模本是 Γ1，第二个是 Γ2，700b23-24 的翻译首先根据 Γ1，之后修订的时候依据的是 Γ2，这个版本与一个独立的希腊文本传承支系有关，甚至就是这个支系的一部分。

为了清晰地确定威廉的两个希腊文模本与现存的希腊抄本之间的关系，德·李曼斯使用了包含 45 个希腊文抄本的清单——这个清单显然超过了瓦泰尔、路易和努斯鲍姆的清单，并且列出了威廉在修订拉丁译本时做出重要改动的文本。之后他在所有 45 个希腊抄本中核对了这些文本，这番考察的结果令人震惊：4 个之前从来没有被核对过的希腊文抄本中的一系列读法，都和努斯鲍姆的 ***a*** 和 ***b*** 两个家族无法形成对应，而它们对应于威廉的“第二个读法”，也就是威廉重新考虑时的读法，不管是第一次还是第二次修订。这四个希腊文抄本分别是：

B 抄本：Berlin, Staatsbibliothek Preußischer Kulturbesitz, Cod. Phillippicus1507(partI)；

E^r 抄本：Erlangen, Universitätsbibliothek A 4；

b 抄本：Paris, Bibliothèque nationale de France, Par. gr. 1859；

T^p 抄本：Alexandria, Βιβλιοθήκη τοῦ Πατριαρχείου 87。

九、2011 年亚里士多德研讨会前夕

当德·李曼斯的开创性版本在 2011 年春出版，我已经在准备《论动物的运动》的文本传承史和新的文本，为当年 7 月的亚里士多德研讨会做准备。保罗·阿卡蒂诺（Paolo Accattino）和皮埃鲁伊吉·多尼尼（Pierluigi Donini）在 1996 年发现，阿弗洛迪西阿斯的亚历山大在他的《论灵魂》里，不但提到了《论动物的运动》第 9 章——这一点努斯鲍姆已经在她的博士论文里强调了，而且还详细地复述了第 7 至 8 章 701b13-702a2 的内容，这其中也有一些原文的引用，这些引用代表了我们可以接触到的这个文本最早的形态。

就直接传统而言，我参考了全部 47 个已知的抄本，这个核对工作主要是由克里斯蒂娜·普拉帕（Christina Prapa）博士进行的。根据这些核对工作，有 30 个抄本被确定为是抄自其他现有抄本，可以被排除掉。剩下的 17 个独立抄本是：

柏林：Phillippicus 1507, ms. I ($\mathbf{B}^{e}$), ms. II ($\mathbf{B}^{p}$)；

埃尔朗根：Erlangen: Univ. Library A 4 ($\mathbf{E}^{r}$)；

佛罗伦萨：Laurentiani 81,1 (**S**), 87,4 (C^{a}), 87,21 ($\mathbf{Z}^{a}$)；

米兰：Ambrosianus H 50 sup. (**X**)；

莫斯科：Synodal library 240 ($\mathbf{M}^{o}$)；

巴黎：Parisini 1853 (**E**), 1859 (**b**)；

罗马：Vaticani 253 (**L**), 258 (**N**), 1339 (**P**), 1950 ($\mathbf{V}^{g}$); Vat. Palatinus 97 ($\mathbf{V}^{p}$)；

威尼斯：Marciani 209 ($\mathbf{O}^{d}$), 214 ($\mathbf{H}^{a}$)。

除了一个例外，在这些独立的抄本中，《论动物的运动》都是与两组《论自然诸短篇》（*PN1* 和 *PN2*）放在一起的，或者与其中一组放在一起。在 8 个独立抄本中，《论动物的运动》是被放在两组之间的。在另外 6 个没有 *PN2* 的抄本中，《论动物的运动》与 *PN1* 放在一起；只有 2 个抄本没有

PN1 或者其中的主要部分，这时《论动物的运动》就和 *PN2* 放在一起。这个简单考察最重要的结果是，在 17 个独立抄本中，有 14 个都和 *PN1* 放在一起，或者说构成了 *PN1* 的一部分。还不止于此，这 14 个抄本覆盖了《论动物的运动》的全部传承分支，不只是努斯鲍姆的两个家族，还有德·李曼斯的新组别。这就意味着《论感觉与可感物》—《论记忆》—《论睡与醒》—《论梦》—《论梦中的预言》—《论动物的运动》的顺序可以一直追溯到我们这个传统的源头。

柏林亚里士多德档案馆的鲁茨·科赫（Lutz Koch）对这 17 个独立的抄本做了初步的分类。科赫的细致观察得出了一个重要结论，就是努斯鲍姆的树状图在很多方面需要得到补充和修正，但是基本结构无需改变，只是急需解释德·李曼斯在 2011a 中确认的那个新的组别（B^eE^rb），因为其他的 14 个独立抄本都可以被归入努斯鲍姆的两组，具体情况如下：

> *a*家族（EYV）可以被还原为最早的成员Parisinus 1853 (E)，这是由第一个抄工完成的；而Vaticanus gr. 261 (Y)和Vaticanus gr. 266 (V)是对经过第二个抄工修改的E抄本（E^2）的抄写，因此可以排除。
>
> *b*家族（NXH^aL / PZ^a / C^aO^d）可以被新的独立抄本扩大。
>
> 在努斯鲍姆的$\boldsymbol{b_2}$ (XH^aL) + N这个组别中，我们需要加上Vaticanus gr. 1950 (V^g)，这个抄本被瓦泰尔、路易和努斯鲍姆遗漏了。Nussbaum 1975a确定的Z^aP，需要在两个方面有所增加，一方面Vaticanus 1339 (P)要和两个晚一些（15世纪中期）但独立的抄本放到一起，即Mosquensis Synod 240 (M^o)和Berolinensis Phill. 1507 (B^p)的第二部分。至于Laurentianus 87.21 (Z^a)，德·李曼斯表明这个抄本与大阿尔伯特在《论运动的原理》（*De principiis motus processivi*）中复述的匿名的拉丁译本（*translatio anonyma*，已佚失）所依据的已佚失的希腊模本（A）密切相关。
>
> 在努斯鲍姆的$\boldsymbol{b_1}$ (SO^d)不仅要增加一个年轻一些的成员Laurentianus S，即Vaticanus Palatinus 97 (V^p)，而且弗里德里克·贝

> 尔格（Friederike Berger）表明它与Laurentianus 87.4 (C^a)密切联系。而后者根据Wilson 1983的判断是12世纪的抄本，也是现存第二古老的抄本，它是努斯鲍姆所说的$\boldsymbol{b}_1$中最具权威性的。至于德·李曼斯确定的新的组别（$B^eE^rbT^p$），Alexandrinus T^p是对Parisinus b的抄写，而Parisinus b本身是独立的，但是被来自NXH^aLV^g这一组的读法“污染”了，也就是被扩大版的努斯鲍姆的$\boldsymbol{b}_2$。这样看来，德·李曼斯就包括了三个独立的抄本，其中一个（Parisinus b）一度被努斯鲍姆的$\boldsymbol{b}_2$污染，而另外两个（B^e和E^r）没有。之后，彼得·伊舍比和克里斯蒂娜·普拉帕表明，Codex Berolinenssi Phillippicus 1507不仅包括两个《论动物的运动》的抄本（B^e和B^p），Studemund/Cohn 1890已经指出了这一点；更重要的是，这两个抄本原来是相互独立的，后来被合并到一起，较早的一个B^e是在1453年之前完成的，而较晚的B^p是在1453年之后完成的。鲁伊吉·奥兰蒂（Luigi Orlandi）告诉我们，E^r的抄写时间是它的抄工安德洛尼托斯·卡里斯托斯（Andronitos Kallistos）依然生活在君士坦丁堡的时候，也就是在1453年君士坦丁堡陷落之前。

这样看来，B^eE^rb 的位置就依然需要得到确定，德·李曼斯对此持开放的态度。但是基于他的工作，我们可以比较确定地认为，B^eE^rb 和威廉的 Γ2 以及 / 或者 Vaticanus P（在 700b23-24 和其他一些地方）最终可以回溯到努斯鲍姆设想的独立来源（“大写字母抄本”）。鉴于 B^eE^rb 并没有清晰的分离性错误可以将它们归入努斯鲍姆的两组，那么比较明显的处理方法就是认为 B^eE^rb 传承了努斯鲍姆所说的“大写字母抄本”的完整文本。只要这个版本有现存的直接后裔（并且独立于努斯鲍姆的两个家族），就应该被归为**第二级的次原始版本**，这样我们就需要将努斯鲍姆的“原始版本”（即两个家族的共同来源）降级，当作两个次原始版本中的一个。然而另一方面，这个对《论动物的运动》传承树状图的极端修订似乎又被关于这组文本（*PN1 + MA*）的其他研究阻碍了。我们现在就来看看。

十、最后的挑战：埃斯科巴的《论梦》

在德·李曼斯新组别的三个独立成员中，E^r 抄本没有包括任何来自 *PN1* 的文本；就我们目前所知而言，b 抄本在 *PN1* 传承树状图中的位置与它在《论动物的运动》传承中的位置没有共同性。相反，B^e 抄本包括了全套的文本，至少在《论梦》的传承史上，它和 P 抄本的关系，与德·李曼斯的新组别与 P 抄本在《论动物的运动》的关系相似。昂格尔·埃斯科巴（Angel Escobar）在他 1990 年的柏林博士论文中讨论了《论梦》的传承史，他指出 B^e 和 P 有一些共同的读法，在其他抄本中完全未见，或者是只有 P 所属的这一组抄本（$Z^aB^pM^oP$，他称这一组抄本为 ε）才有。另一方面，在大多数地方，B^e 并没有包括 P 和这一组的独特读法。因此看起来有可能的情况是 B^e 在《论梦》的传承树形图中所属的位置与 B^eE^rb 在《论动物的运动》传承中的位置相似。

埃斯科巴认为《论梦》有 $\boldsymbol{\alpha}$ 和 $\boldsymbol{\beta}$ 两个主要的抄本家族，大体上与努斯鲍姆确定的《论动物的运动》的 ***a*** 和 ***b*** 两个家族对应。但是与努斯鲍姆不同，埃斯科巴没有将 P 所属的那一组（ε: $Z^aB^pM^oP$）归入 $\boldsymbol{\beta}$ 家族，而是认为它来自一个“中间型”（intermediate prototype）$\boldsymbol{\gamma}$，当 $\boldsymbol{\alpha}$ 和 $\boldsymbol{\beta}$ 出现分歧时，总是在两者中间进行选择。但是从我们的观点来看，埃斯科巴的传承树最惊人的特征在于，他将 B^e 看作 $\boldsymbol{\gamma}$ 的后代，具体来说是 $\boldsymbol{\varepsilon}$ 的后代。

就《论动物的运动》而言，给 B^e 这样一个边缘位置是与德·李曼斯的重要发现不符的，因为根据他的看法，B^eE^rb（以及威廉的第二个希腊文模本 Γ2）似乎为《论动物的运动》的文本传承史做出了独立的贡献。这个不一致在 2011 年 6 月，亚里士多德研讨会召开前几周，被摆到了我们面前。鲁茨·科赫非常慷慨地给我们送来了他画出的《论动物的运动》文本传承的树形图，他尽可能忠实于埃斯科巴在《论梦》的问题上给出的模板。根据科赫的树形图，德·李曼斯认为的构成了一个新的组别的三个独立抄本（B^eE^rb）属于 $Z^aB^pM^oP$ 一组，这个结果自然让人非常泄气。如果接受了科赫的树形图，就意味着要排除掉 B^eE^rb 提供了《论动物的运动》

更好读法的可能性。面对这个两难的局面，我们认为最好是去考察科赫未明言的预设，即埃斯科巴在《论梦》的传承谱系中给 B^e 赋予的位置。

这个考察的结果是埃斯科巴认为 B^e 是 ε 和 γ 后代这个结论并不能得到证据的支持。因为在总共 54 个 γ 家族或者 ε 群组与两个主要的家族 α 和 β 有差别的读法中，只有 14 个包括在 B^e 之中，而其余 40 个都没有在 B^e 里；在总共 39 个贝克反对的 γ 家族与 α 或 β 家族相同的读法中，12 个是 B^e 里没有的。结果是埃斯科巴不得不假设存在两个 B^e 的祖先，一个是（*[1]）P 和 B^e 共同的祖先，是它引入了那 12 个只有 P 和 B^e 中才有的独特读法；另一个（*[2]）只是 B^e 的模本，它移除了（通过所谓的“反污染”）40+12=52 个 B^e 本该从 ε 那里继承来但实际没有继承的独特读法。

看起来可能性更大的假设是，埃斯科巴的 α 和 β 两个家族的共同祖先 ω 之外的另一个次原始版本 ψ，B^e 是它的直接后代，而 P 和它的祖先 ε 和 γ 主要是回溯到 ω，同时只是被 ψ 在不同程度上污染了：P 有 12 处，ε 有 11 处，γ 有 3 处。这个假设可以得到如下事实的强力支持，P 和它所属的群组被一个独立的资料来源污染了，这一点 Nussbaum 1975a 就已观察到了。这样看来，26 个 B^e 与 P, ε 和 γ 共同，而与 α 和 β 不同的读法整体而言至少与贝克的读法相当，甚至更好，因此这些读法不能被看作是合取的错误，从而证明 B^e 依赖 γ。相反，那些贝克看不上的 $\alpha\gamma$ 读法或者 $\beta\gamma$ 读法也包括在 B^e 中，对这一事实的解释是它们可以回溯到原始版本，两个次原始版本 ω 和 ψ，从这里它们通过两条完全不同的道路传到了 γ 和 B^e，在这些例子中，贝克没有能够重构出 ω 的读法。

就 B^e 而言，我们不得不修正埃斯科巴在其他方面都很有助益的研究，他给 B^e 赋予的位置显然不足以解释现有的证据，不如把 B^e 看作是第二个次原始版本 ψ 的后代，从这里 P 和它的祖先 ε 和 γ 被污染了。有了这个结果，《论梦》的例子就不再是一个外在的障碍，我们可以在《论动物的运动》中使用类似的假设，而这个解决方案正是德·李曼斯的发现强烈支持的。

十一、普利马维希 2011 年版：新的次原始版本

2011年7月21日，第十九届亚里士多德研讨会召开，我做了题为《〈论动物的运动〉的文本》的发言，在其中我主要谈了两点。

第一，德·李曼斯之前的研究和他对于$B^{e}E^{r}b$这三个抄本的研究可以概括成这样一个论证（虽然德·李曼斯没有得出这个结论），那就是这三个抄本是努斯鲍姆的“大写字母抄本”的直接后裔，因此这个资料来源在那之后被称为**第二个次原始版本**（a second hyparchetype），这个论证如下：

（1）威廉的原初译本的模本（Γ1）和Vaticanus P的主要模本，都属于耶格尔说的第一个家族，也就是努斯鲍姆说的***b***家族。

（2）由P传承下来的700b23-24的四个单词κινεῖ πρῶτον τὸ ὀρεκτὸν（在耶格尔和努斯鲍姆的原始版本中缺失）并不是追溯到拜占庭时代的猜测，而是要追溯到独立于努斯鲍姆的原始版本的一个资料来源，也就是追溯到努斯鲍姆所说的“大写字母抄本”，这个抄本的后代成为了P抄本的额外模本。

（3）威廉修订版G’和G’’的翻译给出了κινεῖ πρῶτον τὸ ὀρεκτὸν的忠实翻译（*movet primum quod appetibile*），这也要追溯到这个独立的来源，因此威廉额外的希腊文模本Γ2是这个独立资料的后代（或者参考了这个独立资料）。

（4）威廉修订版中的其他读法，不同于努斯鲍姆两个家族的读法，又是与P共同的，也要回溯到威廉和P使用的独立来源。

（5）在威廉和P之外，现在又加上了$B^{e}E^{r}b$这组抄本，它们都保留了700b23-24的正确读法。

（6）这个新的$B^{e}E^{r}b$群组中不同于努斯鲍姆的两个家族的读法，或者是威廉的修订所依据的，或者是与P共同的，或者是两者皆有的，也都可以回溯到这个独立的资料来源。

（7）新的$B^{e}E^{r}b$群组或者它的两个未被污染的成员$B^{e}E^{r}$，比单独

的威廉或P提供了更多可以回溯到独立来源的读法。

（8）B^{e}E^{r}b群组的文本与努斯鲍姆的两个家族没有明显的分离性错误，从而可以支持两方中的某一方。

（9）新的群组可以回溯到一个独立的转写版本，从大写字母抄本到小写字母抄本，其中两个未被污染的成员B^{e}和E^{r}有一些共同的错误。

（10）因此，新的B^{e}E^{r}b可以直接回溯到这个独立的来源，也就是努斯鲍姆说的“大写字母抄本”，因此后者必然要被看作第二个次原始版本（此后称为***β***），由此将耶格尔和努斯鲍姆的原始原本降级为两个次原始版本之一（此后称为***α***）。

第二，我认为，这个新的次原始版本不仅“对《论动物的运动》的文本历史做出了原创性的贡献”（De Leemans 2011a, clxxxii），而且对**文本本身**也做出了重要的贡献。为了说明这一点，我考察了《论动物的运动》中那些最为人所知的文本缺损：有四个文本，在耶格尔和努斯鲍姆的原始版本中给出的读法有严重缺损，Vaticanus P 和威廉的翻译都不能提供恰当的替代性读法。在所有四个文本中，新的次原始版本都为解决问题做出了决定性的贡献，并且是以非常多样性的方式。在第一个例子中，它提供了一种更好的读法，后来发现是最早的抄本（Parisinus E）中在被人修改之前的原初读法；在第二个例子中，它确认了一个在 1989 年发表的很有说服力的修订；在第三个例子中，它提供了一个无懈可击的读法，这个读法在其他地方都没有见到也没有人考虑到；在第四个例子中，它解开了一个复杂的文本缺损问题，表明这个缺损部分源于第一个次原始版本中的一个错误，因为这个次原始版本中没有这个错误，我们可以立刻将它去掉；另一部分源于原始版本中的错误，这个错误是它也有的，但是去除第一个错误给我们提出猜测的解决方案铺平了道路。下面我们就来看看这四个例子。

（一）《论动物的运动》2.698b12-17：沟里的老鼠

贝克 1831 年版的文本如下（见表 2–5）：

表 2–5

[698b12] ὥσπερ γὰρ καὶ ἐν [b13] αὐτῶι δεῖ τι ἀκίνητον εἶναι, εἰ μέλλει κινεῖσθαι, οὕτως ἔτι [b14] μᾶλλον ἔξω δεῖ τι εἶναι τοῦ ζώιου ἀκίνητον, πρὸς ὃ ἀπερει-[b15] δόμενον κινεῖται τὸ κινούμενον.	因为如果要运动，那么在里面就必然要有不动的东西，因此在动物之外就更是必然要有某个不动的东西，依靠在它之上，运动的东西才得以运动。
εἰ γὰρ ὑποδώσει ἀεὶ, οἷον τοῖς [b16] μυσὶ τοῖς ἐν τῆι γῆι, ἢ τοῖς ἐν τῆι ἄμμωι πορευομένοις, οὐ [b17] πρόεισιν ·	因为如果它总是后退，就像老鼠在地上，或者人们试图在沙子上走路，那就没有办法前进。
698b16 μυσὶ YPS : ποσὶ E	

亚里士多德想要表明，一个外在的静止点是动物位移运动的必要条件。为了说明这一点，他提出了两个例子，第一个是比较直接的，人们试图在沙子（应该是流沙的意思）上行走很难前进。但是第一个例子就很难理解了：老鼠为什么不能前进，虽然大地是“最典型的对抗性媒介”（a resistant medium *par excellence*, Barnes 1980, p. 224）？这个明显的困难刺激学者们提出了各种各样的猜测：

Farquharson 1912 n. 2: τοῖς μυσὶ（老鼠）ἐν τῇ ζειᾷ（在谷物中）.

Diels ap. Jaeger 1913b: τοῖς ἑμύσι（乌龟）τοῖς ἐν τῇ γῇ（在地上）.

Nussbaum 1975a and 1976: τοῖς μυσὶ（贝类, G. W. Owen的翻译）τοῖς ἐν πηλῷ（在泥里）.

Nussbaum 1978: τοῖς ἑμύσι（乌龟）τοῖς ἐν πηλῷ（在泥里）.

在下面的猜测中，两个例子（老鼠和在沙子上行走）被合到了一起：

Platt 1913, 295: τοῖς ποσὶ（脚，依据Parisinus E）τοῖς ἐν τῇ ἄμμῳ（在沙子里）.

Barnes 1980, 224: τοῖς μυσὶ（老鼠）τοῖς ἐν τῇ ἅλῳ（在打谷场）.

B^e 和 E^r 都给出了“在沟里”（ἐν τῆι πίττηι）的读法，而不是“在地上”（ἐν τῆ γῆι）。根据这个新的读法，第一个例子就是指某种**捕鼠的陷阱**，我们从公元前 4 世纪以后流行的谚语里可以看到：在大约公元前 360 年，帕西翁之子演说家阿波罗多鲁斯（Apollodorus），将他的对手比作谚语中的老鼠，它被自己的贪婪诱惑，落入了一个陷阱，动弹不得，也不理解自己遭此灾难的原因。在我们这个文本里，接受 B^e 和 E^r 的读法 ἐν τῆι πίττηι（但是保留在之前的第二个 τοῖς，这是 B^e 和 E^r 里面没有的）就有了下面的文本（见表 2–6）：

表 2–6

[698b15] εἰ γὰρ ὑποδώσει ἀεὶ οἷον τοῖς [b16] μυσὶ τοῖς ἐν τῆι πίττηι, ἢ τοῖς ἐν τῆι ἄμμωι πορευομένοις, οὐ [b17] πρόεισιν ·	因为如果它总是后退，就像［谚语］“在沟里的老鼠”说的，或者人们试图在沙子上走路，那就没有办法前进。

这个陷阱就是要让老鼠失去外部的静止点，首先，老鼠的爪子落到了陷阱之中；之后随着它想要向上移动，这个陷阱不会放开老鼠的爪子，而是会和它贴合在一起，甚至可以说跟随着它。这样看来，B^e 和 E^r 给出的读法显然适合论证，并且得到了当时一句谚语的支持。看起来极有可能，这就是亚里士多德当时写下来，安德罗尼柯编辑的内容。

明智的读者可能会怀疑，引入这么著名的谚语是不是某个后来的学者想要修订明显缺损的文本所做的努力呢？但是鲁茨・科赫对最老的抄本 Parisinus 1853 (E) 的研究获得了一个惊人的发现。自从贝克开始，人们就一直认为，Parisinus E 上面是共同的读法 ἐν τῆ γῆι，科赫观察到这个读法是由第二个人（E^2）在涂改之上补充的，之前的字母，也就是在涂改之前的原始读法，依然部分可见，ιττηι 几个字母前面依然可以依稀看到字母 π。换句话说，15 世纪中期的抄本 B^e 和 E^r 里面的读法 ἐν τῆι πίττηι（在沟里）得到了第一个次原始抄本现存最古老的代表（Parisinus E）的确认，然而这个读法在 13 世纪被掩盖了。另一方面，很显然，B^e 和 E^r 的读法与 E 里面的读法是彼此独立的：在 E 里面 τοῖς μυσὶ τοῖς ἐν τῆι πίττηι 中的 μυσὶ（老鼠）被错误地替换成了 ποσὶ（脚），而 B^e 和 E^r 则没有犯这个错误；但是在 B^e 和 E^r 中，这句话也有所缺损——少了 ἐν 前面的第二个 τοῖς，这个定冠词是不可或缺的，除非 ἐν τῆι πίττηι 是一个副词词组，可以跟随 πορευομένοις；但是在 E 中则保留了这个 τοῖς。这样看起来就很清楚，B^e 和 E^r 的读法以及 E 中被修改之前的原始读法，都可以独立地回溯到原始版本中的读法，并且反对努斯鲍姆的 ***b*** 家族中 ἐν τῆι γῆι 的读法，很可能是因为对这个谚语的无知，这个错误的读法保留在了其他所有的希腊文抄本之中。

（二）《论动物的运动》3.699a12-14：宇宙之外的静止之点？

贝克 1831 年版的文本如下（见表 2–7）：

表 2–7

[699a12] Ἀπορήσειε δ’ ἄν τις, ἆρ’ εἴ τι κινεῖ τὸν ὅλον οὐρανόν, [a13] εἶναί τε δεῖ ἀκίνητον καὶ τοῦτο μηθὲν εἶναι τοῦ οὐρανοῦ μόριον [a14] μηδ’ ἐν τῶι οὐρανῶι.	有人可能会提出疑难：如果有某个东西推动整个宇宙，它是否必然既不运动，这是否必然不是宇宙的一部分，也不在宇宙之中？
699a13 εἶναί τε δεῖ EY : εἶναι θέλει PS	

这个文本在希腊文和论证上都无法令人满意。

从**语言**上说，条件句“如果有某个东西推动整个宇宙”的句法主语是不定代词“某物”（τι）。条件句之后的主句是问题的形式，有两个部分，第一部分是“它是否必然既不运动”，第二部分是“这是否（必然）不是宇宙的一部分，也不在宇宙之中”。这两个主句的主语在原则上或者与前面条件句的主语相同，或者不同。如果相同，可以由一个指示代词“这个”（τοῦτο）强调，指前面这个条件句的主语，或者在主句里不增加新的主语，用这种方式暗示主语。然而，**如果**我们要强调这两个主句的主语就是前面条件句的主语，那么像耶格尔和努斯鲍姆的两个家族那样，把指示代词“这个”放在第二个主句前面非常奇怪。因为如果需要这个指示代词，主句的第一部分就需要它，如果在第一部分省略了它，在第二部分也没有必要加上。如果我们像耶格尔那样，接受 ***b*** 家族中本来就有些奇怪的 εἶναι θέλει（愿意）的读法，而不是贝克的 εἶναί τε δεῖ（必然，这是努斯鲍姆的 ***a*** 家族）。为了去掉这个怪异之处，Farquharson 1912 和 Forster 1937 建议调整主句两部分的界限，让指示代词 τοῦτο 属于第一部分：或者是在 τοῦτο 后面增加一个连词 καὶ（Farquharson），或者是将 τοῦτο 和 καὶ 调换位置（Forster）。

从**论证**上说，在《论动物的运动》第 2 章，亚里士多德确立了两个结论：（1）动物的自主运动要求有一个外在的静止点；（2）特别是推动一个对象要有一个外在的静止点，它必须要外在于那个被推动的对象。因此在第 3 章开头，亚里士多德可以合理地推进到这个问题：宇宙的推动者是不是也需要一个外在的静止点。这个问题的提出非常合理，因为 699a14-17 引入了一个区分，然后表明在两种情况下都需要一个不动的东西：宇宙的推动者或者是一个被推动的推动者（moved mover），在这种情况下它很可能需要一个静止点，既外在于它自己又外在于宇宙；或者它是一个不被推动的推动者（unmoved mover，或“不动的推动者”），在这种情况下，推动者自己可以是这个外在的静止点，条件是它既不是这个被它推动的对象的一部分，也不是在这个对象之内（见表 2–8）。

表 2–8

[699a14] εἴτε γὰρ αὐτὸ κινούμενον κινεῖ αὐτόν, ἀ-[a15]νάγκη τινὸς ἀκινήτου θιγγάνον κινεῖν καὶ τοῦτο μηθὲν εἶναι [a16] μόριον τοῦ κινοῦντος·	因为如果它推动宇宙而自己也运动，它在推动宇宙时本身必然触及某个不动的东西，而这必然不是推动宇宙的东西的任何部分。
εἴτ' εὐθὺς ἀκίνητόν ἐστιν τὸ κινοῦν, ὁμοίως [a17] οὐθὲν ἔσται τοῦ κινουμένου μόριον.	如果这个推动的东西完全不动，与此相似，它就不是这个运动的东西的一部分。

在第 3 章的开头，亚里士多德为什么不是把外在静止点的问题应用在宇宙的推动者身上，而是将关注点直接转移到了宇宙推动者的**不被推动性**（unmovedness）呢？（这个问题在第 2 章完全没有解释。）如果我们接受这个转变，它如何能够得到下一句（699a14-17）在“被推动的推动者”和“不被推动的推动者”之间的这个选择的**支持**（γὰρ，因为）呢？这个看起来没有理由的转变，是第一个次原始版本的后代共同的问题，不管有没有法克哈尔森（努斯鲍姆）或者福斯特的修订。

因此马努瓦尔德（Manuwald 1989）建议，在主句的第一部分增加一个额外的 τι（某个东西）。这个修订可以同时解决语言和论证上的问题，因为这个增加的 τι 可以成为指示代词“这个”的指代对象，它可以指任何外在的静止点，不管是不是推动者自己（见表 2–9）：

表 2–9

[699a12] Ἀπορήσειε δ’ ἄν τις,ἆρ’ εἴ τι κινεῖ τὸν ὅλον οὐρανόν,[a13] εἶναί τι δεῖ ἀκίνητον,καὶ τοῦτο μηθὲν εἶναι τοῦ οὐρανοῦ μόριον [a14] μηδ’ ἐν τῶι οὐρανῶι.	有人可能会提出疑难：如果有某个东西推动整个宇宙，是否必然有某个不动的东西，它必然不是宇宙中的任何东西，也不在宇宙之中。
699a13 εἶναί τι δεῖ Manuwald: εἶναί τε δεῖ E	

以这个令人信服的修订为背景，我们非常惊讶地发现在 699a13，$B^{e}E^{r}$b 这一组抄本的读法就是有一个额外的不定代词 τι（εἶναί τε <u>τι</u> δεῖ B^{e}：εἶναί <u>τι</u> δεῖ E^{r}：εἶναι δεῖ <u>τι</u> b），而在努斯鲍姆的 ***a***（εἶναί τε δεῖ EYV）和 ***b***（εἶναι θέλει cett.）两个家族的全部抄本中都没有。

看起来 B^{e} 保留了 $B^{e}E^{r}$b 这组抄本中的共同**来源**，因为只有这个抄本同时保留了 Parisinus E 和它的后代 V 抄本和 Y 抄本里面的那个 τε。因此我们认为，E^{r}b 缺少了 τε，而缺少 τι 则是所有可以回溯到第一个次原始抄本的抄本中的合取错误（τε δεῖ 经由 τέλει 变成了努斯鲍姆 ***b*** 家族中的

θέλει)。我们的结论是马努瓦尔德的猜测实质上得到了 B^eE^rb 这一组抄本的确认，B^e 保留了原始版本中的词汇。这个例子也是德·李曼斯用来表明 B^eE^rb 独立于努斯鲍姆的 ***a*** 和 ***b*** 两个家族，并且既没有被 Vaticanus P 分享也没有被威廉翻译出来的四个例子之一。

（三）《论动物的运动》7.701a36-b1：决定

贝克 1831 年版的文本如下（见表 2–10）：

表 2–10

τῶν [a37] δ' ὀρεγομένων πράττειν τὰ μὲν δι' ἐπιθυμίαν ἢ θυμὸν τὰ δὲ [701b1] δι' ὄρεξιν ἢ βούλησιν τὰ μὲν ποιοῦσιν, τὰ δὲ πράττουσιν.	对于通过欲求行动的动物来说，有些出于欲望或意气，有些出于欲求或想望，有些制作，有些行动。

这个文本的形式来自第一个次原始版本：它与耶格尔和努斯鲍姆的两个家族的抄本一致，没有什么重要的不同读法。但是 Nussbaum 1975a 在这里正确地看到了一个问题：在现有的文本中，灵魂导致行动或制作的原因被划分为欲望（*epithumia*）、意气（*thumos*）、欲求（*orexis*）和想望（*boulêsis*）。但是，在之前的第 6 章，亚里士多德将欲望、意气和想望说成是欲求的三个**种类**（700b22），这个学说在其他作品中也是这样（《论灵魂》II 3.414b2;《欧德谟伦理学》II.7.1223a26-27）。即便是在这段文本的开始，欲求是更高的属这个观点，看来也是表示部分的属格（partitive genitive）表达的意思："对于通过**欲求**行动的动物来说"（τῶν δ' ὀρεγομένων πράττειν），这个说法界定了进行制作和行动的所有动物所属的集合。由此可见，欲求和其他三种欲求——欲望、意气和想望——列在一起非常奇怪。这就是为什么努斯鲍姆建议去掉 ὄρεξιν ἢ。

克劳斯·科西利乌斯（Klaus Corcilius）捍卫当时抄本中的读法，反对努斯鲍姆相当激进的删除。他采用了理查德·洛伊宁（Richard Loening）在 1903 年提出的理论，根据这种理论 *orexis* 这个词有双重含义："欲求"

和“非理性欲求”。根据这个理论，科西利乌斯认为每当亚里士多德要把欲求和理智（*nous*）对照，他就使用狭义的 *orexis*，即非理性欲求。于是这段文本就可以这样理解：亚里士多德引入了两种非理性欲求：欲望和意气，它们都是针对非人动物的。之后他转向了理性动物，在理性动物中，非理性与理性欲求是共存的。在讨论理性动物时，亚里士多德再次提到那两种非理性的欲求，并且将它们划归到“非理性欲求”（狭义的 *orexis*）之中，从而将理性动物的非理性欲求和理性欲求（即想望）区分开来。

洛伊宁的理论和科西利乌斯基于这个理论捍卫贝克版的尝试都没有令我信服。不用说，某个具体的、与理智冲突的欲求属于非理性欲求。但是这么说并不意味着，在三种欲求的区分之上，“欲求”还有两种含义。只要我们看看《论灵魂》III.9 的文本就能很清楚地看到这一点，在洛伊宁看来，这段文本支持了他的理论：

> [433a6]欲求（*orexis*）甚至都不是完全控制[a7]这种运动（即位移运动）。因为自制的人在拥有欲望这种欲求（*oregomenoi kai epithumountes*）时，并不[a8]做这种欲求（*orexis*）要求的事情，而是跟随他们的理性。

很清楚，当 *orexis* 在 433a6 首次出现时，指的是作为属的“欲求”，而在 [a8] 再次出现时，它指的是某种类型的欲求，即被理性压制的欲望型的欲求。但是洛伊宁认为这里存在 *orexis* 的双重含义则是完全错误的。因为就在两次 *orexis* 出现之间，亚里士多德在 a7 清楚地表明，他现在从作为属的“欲求”过渡到了某个欲望型的欲求，因为他使用了重言表达 *oregomenoi kai epithumountes*（拥有一种欲求，也就是拥有一种欲望；意思就是“拥有欲望型的欲求”）。*orexis* 的第二次出现，通过定冠词（*tên orexin*，意思是“前面提到的欲求”），指向了由那两个分词引入的某个具体的欲望型欲求。因此，对于第二次出现的 *orexis*，正确的翻译应该是“这个欲求”，而显然不是“欲望型欲求”，就像在之前的重言表达中，前一个分词的意思是“拥有一个欲求”，而不是“拥有一个欲望型的欲求”。这里并没有 *orexis* 的双重含义。

相反，在《论动物的运动》的文本中，在最开始引入“欲求行动的动物”到 701b1 第一个次原始抄本的后代读成“出于欲求”（*di' orexin*）之间，并没有指涉的转变：为了让 *di' orexin* 能解释得通，我们确实需要洛伊宁的双重含义，但是洛伊宁引以为据的《论灵魂》中的文本又不能支持这种解释。这样看来，第一个次原始文本就给我们留下了一个很艰难的选择：要不重新采纳看起来很可疑的双重含义理论，要不就接受努斯鲍姆激进的删除策略。

面对这样的两难处境，我们很高兴地发现，新的 B^eE^rb 群组传承下来了一个不同的读法 διὰ προαίρεσιν（出于决定），而不是“出于欲求”（见表 2–11）：

表 2–11

τῶν [a37] δ' ὀρεγομένων πράττειν τὰ μὲν δι' ἐπιθυμίαν ἢ θυμὸν τὰ δὲ [701b1] διὰ προαίρεσιν ἢ βούλησιν τὰ μὲν ποιοῦσιν, τὰ δὲ πράττουσιν.	对于通过欲求行动的动物来说，有些出于欲望或意气，有些出于决定或想望，有些制作，有些行动。
701b1 διὰ προαίρεσιν ἢ βούλησιν BeErb: δι' ὄρεξιν ἢ βούλησιν cett. : διὰ βούλησιν Nussbaum	

这个读法显然将我们从之前的那个两难局面中解脱了出来。不止如此，列举促使生物行动的灵魂原因时，缺少了“决定”是很严重的不完整。亚里士多德在第 6 章已经提供了动物运动的灵魂原因的列表，在其中“决定”和“想望”是一起被提到的（6.700b15-18）：

因为所有的动物既推动又为了某物而被推动，因此这个“为了什么”就是所有运动的界限。我们看到，推动动物的东西是［推论

> 性］的思考（*dianoia*）、表象（*phantasia*）、决定（*prohairesis*）、想望（*boulêsis*）和欲望（*epithumia*）。

稍微往后一点，他又强调了三种标准的欲求（欲望、意气和想望）与决定之间的差别（6.700b22-23）：

> 但是想望、意气和欲望都是欲求，而决定（*prohairesis*）同时属于［推论性的］思考和欲求。

想望与欲求的区分在动物自主运动上的应用，可以从下面这个《论动物的运动》第 7 章中复杂的实践三段论中看到（7.701a17-22）：

> “我需要遮盖物，而斗篷是一个遮盖物。我需要一个斗篷。我需要的东西，就需要制作。而我需要一个斗篷。”于是他做一个斗篷。需要做一个斗篷的结论是一个行动。但是这个行动从某个地方开始：“如果要有一个斗篷，必然要先有这个；但是如果要有这个，就需要这个。”于是他立刻做这个。

理性行动的**目的**是想望（*boulêsis*）的领域，而**手段**则是决定（*prohairesis*）的领域，遮盖物，或许是斗篷，可以被算作是想望的对象，而制作一个斗篷需要的必要步骤就是决定的对象。因为亚里士多德明确说，运动始于制作斗篷的第一步，运动的当下原因就是由决定带来的。我们的结论是 701a36-b1 的这段关于行动或制作在灵魂中的原因，无论如何也要包括由 B^eE^rb 传承下来的 *dia prohairesin*。将它替换成 *di'orexin* 看起来是一个可以追溯到努斯鲍姆那里的原始版本（也就是我这里说的次原始版本 α）的合取错误。

有人可能会问：困难的读法 *di'orexin* 难道不是很有可能被能干的抄工发现，并修改为更容易理解的 *dia prohairesin* 吗？为什么会有人反其道而行之，用 *di'orexin* 代替 *dia prohairesin* 呢？我们认为 *di'orexin* 原本是一个页边的总结。亚里士多德不只是引入了不同的行动种类，作为出于欲求行动的划分，而且用“欲求行动的动物”给行动提供了一个概述。这个略显曲折的表达，意思可能是亚里士多德的清单（按照 BᵉEᶠb 保留下来的原始形态），包括了出于决定的行动，也就是不只是单单由欲求导致的行动，而且是**由欲求和推论性的思想结合导致的行动**，因此，严格说来，并不是这里提到的所有原因都是 *orexis* 这个属下面的种。一个头脑更加简单的读者可能会感到，亚里士多德说的不过是由欲求导致的不同种类的行动，因为所有四种原因（欲望、意气、决定、想望）都**以某种方式**与欲求有关。因此很容易想象，这个读者会补充一个页边注，补充亚里士多德在这里小心地没有提及的东西——这几种不同欲求的“属”，也就是用 *di'orexin* 所指的东西。这个页边注，当它写得离 *dia prohairesin* 很近的时候，就很容易被误认作对它的修正，从而被替换进了文本。

（四）《论动物的运动》7.701b-7：自动剧场

贝克 1831 年版的文本如下（见表 2–12）：

表 2–12

ὥσ-[b2]περ δὲ τὰ αὐτόματα κινεῖται μικρᾶς κινήσεως γινομένης – [b3] λυομένων τῶν στρεβλῶν καὶ κρουόντων ἀλλήλας τὰς στρέβλας – [b4]καὶ τὸ ἁμάξιον ... [b7] οὕτω καὶ τὰ ζῷα κινεῖται.	就像自动机械只因为很小的运动而被推动——当线绳被放松了，他们 / 它们就会立刻彼此（阴性）击打，线绳——就像小马车……动物的运动也是这样。
γινομένης P : γενομένης ESY	

这段文本的基本结构是清楚的：动物的自主运动（b7: οὕτω καὶ τὰ ζῷια κινεῖτα）被拿来和自动机械（*automata*, b1-3）以及一个开始运动的小马车（b4-6）进行比较。在这个语境下，我们主要关心的是第一个比较，

也就是与自动机械的比较。这个比较的点似乎在于输入与输出的种类之间存在惊人的差异：在一个动物身上，只是感觉到了欲求的对象，就可以迅速导致肢体的运动，就像在一个自动机械上一个很小的初始运动（b2: μικρᾶς κινήσεως）被外在的行动者接受，导致了另一种非常不同的运动。这个比较的细节在 701b3 通过两个独立属格（absolute genitive）得到了说明：λυομένων τῶν στρεβλῶν（线绳被松开）和 κρουόντων ἀλλήλας τὰς στρέβλας（击打 / 彼此 / 线绳）。但是第二个独立属格的结构因为文本的破损而非常模糊。这里有两个问题：

第一，**从句法上讲，κρουόντων ἀλλήλας 不可能成立**：这里一定有破损，因为代词 ἀλλήλας（阴性复数的“彼此”）肯定不仅是指撞击的宾语，而且还要指句子的主语，这就意味着句子的主语和宾语都是阴性的。然而，分词 κρουόντων 意味着撞击的主语是阳性或中性的。因此 ἀλλήλας 不可能指主语，如果这是不可能的，那么它也不可能指宾语。

第二，**在第二个属格结构中“线绳”扮演的可疑角色**：第一个属格结构（λυομένων τῶν στρεβλῶν）看起来毫无问题，但是这里属格的“线绳”不可能作为第二个属格结构（κρουόντων）的隐含主语，因为 τῶν στρεβλῶν 是阴性的，而 κρουόντων 不是。最后的宾格 τὰς στρέβλας 必然存在破损，因为它在句法上和内容上都不适合这里。从句法上讲：τὰς στρέβλας 不可能是前面分词（κρουόντων）的直接宾语，即便这个分词是一个阴性的也不行（κρουουσῶν），因为当一个相互代词被用作直接宾语时，只有句法上的主语才能被独自表达（如果它没有被上下文补充），而句法上的宾语则只能由与主语相同的相互代词决定。因此由一个分离的表达来指句法上的宾语是绝对不能允许的。从内容上讲：最开始放松线绳导致这些线绳相互碰撞，这不仅本身就很怪异，而且完全不能用来说明从最初的输入导致的惊人**转变**。

贝克、耶格尔和路易都接受了流传下来的版本，而没有多想，Farquharson 1912，和 Forster 1937，诊断出了这段文本的破损。他们两位都各自提出了修订的建议，Torraca 1958a，和 Nussbaum 1975a，试图在他们的基础上进一步改进：

λυομένων τῶν στρεβλῶν καὶ	κρουόντων ἀλλήλας τὰς στρέβλας
努斯鲍姆的原始版本	
λυομένων τῶν ξύλων καὶ	κρουόντων ἀλλήλαις τὰς στρέβλας
法克哈尔森	
λυομένων τῶν στρεβλῶν καὶ	κρουουσῶν ἀλλήλας {τὰς στρέβλας}
福斯特和科莱希	
λυομένων τῶν στρεβλῶν καὶ	κρουόντων ἄλληλα {τὰς στρέβλας}
托拉卡	
λυομένων τῶν στρεβλῶν καὶ	κρουόντων ἄλληλα τῶν ξύλων
努斯鲍姆	

这些修订可以解决我们上面说到的两个问题。**句法问题**：学者们建议，或者修订 ἀλλήλας 的格（Farquharson: ἀλλήλαις），或者把分词修订成阴性（Forster: κρουουσῶν），或者将 ἀλλήλας 改为中性（Torraca and Nussbaum: ἄλληλα）。有趣的是 Kollesch 1960 考虑到了在 κρουόντων 和 ἀλλήλας 之间插入一个介词的可能性，但是她没有进一步探索这个想法：只要相互代词不是直接宾语，我们就需要补充另一个代词，科莱希没有想到，除了去掉 τὰς στρέβλας 之外，还可以将它替换为一个更合适的宾语。**"线绳"问题**：为了给 κρουόντων 补充一个合适的主语，法克哈尔森和努斯鲍姆或者把前面的属格 τῶν στρεβλῶν，或者把最后的宾格 τὰς στρέβλας 替换成了 τῶν ξύλων（木头）。就最后的宾格 τὰς στρέβλας 而言，从 Forster 1937 开始，编辑就达成了普遍的共识，要不去掉，要不替换。

然而，新的 B^{e}E^{b} 群组抄本恰恰给出了科莱希提到但是没有进一步探索的解决办法，因为它们保留了介词短语 πρὸς ἀλλήλας（朝着彼此），而不仅仅是直接宾语 ἀλλήλας：κρουόντων πρὸς ἀλλήλας τὰς στρέβλας。如果 πρὸς 可以回溯到安德罗尼柯的文本，ἀλλήλας 就不是 κρουόντων 的直接宾语，而是介词短语的一部分，这样 κρουόντων 与 ἀλλήλας 之间在词性上的差别就完全不是问题了：两个或更多东西 A’, A’’...（阳性或中性）击打两个或更多东西 B’, B’’...（阴性），它们相互击打（κρουόντων πρὸς ἀλλήλας）。

然而我们还有第二个问题，这个问题看起来是要归咎于所有抄本的原始版本了。确实，新的读法 κρουόντων πρὸς ἀλλήλας τὰς στρέβλας 在句法上不像原来的 κρουόντων ἀλλήλας τὰς στρέβλας 那么不能接受了，但是即便如此，前面的属格 τῶν στρεβλῶν 还是不能补充 κρουόντων 的句法**主语**，因此这个主语还是缺失的。作为 κρουόντων 的宾语，最后的 τὰς στρέβλας 在意思上还是非常难以令人满意。为了在 B^eE^rb 的基础上给出令人信服的修订，我们需要假设，有一行内容从我们的原始抄本中缺失了，这一行包括了 κρουόντων 的主语和直接宾语，而 τὰς στρέβλας 仅仅是一个没有原创性的、试图部分补充这个缺损的尝试，而它就来自前面的 τῶν στρεβλῶν。

在考虑如何修订之前，我们需要考虑是否可以信任 B^eE^rb 中的读法，它是不是来自某个理解了并且想要解决这里的句法问题的抄工。看起来比较显然的是，τὰς στρέβλας 的功能是 κρουόντων 的宾语，而 τὰς στρέβλας 明显存在缺损，它出现在整个抄本传统中，必然是因为某个插入，意在补充 κρουόντων 缺失的宾语。但是我们感觉 κρουόντων 的宾语缺失，必然是因为相互代词 ἀλλήλας 不是宾语。如果 ἀλλήλας 是介词短语的 πρὸς ἀλλήλας 的一部分，那么这个条件就成立；如果 ἀλλήλας 单独使用，这个条件就不成立。换句话说，插入 τὰς στρέβλας 的前提是 πρὸς ἀλλήλας。我们的结论是，如果认为 πρὸς ἀλλήλας 出现在原始版本中，我们就能更容易地解释 τὰς στρέβλας 出现在所有抄本的原始版本之中。因此我们解决第二个“线绳”问题的基本预设就是 πρὸς ἀλλήλας 是原本的读法，它解决了第一个句法问题。

如果想要取得进一步的进展，我们必须要依靠唯一一部现存的关于自动机械的古希腊文本：亚历山大里亚的希罗（Hero of Alexandria）的《论自动机》（Περὶ αὐτοματοποιητικῆς, *De automatis*），很可能写于公元 1 世纪下半叶。他讨论的是自动的木偶表演（Schmidt 1899: Automatentheater，我们的翻译“自动剧场”就来自于此），有两种形式，第一种是运动的（αὐτόματα ὑπάγοντα），另一种是静止的（αὐτόματα στατά）。希罗说运动型自动机械的技术还不成熟，不如静止的自动机械那么可靠。而他对后者的讨论，几乎完全依赖公元前 3 世纪拜占庭的斐洛（Philo of Byzantium）的自动机械。考虑到历史原因，亚里士多德在我们这段文本和其他地方（比如《论动物的生殖》II.1.734b10-14, II.5.741b7-9;《形而上学》A.2.983a12-15）提到的自动机械很可能和斐洛在早期希腊化时代的静止型自动机械有着或多或少的联系。

但是在描述一个自动机械时，我们必须要区分两个主语：一个是它内部的机械，另一个是观看者可以在舞台上看到的东西。因此，在补全这里有缺损的文本时，第一步就是确定这里讨论的是哪个主语，或者用更技术化的语言说，要确定 κρουόντων πρὸς ἀλλήλας 指的是一个力量传输的**中间阶段**，还是**可见的终点**。我们的证据包括了希罗对斐洛的自动机械中力量传递的描述，也包括他对可以在舞台上看到什么的描述。就希罗对可见效果的描述而言，斐洛静态自动机械的第一个场景对于我们的目的就足够了：只要自动机械被发动，舞台被打开，一些画好的人偶（ζῴδια γεγραμμένα）就出现在舞台上，它们有一只可以移动的胳膊，代表特洛伊战争结束后在特洛伊的希腊人。他们在维修船只，为了把它们再次推入水中，他们在锯木头、钉钉子和钻孔。

德拉希曼（Aage Gerhardt Drachmann）很好地概括了希罗对自动机械力量传输的描写：

> 推动的力量是一个重物，放到一个装满小米或芥菜籽的容器中，这些种子从一个很窄的孔中流出，这个重物以一种确定的速度降下，它转动一个轴，从这个轴上它由一根线绳悬挂起来。所有的运动都通过绳索从这个轴上发起……如果某个事情只需要发生一次，比如背景布降下，它可能会通过一个单独的重物实现，一根弦抽出一个钉子从

> 而释放它……木偶的运动，比如说钉钉子，是通过在轮子上的钉子作用在一个杠杆较短的一端实现的。

看起来比较明显的是，在这里描写的力量传递的过程中，并不存在一个**中间阶段**，一些东西 A', A''...（阳性或中性）可以和另一些东西 B', B''...（阴性）相互击打。这样的场景会给斐洛的这些看起来非常直截了当的机械带来过分的复杂性，而且我们也很难想象，假如两组东西相互击打之后，还能让力量继续传递下去。相比之下，如果这里描绘的是在舞台上可以看到的场景，就要更加自然。既然希罗说几个人偶的胳膊可以锯木头、钉钉子、钻孔，那么同样可能是两个人偶手里拿着工具面对彼此，他们用这些工具相互击打。此外，在阿提卡散文体中，κρούειν προς + 宾格通常都是指互相用武器击打。因此看起来很有可能，亚里士多德描写的自动剧场里的人偶用他们可以移动的胳膊拿着武器彼此击打。如果是这样，那么缺失的那个击打的句法**宾语**就是一个指武器的阴性名词（如果是亚里士多德在别的地方用过的词更好，比如 μάχαιρα［《政治学》I.2.1252b2］）；而缺失的击打的句法**主语**很可能是 ζῴδια，也就是用来指一个静态自动机械里那个画好的、部分可以移动的人偶。因此，我们建议对这段文本做如下重构，至少是重构这句话的**结构**，即便我们不可能确定它的准确用词（见表 2–13）。

表 2–13

ὥσ-[b2]περ δὲ τὰ αὐτόματα κινεῖται μικρᾶςκινήσεως γενομένης – [b3] λυομένων τῶνστρεβλῶν καὶ κρουόντων πρὸς ἀλλήλας 〈εὐθὺςτῶν ζωιδίων τὰς μαχαίρας〉...	就像自动机械剧场只因为很小的运动而被推动，当线绳被放松了，〈人偶〉就会立刻〈用刀〉彼此击打……
πρὸς ἀλλήλας BeErb : ἀλλήλας cett. | 〈εὐθὺς τῶν ζωιδίων τὰς μαχαίρας〉 exempli gratia scripsi : τὰς στρέβλας ω : secl. Forster	

根据这四段文本，我认为 B^eE^rb 不仅是努斯鲍姆所说的“大写字母抄本”的直接后裔，也就是我们的第二个次原始版本（$\boldsymbol{\beta}$），而且它们对《论动物的运动》的文本做出了重要的贡献。而 B^e 和 E^r 是 $\boldsymbol{\beta}$ 未经污染的后裔，b 虽然也可以回溯到第二个次原始版本，但是在第四段文本中存在**共同错误**，同时缺少了击打的句法主语和宾语，这一点也再次确认了我们的两个次原始版本 $\boldsymbol{\alpha}$ 和 $\boldsymbol{\beta}$ 可以回溯到同一个亚里士多德之后的原始版本。

十二、回到安德罗尼柯：对 700b17-25 的再思考

在我们的这个新版本中，我主要是立足于努斯鲍姆心目中的“原始版本”（也就是我这里的 $\boldsymbol{\alpha}$ 版）和一个新的次原始版 $\boldsymbol{\beta}$ 版来改进《论动物的运动》的文本。但是我在导论的开头指出，即便是我们的原始版本，也就是最晚的**所有**现存抄本的共同祖先，也是安德罗尼柯版本的若干后裔之一，这个版本必定是在古代流传的版本，我们没有理由认为，这些后裔中的任何一个**完全**没有抄写留下的错误。就我们的直接流传史而言，所有现存的《论动物的运动》的抄本都有几处明显的缺损，它们似乎不大可能是在安德罗尼柯的版本上就存在的。正是这组普遍存在的错误，让我们可以得出结论，认为追溯到我们所说的“原始版本”的文本传承来自安德罗尼柯的版本，但是并非安德罗尼柯本人的版本。为了尽可能接近安德罗尼柯的文本，我们尽可能修正原始版本中的这些错误。我们已经讨论了一个这样的案例，即自动剧场的例子（701b1-3）。我们这里再讨论另一个从哲学上更有意义的例子。这个例子也来自我们讨论过的第 6 章 700b17-25，在这里我们的“原始版本”中就已经有一处出于好意的插补（interpolation），却把亚里士多德的论证变得无效（见表 2–14）。

表 2-14

[b17] ὁρῶμεν δὲ τὰ κινοῦντα τὸ ζῷον διάνοιαν καὶ φαντασίαν καὶ [b18] προαίρεσιν καὶ βούλησιν καὶ ἐπιθυμίαν·	[前提 1] 我们看到，推动动物的东西是推论性的思考、表象、决定、想望和欲望。
ταῦτα δὲ πάντα [b19] ἀνάγεται εἰς νοῦν καὶ ὄρεξιν—καὶ γὰρ ἡ φαντασία καὶ ἡ [b20] αἴσθησις τὴν αὐτὴν τῶι νῶι χώραν ἔχουσιν (κριτικὰ γὰρ [b21] πάντα, διαφέρουσιν δὲ κατὰ τὰς εἰρημένας ἐν ἄλλοις δια-[b22]φοράς), βούλησις δὲ καὶ θυμὸς καὶ ἐπιθυμία πάντα ὀρέξεις, [b23] ἡ δὲ προαίρεσις κοινὸν διανοίας καὶ ὀρέξεως—.	[前提 2] 所有这些都可以被还原为思想和欲求，因为（i）表象和感觉与思想占据同一个位置，因为它们都能做出区分（但是在方式上有所不同，就像在其他作品里说到的），（ii）想望、意气和欲望都是欲求，（iii）决定同时属于推论性的思考和欲求，
ὥστε κινεῖ πρῶ-[b24]τον τὸ ὀρεκτὸν καὶ τὸ διανοητόν·	[结论] 因此首要地起推动作用的就是欲求**对象**和推论性思考的**对象**。
οὐ πᾶν δὲ διανοητόν, [b25] ἀλλὰ τὸ τῶν πρακτῶν τέλος.	[限定] 但不是全部推论性思考的对象，而是可以通过行动实现的目的。

^{b}23–24 ὥστε κινεῖ πρῶτον τὸ ὀρεκτὸν καὶ ***β*** : ὥστε καὶ ***α*** ‖ ^{b}24 διανοητόν … διανοητόν ***ω***, sed cf. supra 700^{b}18–19 ταῦτα δὲ πάντα ἀνάγεται εἰς νοῦν καὶ ὄρεξιν et *Metaph.* Λ 7, 1072^{a}26 κινεῖ δὲ ὧδε τὸ ὀρεκτὸν καὶ τὸ νοητόν

当然，根据***β***的读法，结论（700b23-24）是综合性的完整而连续的句子，但是不幸的是，这个句子并不能从它的前提推论出来。在第一个前提里（700b17-18），亚里士多德列出了灵魂的几种在导致动物自主运动过程中发挥作用的活动（推论性的思考、表象、决定、想望、欲望），随着论证的进行，还会增加感觉（*aisthêsis*）和意气（*thumos*）。在第二个前提里（700b18-23），他将这些活动还原成两种基本的灵魂活动，欲求（*orexis*）和思想（*nous*）。第二个前提的（ii）将想望、意气和欲望都归入欲求，这没有任何问题。但是（i）和（iii）需要额外的证成。就（i）而言，亚里士多德说表象和感觉扮演着思想（*nous*）的角色，或者占据思想的位置，因为它们也可以让生物做出区分（*krinein*），出于论证的目的（而不是定义），它们可以被放在“思想”下面。因此我们可以注意到，但是无需强调在这段文本和亚里士多德对灵魂能力的正式讨论中存在张力，根据后者的论述，除了人之外的其他动物都**没有**思想（*nous*）。就（iii）而言，决定（*prohairesis*）是欲求（*orexis*）和推论性思考（*dianoia*）的混合，为了得到这样一个描述，读者必须要补充一个步骤：因为推论性的思考显然属于思想的领域，将决定说成是欲求和思想的混合意在支持自主运动的所有灵魂能力都可以被还原成欲求和思想，即使只有决定可以被还原成这两者。

我们的原始版本得出来的结论（700b23-24）说，动物自主运动的**首要原因**是欲求对象和推论性思考的对象。但是这个说法并不能从前提中推论出来：根据前提，不只是推论性的思考，而且非推论性的思考（根据前提里引入的灵活的使用），也就是感觉和表象，也可以在导致自主运动时发挥思想的作用。因此，传承下来的结论显然没有给出动物自主运动的很大一部分**首要**原因。因为在第一个前提里列举的自主运动在灵魂中的原因，在第二个前提里被还原成了欲求和思想，唯一能够令人满意的结论只能是自主运动的首要原因等同于欲求对象和思想对象（*noêton*）。如果 *noêton* 没有在结论中提到，亚里士多德为什么又要在第二个前提里引入对思想（*nous*）的灵活表达呢？

为了给这个结论中的用词辩护，我们只能说这里的 *dianoêton* 是 *noêton* 的同义词。但是这个说法缺少说服力。主要的困难并不在于 *nous* 与 *dianoia* 之间的精细区分（它们可能只是同一个认知过程前后相序的两个阶段），而是在于**当前的这个论证中**，*nous* 和 *dianoia* 出现的语境不允许将它们看作同义词。因为在 700b18-22，亚里士多德引入 *nous* 的灵活使用是为了包括动物的感觉和表象，而在 700b23 引入推论性的思考是作为人类特有的推论性的决定中的思想要素。这就意味着 *dianoêton* 不能被当作 700b24 中 *noêton* 的同义词。

如果结论中用的是 *noêton*，那么这个结论就可以得到《形而上学》Λ.7

的一条定理的确认，而亚里士多德也刚刚将读者的注意力引向这一章（参见 6.700b7-9："在关于第一哲学的著作中我们已经确定了首要的被推动者，就它总是被推动而言，是如何被推动的，以及第一推动者如何推动它"）。亚里士多德为什么要在把这个定理**普遍性地应用在动物的自主运动时**，把它里面的 *noêton* 替换成推论性思考的对象（*dianoêton*）呢？

这样看来，我们就不得不承认，在 700b23-25，亚里士多德事实上两次用到了 *noêton*，而不是 *dianoêton*：ὥστε κινεῖ πρῶτον τὸ ὀρεκτὸν καὶ τὸ <u>νοητόν</u>. οὐ πᾶνδὲ <u>νοητόν</u>, ἀλλὰ τὸ τῶν πρακτῶν τέλος（因此首要地起推动作用的就是欲求对象和思想对象。但不是全部的思想对象，而是可以通过行动实现的目的）。

很久以后，某个抄工在两次出现 νοητόν 的地方加上了 δια-，他可能有些短视地认为，在 700b23-24 由 ὥστε 引导的句子并不是由 700b17-23 的两个前提推论出来的，而仅仅是来自 700b23 对于决定的描述。他就导致了在 700b23-25 传承下来的"原始版本"的文本，这个版本乍看起来确实容易被误解为是关于决定带有结论性的、自足的论证：

> 决定同时属于推论性思考和欲求，因此首要地起推动作用的就是欲求对象和推论性思考的对象。但不是全部推论性思考的对象，而是可以通过行动实现的目的。

但是将这个结论的范围局限在决定上，不仅会将非推论性的"思想"原因（感觉和表象）从论述中去掉，从而破坏这段话的整体论证；更有甚者，还会从整体上去掉《论动物的运动》中对于动物自主运动第一原因的任何综合性论述。而根据修订的文本，亚里士多德给出的就是一个决定性的论证，而这个论证的结论对于他的理论具有核心意义：

> 前提一（700b17-18）：动物的自主运动是由推论性的思考、表象、决定、想望或欲望推动的。

前提二（700b18-23）：但是这些灵魂中的原因都可以被还原成欲求和思想。

结论（700b23-24）：动物自主运动的首要原因是欲求对象（*orekton*）和思想对象（*noêton*）。

限定（700b24-25）：但并不是任何思想的对象都可以带来动物的自主运动，而是可以通过行动实现的目的。

我们的结论是，我们的原始版本在 700b23-24 就已经把 νοητόν 替换成了 διανοητόν。这个误植出现在公元前 1 世纪安德罗尼柯的版本和我们的原始版本（很可能是古代晚期）之间，而不是安德罗尼柯本人的错误。因此，我们倾向于认为经过修订的版本是安德罗尼柯的版本。

十三、独立传统的新树状图

本节最后的树状图，展示了我们对文本历史的分析。现存的希腊抄本用拉丁文的大写字母表示，我们保留了 Bekker 1831 和 De Leemans 2011a 中的字母。重构的希腊抄本用希腊文小写字母表示，除了莫贝克的威廉使用的两个已经佚失的希腊语模本（Γ1 和 Γ2），以及大阿尔伯特的拉丁译本使用的希腊模本（A），这三个缩写来自 De Leemans 2011a 和 2011b。努斯鲍姆的原始版本就是我们的次原始版本 ***α***，她的第一个家族（***a*** 家族）的角色由 Parisinus 1853 (E) 承担，她的第二个家族（***b*** 家族）是我们的 ***γ*** 分支，而她的“大写字母抄本”是我们这里新的 ***β*** 家族的次原始版本。下面的讨论给出了主要证据的概况，具体的不同读法，参见希腊文本下面的校勘记。

阿弗洛迪西阿斯的亚历山大对《论动物的运动》7-8.701b13-702a2 的原文引用是我们最早的文本形态，这些内容包括在他的《论灵魂》和以弗所的迈克尔的引用中。

我们的第一个次原始版本 ***α*** 包括了 Parisinus E 和 ***γ*** 分支，它们可以追溯到对同一个大写字母文本的两个不同的小写字母转写版。在我们整个 ***α*** 分支中有两个独立的错误，明显是由于大写字母造成的：第一个是698a16-17，在 ***β*** 分支中是 ἀεὶ ... ἠρεμεῖ，而在 ***α*** 分支中是 δεῖ ... ἠρεμεῖν；另一个是 699a4，在 ***β*** 分支中是 αὐτὸν，在 ***α*** 分支中是 αὐτὸ ἢ。这说明 ***α*** 分支可以回溯到一个自己的大写版本。在 ***γ*** 分支中也有一个独立的错误，出现的原因是想要让另一个来自大写字母的错误说得通：699a13，在 ***β*** 分支中是 εἶναί τέ τι δεῖ，在 E 抄本中是 εἶναί τε δεῖ，而在 ***γ*** 分支中是 εἶναι θέλει（大写字母版本是 ΕΙΝΑΙΤΕΛΕΙ）。

就新的 ***β*** 分支而言，两个未经污染的抄本 B^e 和 E^r 可以追溯到一个大写字母的抄本。特别是 B^e，这是一个非常忠实于原有模本的抄本，而这个模本是未经修订的从大写到小写的转写版，这一点可以从一系列 B^e 额外增加的错误看出来。因此从文本传承史的角度看，B^e 与现存最早的版本 Parisinus E 和原始版本的接近程度相当，虽然 B^e 比 E 晚了大约 500 年。这样看来，我们的整个直接传统可以回溯到三个转写版本，类似的情况在柏拉图那里也是。在柏拉图和亚里士多德文本中数量较大的转写版本，很可能是因为大约 855 年在君士坦丁堡建立了一个哲学中心，即马格纳拉学园（School of Magnaura）的学术活动。

在我们的 ***γ*** 分支中，第一个结果出现在 701a19，在 ***γ*** 分支所有的抄本中，实践三段论的正确"结论" ἱμάτιον ποιεῖ （制作斗篷，***β***Eε），被替换成了"应该制作斗篷"（ ἱμάτιον ποιητέον）。对 ***γ*** 分支的进一步划分已经背叛了迈克尔的注疏，这意味着 1118 年是佚失的模本（***ε*** 和 ***ζ***）最晚的佚失时间。Laurentianus 87.4（C^a）最好地代表了 ***ε*** 模本，在其中 ***γ*** 分支中关于老鼠的那个破损根据迈克尔的缩略版本得到了修改。与此相似，迈克尔对我们那个典范文本（700b23-24）中缺损的补充也在 ***ζ*** 中留下了印记，因为 ***ζ*** 的两个后代，***θ*** 和 ***ι*** 使用了迈克尔引入的新元素（προαιρετόν），虽然用了不同的方式。

新的 ***β*** 分支内部的二分结构，在 704b1 可以得到最清楚的说明，在这里未受污染的 Erlangensis E^r 和 3 个受到污染的 ***η*** 抄本（O^dSV^p）以及威廉

的第二个资料来源 Γ2 都有同一个说法 ἔτι δὲ καὶ περὶ（“此外关于……”）这个说法的真实性可以得到《动物志》III.15.519b22-23 的有力支持。而 Berolinensis B^{e} 和 **α** 分支的抄本都没有 καὶ。这当然不是一个合取错误（καὶ 可能会被不止一个抄工以独立的方式忽略），但是它肯定是一个分离性的错误：没有抄工在看到 ἔτι δὲ περὶ 之后感觉需要再加上一个 καὶ。B^{e} 的另一个独特之处在于出现了很多单词划分上的古老错误。在几乎所有其他方面，这两个未受污染的 **β** 家族的抄本 B^{e} 和 E^{r} 非常接近彼此。为了解释这个很密切的关系，我们认为有一个更老的（或许是 9 世纪的）从大写字母到小写字母的转写本被抄写了两次，一个很晚但是依然没有得到更正的版本就是现存的 B^{e}；另一个经过仔细编辑的版本年代更早，威廉就使用了这个版本作为他额外的模板 Γ2，剩下的 **β** 家族的抄本，既包括未受污染的 E^{r} 也包括受到污染的 b 和 $D^{o}SV^{p}$，都可以回溯到它。

如果我们从一个比较的视角去考察传承树（见图 2–3），我们的 **γ** 分支与《动物志》的整个抄本传统吻合（参见 Berger 2005 的分析），根据 Isépy 2016 的观察，**γ** 分支与 Vindobonenesis 100 （J，也就是威廉的第一个希腊文模本 Γ1）佚失的部分的关系，与它同《动物志》抄本的关系相同。我们的第一个次原始版本 **α** 相当于《论生成与毁灭》的整个抄本传统（参见 Rashed 2001 的分析），因为 **α** 被 Vindobonenesis J 的佚失部分和 Parisinus E 的亲戚代表了。相对而言，我们新的 **β** 分支完全超出了其他这些文本的传统。

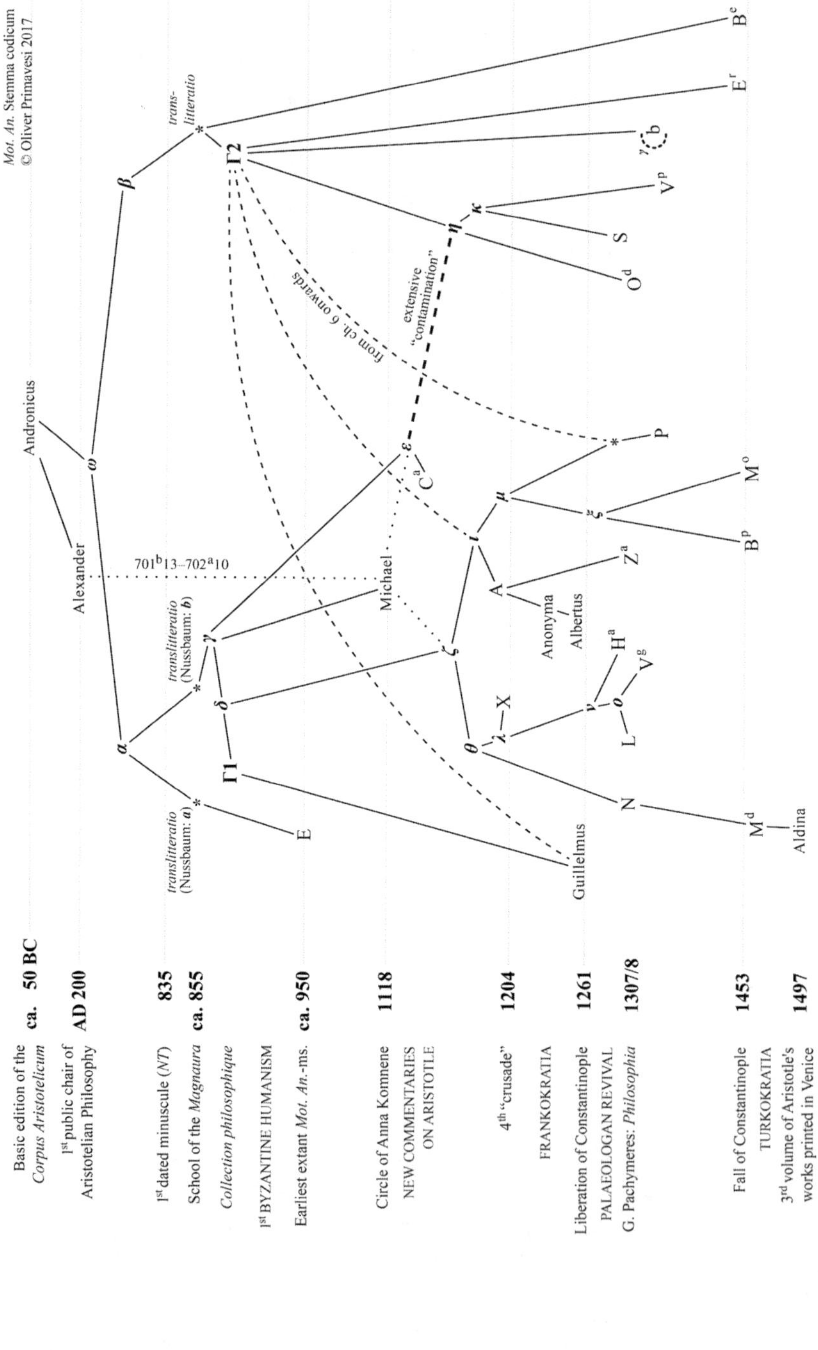
Mot. An. Stemma codicum
© Oliver Primavesi 2017
Basic edition of the Corpus Aristotelicum ca. 50 BC
1st public chair of Aristotelian Philosophy AD 200
1st dated minuscule (NT) 835
School of the Magnaura ca. 855
Collection philosophique
1st BYZANTINE HUMANISM
Earliest extant Mot. An.-ms. ca. 950
Circle of Anna Komnene 1118
NEW COMMENTARIES ON ARISTOTLE
4th "crusade" 1204
FRANKOKRATIA
Liberation of Constantinople 1261
PALAEOLOGAN REVIVAL
G. Pachymeres: Philosophia 1307/8
Fall of Constantinople 1453
TURKOKRATIA
3rd volume of Aristotle's works printed in Venice 1497
Andronicus
Alexander
701b13–702a10
Michael
transliteratio (Nussbaum: a)
transliteratio (Nussbaum: b)
trans-litteratio
from ch. 6 onwards
extensive "contamination"
Guillelmus
Anonyma / Albertus
Aldina

图 2–3 文本传承树形图

附录一 已知的 47 个《论动物的运动》的希腊抄本

	Wartelle 版编号	地点	图书馆	编号	日期	缩写
1		亚历山大里亚	B. Patr	87 (26)	1484/5	**T**^{p}
2	306	柏林	Staatsbibl. Preuß. Kulturbes.	Phillippicus 1507(包括了两个抄本)	约 1440—1453	**B**^{e}
3					约 1455	**B**^{p}
4	[426]	埃尔朗根	Univ. B.	A 4	约 1440—1453	**E**^{r}
5	441	埃斯科里亚	Real B.	Scorialensis T.II.13	15 世纪后 1/4	**E**^{s}
6	[457]	埃斯科里亚	Real B.	Scorialensis Φ.III.11	约 1350—1400	**S**^{e}
7	537	佛罗伦萨	B. Laur.	Plut. 81.1	约 1280—1320	**S**
8	583	佛罗伦萨	B. Laur.	Plut. 87.4	约 1135—1140	**C**^{a}
9	589	佛罗伦萨	B. Laur.	Plut. 87.11	15 世纪后半叶	**F**^{d}
10	599	佛罗伦萨	B. Laur.	Plut. 87.21	约 1300 年	**Z**^{a}
11	631	佛罗伦萨	B. Ricc.	14	15 世纪后 1/4	**F**^{s}

续表

	Wartelle 版编号	地点	图书馆	编号	日期	缩写
12	643	佛罗伦萨	B. Ricc.	81	16—17 世纪	$\mathbf{F^r}$
13	862	马德里	BN	N26 (4563)	约 1470	$\mathbf{M^n}$
14	905	米兰	B. Ambr.	A 174 sup.	约 1470	$\mathbf{M^i}$
15	946	米兰	B. Ambr.	H 50 sup.	约 1200	**X**
16	1038	摩德纳	B. Estense	gr. 76	15 世纪后 1/4	$\mathbf{M^d}$
17	1089	莫斯科	GIM	Sinod. 240（Vlad. 453）	15 世纪中期	$\mathbf{M^o}$
18	1169	那不勒斯	BN	III D 2 (gr. 286 bis)	1493	$\mathbf{N^e}$
19	1264	牛津	Bodl.	Canon. 107	16 世纪后半叶	$\mathbf{B^o}$
20	1289	牛津	New Coll.	226	15 世纪后半叶	$\mathbf{N^e}$
21	1338	巴黎	BnF	gr. 1853	约 950	**E**
22	1344	巴黎	BnF	gr. 1859	14 世纪早期	**b**
23	1346	巴黎	BnF	gr. 1861	15 世纪后 1/4	**c**

续表

	Wartelle 版编号	地点	图书馆	编号	日期	缩写
24	1407/1558	巴黎	BnF	gr. 1921 (I) + Coisl. 166	约 1360	$\mathbf{m}^{1} + \mathbf{m}^{II.1}$
25	1407	巴黎	BnF	gr. 1921 (II)	约 1360	$\mathbf{m}^{II.2}$
26	1458	巴黎	BnF	gr. 2027	1449	$\mathbf{P}^{f}$
27	1466	巴黎	BnF	gr. 2035	15 世纪后 1/4	$\mathbf{P}^{g}$
28	1589	巴黎	BnF	Supp. gr. 333	1515 年前	$\mathbf{P}^{h}$
29	1700	罗马（梵蒂冈）	B. Apost. Vat.	gr. 253	约 1300	**L**
30	1705	罗马（梵蒂冈）	B. Apost. Vat.	gr. 258	约 1300	**N**
31	1706	罗马（梵蒂冈）	B. Apost. Vat.	gr. 259	15 世纪中期	$\mathbf{G}^{r}$
32	1708	罗马（梵蒂冈）	B. Apost. Vat.	gr. 261	约 1300	**Y**
33	1713	罗马（梵蒂冈）	B. Apost. Vat.	gr. 266	14 世纪前 1/4	**V**
34	1782	罗马（梵蒂冈）	B. Apost. Vat.	gr. 1339	14 世纪前半叶	**P**
35	—	罗马（梵蒂冈）	B. Apost. Vat.	gr. 1950	14 世纪早期	$\mathbf{V}^{g}$
36	1931	罗马（梵蒂冈）	B. Apost. Vat.	Palat. gr. 97	14 世纪	$\mathbf{V}^{q}$

续表

	Wartelle 版编号	地点	图书馆	编号	日期	缩写
37	1940	罗马（梵蒂冈）	B. Apost. Vat.	Palat. gr. 163	约 1442	**V**^{q}
38	1991	罗马（梵蒂冈）	B. Apost. Vat.	Urb. gr. 41	1613	**V**^{u}
39	2094	乌迪内	B. arcivesc.	1 (olim VI.I)254	15 世纪	**U**^{t}
40	2101	威尼斯	B. Marc.	gr. 200	1457	**Q**
41	2107	威尼斯	B. Marc.	gr. 206	1467	**f**
42	2110	威尼斯	B. Marc.	gr. 209	14 世纪早期	**O**^{d}
43	2113	威尼斯	B. Marc.	gr. 212	14 世纪后半叶	**G**^{a}
44	2115	维也纳	B. Marc.	gr. 214	约 1290—1300	**H**^{a}
45	2187	维也纳	ÖNB	phil. gr. 64	1457	**W**^{g}
46	2200	维也纳	ÖNB	phil. gr. 134	15 世纪	**W**^{w}
47	2207	维也纳	ÖNB	phil. gr. 157	15 世纪	**W**^{x}

附录二 希腊文本独立抄本之间的关系及重构的文本 *

The Independent Witnesses			Reconstructed Sources
Witnesses	Dates	Sigla	
Alexander, *De anima* (ed. Bruns)	ca. AD 200	**Al.**	
Parisinus 1853 (*manus prima*)	ca. AD 950	**E**	
W. of Moerbeke when following Γ1	ca. AD 1260	–	W.'s Gr.exemplar. **Γ1**
Vaticanus 258	ca. AD 1300	**N**	
Ambrosianus H 50 sup.	ca. AD 1200	**X**	ϑ δ
Marcianus 214	AD 1290–1300	**H**[a]	λ α
Vaticanus 253	ca. AD 1300	**L**	ο ν
Vaticanus 1950	early 14th cent.	**V**[g]	ζ
Translatio Anonyma used by Albert	before AD 1257	**Anon.**	Anon.'s Gr. exemplar A
Laurentianus 87,21	13th–14th cent.	**Z**[a]	γ
2nd part of Berol. Phillippicus 1507	ca. 1455	**B**[p]	ξ ι
Mosquensis Sinod. 240	mid. 15th cent.	**M**[o]	μ
Vaticanus 1339	early 14th cent.	**P**	
Michael of Ephesus (ed. Hayduck)	early 12th cent.	**Mich.**	ω
Laurentianus 87,4	AD 1135–1140	**C**[a]	
			("contamination") ε
Marcianus 209	ca. AD 1300	**O**[d]	
Laurentianus 81,1	AD 1280–1320	**S**	κ η
Vaticanus Palatinus 97	14th cent.	**V**[p]	
W. of Moerbeke when following Γ2	ca. AD 1260	–	W.'s Gr. exemplar **Γ2**
Parisinus 1859	early 14th cent.	**b**	β
Erlangensis UB A 04	AD 1440–1453	**E**[r]	
1st part of Berol. Phillippicus 1507	AD 1440–1453	**B**[e]	

The transmission of the Latin translation by William of Moerbeke and the 3 stages of its development according to De Leemans 2011a

The Principal Manuscript Families		Development of W.'s Manuscript
x_1, x_2	**x**	**G1**: *W.'s original translation*
	y	↓ **GR'**: *W.'s 1st Revision*
P[1] (Exemplar "*De historiis animalium*") **P**[2] (Exemplar "*De motibus animalium, et aliorum parvorum*")	**P** (source of the Parisian Exemplaria)	↓ **GR''**: *W.'s 2nd Revision*
z_1, z_2, z_3	**z**	
		G: Readings common to all three stages

* 附录二为原文影印。——译者注

附录三 普利马维希版与努斯鲍姆版的 120 处差别 *

Nº	Lines	Nussbaum 1978	Primavesi 2017
1	**Chapter 1** $698^{a}1$	κινήσεως τῆς τῶν ζῴων (**α**)	τῆς τῶν ζώιων κινήσεως **β**
2	$698^{a}8$	αὐτὸ ἑαυτὸ (γ)	αὐτὸ-αὑτὸ **β**E
3	$698^{a}15$–16	πρῶτον μὲν οὖν (E)	πρῶτον μὲν **β**γ
4	$698^{a}16$–17	δεῖ γάρ … ἠρεμεῖν τι (**α**)	ἀεὶ γάρ … ἠρεμεῖ τι **β**
5	$698^{a}22$–24: Diagram *ΑΒΓΔ*	N. assumes that the diagram was merely 'reproduced' (p. 282) by Mich.; so she prints it only in her translation (p. 24).	We have traced the diagram back to **α** on the basis of E γ($NZ^{a}C^{a}O^{d}$Mich. [ORP]) and printed it in the text.
6	$698^{a}23$	ἡ μὲν *ΑΔ* (coniecit Nussbaum)	ἡ μὲν *Α* καὶ ἡ *Δ* **β**ε
7	$698^{a}26$	κινεῖται (ι)	κινεῖσθαι **β**EθC^{a}
8	$698^{b}1$	διαιρετά (**α**)	διαιρεῖται **β**
9	$698^{b}1$	ἡ ἀρχὴ (**α**)	ἡ ἀρχή γε **β**
10	$698^{b}3$	ὠλέκρανον (λ**η**ι)	ὀλέκρανον **β**ENC^{a}
11	$698^{b}5$	ἕκαστόν τι δεῖ (**α**)	ἕκαστον δεῖ τι **β**
12	$698^{b}6$	ἔσται (γ)	ἐστίν **β**E
13	**Chapter 2** $698^{b}8$	αὐτῷ (EΓ1θε)	αὐτοῖς **β**ι
14	$698^{b}9$	ἔξωθεν (γ)	ἔξω **β**E
15	$698^{b}16$	ἐμύσι τοῖς (coni. Diels)	μυσὶ τοῖς **α**
16	$698^{b}16$	πηλῷ (coni. Nussbaum)	τῆι πίττηι **β**E
17	$698^{b}23$	ἐν αὐτῶι (**α**)	ἐπ' αὐτῶι **β**
18	$698^{b}24$–25	οὐδ' … οὐθ' (coni. Jaeger)	οὐδ' … οὐδ' **β**
19	$698^{b}26$	πνέων (**α**)	πλέων **β**
20	$699^{a}4$	αὐτὸ ἢ (**α**)	αὐτὸν **β**(B^{e})
21	$699^{a}10$	ὠθῶν ἢ ἕλκων (**α**)	ἕλκων καὶ ὠθῶν **β**
22	**Chapter 3** $699^{a}13$	τε δεῖ (E)	τέ τι δεῖ **β**(B^{e})
23	$699^{a}13$	οὐρανοῦ μόριον (**α**)	οὐρανοῦ **β**
24	$699^{a}17$	ἔσεσθαι (ω)	ἔσται correxit Thomæus
25	$699^{a}26$	<u>καὶ</u> τὰ κινούμενα δι' αὐτῶν (**α**)	τὰ κινούμενα δι' αὑτῶν **β** P$B^{p}M^{o}$
26	$699^{b}2$	τοιοῦτόν ἐστιν ἕτερον (**α**)	τοιοῦτον ἕτερόν ἐστιν **β** P
27	$699^{b}2$–3	οὐδὲν … (**α**)	οὐ δεῖ … **β**
28		ἀντερείδειν <u>δεῖ</u> (E)	ἀντερείδειν **β**γ

* 附录三为原文影印。——译者注

续表

29	699^{b}7	καὶ τῆς τοῦ **γ**(H^{a}LV^{g}**ιε**)	καὶ τοῦ **β**
30	**Chapter 4** 699^{b}14	ὑπερβάλληι (ENXH^{a}PSV^{p}bE^{r})	ὑπερβάληι B^{e}O^{d}C^{a}LV^{g}Z^{a}M^{o}
31	699^{b}19	ἀδύνατόν φαμεν εἶναι EN	ἀδύνατον εἶναί φαμεν **β**
32	699^{b}23	ἐξ ἀνάγκης (*ω*)	ἐξ ἀνάγκης <εἶναι> e ^{b}22 transposui
33	699^{b}25–26	εἰσιν (Michael **ι** C^{a})	εἰσὶν αἱ **β**E*θ*
34	699^{b}30	εἰ (**α**)	εἴπερ **β**
35	700^{a}1	ὕπατον <u>πάντων</u> (ΕΓ1*ε*)	ὕπατον <u>μήστωρ'</u> **β**
36	700^{a}1	μάλα (**α**)	πάνυ **β**
37	700^{a}8–9	δεῖ γὰρ … κινεῖσθαι (*ω*)	post ^{a}10 κινήσεται transposui cum Renehan
38	700^{a}8	αὐτῶν τὸ (*θ*)	αὐτοῦ τὸ **β**EC^{a}
39	700^{a}12	ἑαυτοῖς (E*θ*)	αὑτοῖς **βι**C^{a}
40	700^{a}13	καὶ τὸ κινοῦν (**α**)	καὶ τὸ κινούμενον **β**
41	700^{a}13	πρὸς τῶν ἔξω (**α**)	πρὸς τῶν ἔξωθέν **β**
42	700^{a}13	ἠρεμούντων (**α**)	ἠρεμοῦν **β**
43	700^{a}14	ταῦτα (**α**)	<u>πάντα</u> ταῦτα **β**
44	700^{a}15	τι, ἀλλ' (*ω*)	τι ἄλλ', <ἀλλ'> scripsi
45	700^{a}17	πάντων (**α**)	πάντων ὁμοίως **β**
46	700^{a}20	πρώτως κινοῦν (E**ι**)	πρῶτον κινοῦν **β***θ*C^{a}
47	700^{a}25	καὶ ἐκπνέοντες (E**ζ**)	καὶ οἱ ἐκπνέοντες **β**C^{a}
48	**Chapter 5** 700^{a}26	αὐτῷ αὐτὸ (**λ**)	αὐτὸ-αὐτὸ **β**E NPM^{o}C^{a}
49	700^{a}27	αὐτῷ ὑφ' αὐτοῦ (**βθ**)	<u>αὐτὸ</u>-ὑφ'-αὐτοῦ E**ι**
50	700^{a}27–28	καὶ αὐξανομένῳ (**α**)	καὶ <u>ἐν τῶι</u> αὐξανομένωι **β**
51	700^{a}29	ἧπερ (neither attested by any ms. nor declared by N. as conjecture)	ᾗνπερ **ω** (ἣν **λ**)
52	700^{a}29–31	γενέσεως καὶ φθορᾶς … (**α**)	γενέσεως <u>μὲν</u> καὶ φθορᾶς … **β**
53		<u>καὶ</u> τῶν ἄλλων <u>δὴ</u> κινήσεων (coni. Farquharson)	<u>καὶ</u> τῶν ἄλλων <u>δὲ</u> κινήσεων **β**E
54	700^{a}30	αὕτη αἰτία ἂν εἴη (**α**)	αὕτη ἂν αἰτία εἴη **β**
55	700^{b}1	αὐτὸ αἴτιον εἶναι αὐτῷ (**α**)	<u>αὐτὸ-αὐτῶι</u> αἴτιον εἶναι **β**
56	**Chapter 6** 700^{b}9	λοιπόν ἐστιν (B^{e}E^{r}**γ**)	λοιπὸν <u>δ'</u> ἐστὶν EbΓ2
57	700^{b}14	καὶ γὰρ <u>καὶ</u> (**θ**)	καὶ γὰρ **β**EC^{a}**ι**
58	700^{b}16	αὐτοῖς πάσης (**α**)	πάσης αὐτοῖς **β**
59	700^{b}22	ὄρεξις (E)	ὀρέξεις **βγ**
60	700^{b}24	καὶ (N)	καὶ <u>τὸ</u> **β**EC^{a}**ιλ**

续表

61	$700^{b}24$	διανοητόν ... διανοητόν (ω)	νοητόν ... νοητόν scripsi
62	$700^{b}24$	οὐ πᾶν δὲ <u>τὸ</u> (Eεθ)	οὐ πᾶν δὲ **β** P
63	$700^{b}33$	καὶ πρώτως (**α**)	καὶ τὸ πρώτως **β**P Γ2 Mich.^{c}
64	$701^{a}3$	κινήσεων (coni. Nussbaum)	κινουμένων **β**
65	**Chapter 7** $701^{a}8$	ἔοικε(ν) (E **λιε**)	ἔοικε δὲ **β** N G1(x_2) B^{p}
66	$701^{a}17$	οἰκία δ' ἀγαθόν (**α**)	ἀγαθόν δὲ οἰκία **β**
67	$701^{a}19$	ἱματίου δέομαι (**α**)	ἱματίου δὲ δέομαι **β**
68	$701^{a}19$	ἱμάτιον ποιητέον (**δ**)	ἱμάτιον ποιεῖ **β**EC^{a}
69	$701^{a}24$	δύο εἰδῶν ($E^{p.c.}$γE^{r})	δυεῖν ὁδῶν scripsi (δύ' εἰ ποδῶν B^{e}, $E^{a.c.}$?)
70	$701^{a}26$	ἐφιστᾶσα (**α**)	ἐπιστᾶσα **β**
71	$701^{a}27$	οὐκ (**α**)	οὐκέτι **β**
72	$701^{a}35$	τῆς κινήσεως (neither attested by any ms. nor declared by N. as conjecture)	τοῦ κινεῖσθαι **ω**
73	$701^{b}1$	δι<ὰ> βούλησιν (coni. Nussbaum)	διὰ προαίρεσιν ἢ βούλησιν **β**
74	$701^{b}3$	κρουόντων (**α**)	κρουόντων πρὸς **β**
75		ἄλληλα (coni. Torraca)	ἀλλήλας ω
76		τῶν ξύλων (coni. Nussbaum pro τὰς στρέβλας [ω], quod del. iam Forster)	<εὐθὺς τῶν ζωιδίων τὰς μαχαίρας> pro τὰς στρέβλας [ω] exempli gratia restitui
77	$701^{b}4$	ὁ γὰρ (Richards & Ross)	ὅπερ **α**
78		ὀχούμενος (**β**)	<ὁ> ὀχούμενος supplevi
79		αὐτὸ (**α**)	αὐτὸς **β**
80	$701^{b}4$–5	καὶ πάλιν (ω)	<πάλιν> καὶ πάλιν supplevi
81	$701^{b}5$	κύκλῳ (**α**)	κύκλωι δὲ **β**
82	$701^{b}13$	μεῖζον καὶ ἔλαττον (**α**)	ἔλαττον καὶ μεῖζον **β**
83	$701^{b}14$–15	αὐξανομένων τῶν μορίων (ω)	αὐξανομένων <καὶ συστελλομένων> τῶν μορίων supplevi
84	$701^{b}15$–16	πάλιν συστελλομένων διὰ (γ)	πνεῦμα καὶ **β**E
85	$701^{b}20$	{θερμοῦ ἢ ψυχροῦ ἢ} (secl. Nussbaum)	retinui
86	$701^{b}30$	εἰ καὶ (Alex. > Mich. > **θ** > Ald.)	καὶ **β**EιC^{a}
87	$701^{b}30$	κατὰ μέγεθος ἐν ἀναισθήτωι μορίωι (γ)	ἐν ἀναισθήτωι μορίωι Alexander
88	**Chapter 8** $701^{b}34$	καὶ (ω)	τε καὶ Alexander
89	$701^{b}36$–37	ἀλλὰ–συμβαῖνον] post $702^{a}1$ θερμότητος transposuit cum Moraux	non transposui

续表

90	$702^{a}4$	ἢ ψύξεώς (*α*)	καὶ ψύξεώς **β A**
91	$702^{a}11$–12	καὶ ἔτι τοῦ … καὶ (*α*)	καὶ ἐπὶ τοῦ … καὶ ἐπὶ τοῦ **β**
92	$702^{a}14$	ἀπολίπῃ ($X^{p.c.}PB^{p}M^{o}$*ε*)	ἀπολείπηι **β**$EH^{a}LV^{g}$
93	$702^{a}15$	διὰ τοῦτο δ' (*α*)	διὰ τοῦτο **β**
94	$702^{a}16$	ἂν (*α*)	ἐὰν **β**
95	$702^{a}18$	ἐπιτηδείως (*α*)	ἐπιτηδείως ἔχειν **β**
96	$702^{a}22$	τοῦ μὲν ἐστιν (Vat. gr. 261/266)	ἐστὶν τοῦ μὲν **β**
(cf. 10)	$702^{a}28$	ὠλεκράνῳ ($XH^{a}V^{g}$***ηι***)	ὀλεκράνωι **β**$EC^{a}NL$
97	$702^{a}29$	κινεῖται (*α*)	κινεῖ καὶ κινεῖται **β**
98	$702^{a}29$	ἀνάγκη (***α*** E^{r})	ἀλλ' ἀνάγκη **β**
98	$702^{a}29$	δ' εἶναι (*ω*)	δ<ἢ> εἶναι scripsi
100	$702^{a}30$	εἶναι (*ω*)	delevi
101	$702^{b}4$	μέρος (*α*)	μόριον **β**
(cf. 10)	$702^{b}4$	ὠλέκρανον (*λ**η**ι*)	ὀλέκρανον **β**$EC^{a}N$
(cf. 10)	$702^{b}11$	ὠλεκράνου (*λ**η**ι*)	ὀλεκράνου **β**$EC^{a}N^{a.c.}$

102	**Chapter 9** $702^{b}15$	ἀνωτέρω (Adverb)	ἀνωτέρωι (Adjective) E
103	$702^{b}17$	ἄκρων (*α*)	ἐσχάτων **β**
104	$702^{b}19$	καὶ πρὸς τὰς X	καὶ τὰς N
105	702b28–36: Diagram *ΑΒΓ*	N. assumes that the diagram is not transmitted at all and accordingly 'reproduces' (p. 385) it merely in her translation (p. 48).	We have traced the diagram back to ***γ*** on the basis of $C^{a}O^{d}Z^{a}$, and printed it in the text.
106	$702^{b}30$	κινεῖσθαι (N*ι*)	κινήσεσθαι (used as a passive!) **β**EC^{a}***λ***
107	$702^{b}32$	ἐνδέχεται (*α*)	ἐνδέχεται καὶ **β**
108	$702^{b}32$	τῷ *B* κινεῖσθαι (*α*)	κινεῖσθαι τῶι *B* **β**

109	**Chapter 10** $703^{a}22$	καὶ ἑλκτικὴ (Farquharson ex G, replacing βιαστικὴ ***ω***)	καὶ βία<ι ἑλκ>τικὴ supplevi
110	$703^{a}25$–26	κρατεῖ … ἀλλήλων (*α*)	κρατεῖται … ὑπ' ἀλλήλων **β**
111	$703^{b}1$	τὸ αὑτῶν (*α*)	τὸ ἑαυτῶν **β**

112	**Chapter 11** $703^{b}7$	φανέντος τινός (*α*)	φανέντος μέν τινος **β**
113	$703^{b}12$	αὔξεσθαι (*α*)	αὐξάνεσθαι **β**N
114	$703^{b}15$–16	καὶ αἱ ἔντος ὑπάρχουσαι (*α*) φυσικαί (*α*)	καὶ ἔντος ὑπάρχουσιν **β** φυσικαί ***α***
115	$703^{b}23$–24	τούτου–ζωτικήν (secl. Jaeger)	retinui cum Barnes
116	$703^{b}28$	πρὸς ἀλλήλας (E)	πρὸς ἄλληλα δὲ **β*θ***C^{a}

续表

117	703^b29–36 Diagram *ΑΒΓΔΕ*	N. does not mention the pertinent diagram at all but refers her reader back to her 'reproduction' of the previous one in *MA* 9.	We have traced the diagram back to *ω* on the basis of ***β***(E^r) and ***γ***(**A**[Z^a Anon.]C^{a}O^d) and printed it in the text.
118	703^b32	{ἀρχὴ} (seclusit Farquharson)	ἀρχὴ retinui
119	703^b34	ἀπὸ δὲ τοῦ B … (*ω*) ἀπὸ μὲν τοῦ B (*ω*)	ἀπὸ δὲ τοῦ E … scripsi secundum ἀπὸ μὲν τοῦ E diagramma
120	704^b1	περὶ (*α*B^e)	καὶ περὶ ***β***(E^{r}O^{d}SV^p) Γ2(*et de* G)

论动物的运动

{Ἀριστοτέλους "Περὶ ζώιων κινήσεως ..."}

1

[**698a1**] Περὶ δὲ τῆς τῶν ζώιων κινήσεως, ὅσα μὲν αὐτῶν περὶ [a2] ἕκαστον ὑπάρχει γένος – καὶ τίνες διαφοραὶ καὶ τίνες αἰτίαι [a3] τῶν καθ' ἕκαστον συμβεβηκότων αὐτοῖς –, ἐπέσκεπται περὶ [a4] ἁπάντων ἐν ἑτέροις. ὅλως δὲ περὶ τῆς κοινῆς αἰτίας τοῦ κι-[a5]νεῖσθαι κίνησιν ὁποιανοῦν – τὰ μὲν γὰρ πτήσει κινεῖται τὰ [a6] δὲ νεύσει τὰ δὲ πορείαι τῶν ζώιων τὰ δὲ κατ' ἄλλους τρό-[a7]πους τοιούτους – ἐπισκεπτέον νῦν. ὅτι μὲν οὖν ἀρχὴ τῶν ἄλλων [a8] κινήσεων τὸ αὐτὸ αὑτὸ κινοῦν, τούτου δὲ τὸ ἀκίνητον, καὶ ὅτι [a9] τὸ πρῶτον κινοῦν ἀναγκαῖον ἀκίνητον εἶναι, διώρισται πρότε-[a10]ρον, ὅτεπερ καὶ περὶ κινήσεως ἀϊδίου, πότερόν ἐστιν ἢ οὐκ ἔστιν, [a11] καὶ εἰ ἔστιν, τίς ἐστιν. δεῖ δὲ τοῦτο μὴ μόνον τῶι λόγωι κα-[a12]θόλου λαβεῖν, ἀλλὰ καὶ ἐπὶ τῶν καθ' ἕκαστα καὶ τῶν αἰ-[a13]σθητῶν, δι' ἅπερ καὶ τοὺς καθόλου ζητοῦμεν λόγους καὶ ἐφ' [a14] ὧν ἐφαρμόττειν οἰόμεθα δεῖν αὐτούς. φανερὸν γὰρ καὶ ἐπὶ [a15] τούτων, ὅτι ἀδύνατον κινεῖσθαι μηδενὸς ἠρεμοῦντος, πρῶτον [a16] μὲν ἐν αὐτοῖς τοῖς ζώιοις· ἀεὶ γάρ, ἂν κινῆταί τι τῶν μο-[a17]ρίων, ἠρεμεῖ τι· καὶ διὰ τοῦτο αἱ καμπαὶ τοῖς ζώιοις εἰσίν. [a18] ὥσπερ γὰρ κέντρωι χρῶνται ταῖς καμπαῖς καὶ γίγνεται τὸ [a19] ὅλον μέρος, ἐν ὧι ἡ καμπή, καὶ ἓν καὶ δύο καὶ εὐθὺ καὶ [a20] κεκαμμένον, μεταβάλλον δυνάμει καὶ ἐνεργείαι διὰ τὴν [a21] καμπήν. καμπτομένου δὲ καὶ κινουμένου τὸ μὲν κινεῖται ση-[a22]μεῖον τὸ δὲ μένει τῶν ἐν ταῖς καμπαῖς, ὥσπερ ἂν εἰ τῆς [a23] δια-μέτρου ἡ μὲν Α καὶ ἡ Δ μένοι, ἡ δὲ Β κινοῖτο, καὶ [a24] γίνοιτο ἡ ΑΓ.

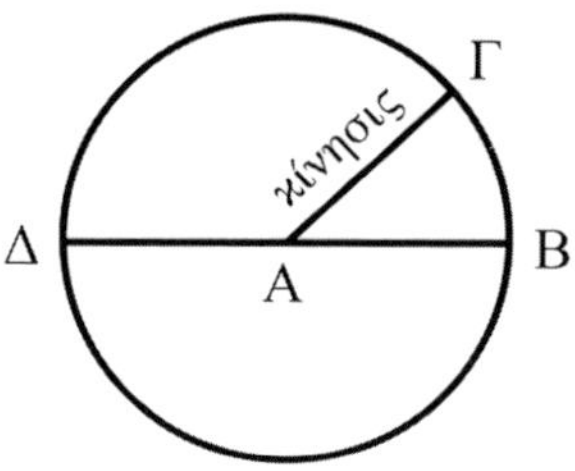

Tituli quem delevi formae duae traduntur. **I** (ζώιων ante κινήσεως): ἀριστοτέλους περὶ ζώιων κινήσεως ***ω*** : περὶ ζώιων κινήσεως Appendix Hesychiana, Alexander, Simpl. — **II** (κινήσεως ante ζώιων): *qīnīsa'ūs ṭīn zū'ūn* Ptolem. al Garib : περὶ (τῆς) κινήσεως ζώιων Simpl., Philop., Ps.-Simpl. *In an.*

698^{a}4 ἐν ἑτέροις: cf. imprimis *Inc. An.*, necnon *Hist. An.* Β 1, 498^{a}3–^{b}10; Δ 1–7; *Part. An.* Δ 6–14 || **9–10** διώρισται πρότερον: *Phys.* Θ 5 || **10** ὅτεπερ: *Phys.* Θ 1–2; Θ 8

698^{a}1 τῆς τῶν ζώων κινήσεως ***β*** : κινήσεως τῆς τῶν ζώιων ***α*** || **1–2** αὐτῶν περὶ ἕκαστον ***β***Ε : περὶ ἕκαστον αὐτῶν ***γ*** || **7** οὖν ***α*** : om. ***β*** || **8** αὐτὸ αὑτὸ ***β***Ε : αὐτὸ ἑαυτὸ ***γ*** || **11** τίς ***βγ*** : τί Ε || **16** μὲν ***βγ*** : μὲν οὖν Ε || **16–17** ἀεὶ ... ἠρεμεῖ ***β*** : δεῖ ... ἠρεμεῖν ***α*** || **22–24** diagramma servavit ***α*** || **23** ἡ μὲν Α καὶ ἡ Δ ***β*** : ἡ μὲν Α καὶ Δ ***α*** || **24** ἡ ΑΓ Ε^2, cf. Mich.^{p} 105,5 ἡ ΑΓ κίνησις : ἡ Α καὶ Γ ***ω***

亚里士多德，“论动物的运动”[①]

第1章

关于动物的运动，那些每一种动物都有的特征，它们的差别是什么，每种动物拥有这些特征的原因有哪些，关于所有这些在其他地方都探讨过了。现在需要探讨的是普遍而言运动的共同原因，不管是哪种运动，因为有些动物是以飞行运动，有些是游泳，有些是行走，有些是以其他的方式。自己推动自己的东西是其他事物运动的始点（*archê*），它是不被推动的，即第一推动者必然是不被推动的；当是否存在永恒运动，以及如果存在［永恒运动它］是什么得到了确定，这一点是否如此也就得到了确定。但是我们必须理解，这一点不仅是作为建立在那个论述基础上的普遍结论，而且可以应用在具体情况下和可感对象上，它们也解释了我们为什么要寻求那些普遍的论述，以及我们认为应该把那些论述应用在什么对象上。因为在这些情况下也很清楚，如果在动物本身之中没有什么东西首先处于静止，就不可能有运动。因为情况总是某个部分运动，某个东西就处于静止，这就是为什么在动物身上有关节。因为它们将关节用作中心，这样包括关节在内的整个部分就既是一又是二，既是直的又是弯的，由于关节在潜能（*dunamei*）与现实（*energeiai*）之间变化。当关节弯曲和运动，关节中的一个点运动，另一个点保持静止，就像直径上的 A 点和 Δ 点保持静止，而 B 点运动，这样 AΓ 就生成了。[②]

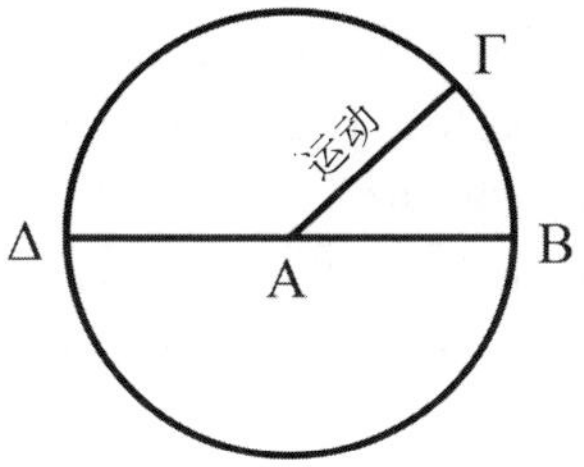

① “论动物的运动”这个标题就是来自于本书的前几个词“关于动物的运动”。——译者注

② 根据普利马维希教授的要求，本书转页不分段，分页处为一句希腊文的结束，下同。——译者注

[698a24] ἀλλ' ἐνταῦθα μὲν δοκεῖ πάντα τρόπον ἀδιαίρε-[a25]τον εἶναι τὸ κέντρον, καὶ γὰρ τὸ κινεῖσθαι, ὥς φασι, πλάτ-[a26]τουσιν ἐπ' αὐτῶν, οὐ γὰρ κινεῖσθαι τῶν μαθηματικῶν οὐθέν, [a27] τὰ δ' ἐν ταῖς καμπαῖς δυνάμει καὶ ἐνεργείαι γίγνεται ὁτὲ **[698b1]** μὲν ἕν, ὁτὲ δὲ διαιρεῖται. ἀλλ' οὖν ἀεὶ ἡ ἀρχή γε ἡ πρὸς ὅ, ἧι ἀρχή, ἠρε-[b2]μεῖ κινουμένου τοῦ μορίου τοῦ κάτωθεν, οἷον τοῦ μὲν βραχίονος [b3] κινουμένου τὸ ὀλέκρανον, ὅλου δὲ τοῦ κώλου ὁ ὦμος, καὶ τῆς [b4] μὲν κνήμης τὸ γόνυ, ὅλου δὲ τοῦ σκέλους τὸ ἰσχίον. ὅτι μὲν [b5] οὖν καὶ ἐν αὑτῶι ἕκαστον δεῖ τι ἔχειν ἠρεμοῦν, ὅθεν ἡ ἀρχὴ [b6] τοῦ κινουμένου ἐστίν, καὶ πρὸς ὃ ἀπερειδόμενον καὶ ὅλον ἀθρόον [b7] κινηθήσεται καὶ κατὰ μέρος, φανερόν.

2

[698b8] Ἀλλὰ πᾶσα ἡ ἐν αὑτοῖς ἠρεμία ὅμως ἄκυρος, ἂν μή [b9] τι ἔξω ἧι ἁπλῶς ἠρεμοῦν καὶ ἀκίνητον (ἄξιον δὲ ἐπιστή-[b10]σαντας ἐπισκέψασθαι περὶ τοῦ λεχθέντος· ἔχει γὰρ τὴν [b11] θεωρίαν οὐ μόνον ὅσον ἐπὶ τὰ ζῶια συντείνουσαν, ἀλλὰ καὶ [b12] πρὸς τὴν τοῦ παντὸς κίνησιν καὶ φοράν). ὥσπερ γὰρ καὶ ἐν [b13] αὑτῶι δεῖ τι ἀκίνητον εἶναι, εἰ μέλλει κινεῖσθαι, οὕτως ἔτι [b14] μᾶλλον ἔξω δεῖ τι εἶναι τοῦ ζώιου ἀκίνητον, πρὸς ὃ ἀπερει-[b15]δόμενον κινεῖται τὸ κινούμενον. εἰ γὰρ ὑποδώσει ἀεὶ, οἷον τοῖς [b16] μυσὶ τοῖς ἐν τῆι πίττηι, ἢ τοῖς ἐν τῆι ἄμμωι πορευομένοις, οὐ [b17] πρόεισιν· οὐδὲ ἔσται οὔτε πορεία, εἰ μὴ ἡ γῆ μένοι, οὔτε πτῆ-[b18]σις ἢ νεῦσις, εἰ μὴ ὁ ἀὴρ ἢ ἡ θάλαττα ἀντερείδοι. ἀνάγκη [b19] δὲ τοῦτο ἕτερον εἶναι τοῦ κινουμένου, καὶ ὅλον ὅλου, καὶ μόριον [b20] μηθὲν εἶναι τοῦ κινουμένου τὸ οὕτως ἀκίνητον· εἰ δὲ μή, οὐ κι-[b21]νηθήσεται. μαρτύριον δὲ τούτου τὸ ἀπορούμενον, διὰ τί ποτε [b22] τὸ πλοῖον ἔξωθεν μὲν ἄν τις ὠθῆι τῶι κοντῶι τὸν ἱστὸν ἤ τι [b23] ἄλλο προσβάλλων μόριον κινεῖ ῥαιδίως, ἐὰν δ' ἐπ' αὐτῶι τις [b24] ὢν τῶι πλοίωι τοῦτο πειρᾶται πράττειν, οὐκ ἂν κινήσειεν, οὐδ' [b25] ἂν ὁ Τιτυός, οὐδ' ὁ Βορέας πνέων ἔσωθεν ἐκ τοῦ πλοίου, εἰ τύ-[b26]χοι πλέων τὸν τρόπον τοῦτον ὅνπερ οἱ γραφεῖς ποιοῦσιν· ἐξ [b27] αὑτοῦ γὰρ τὸ πνεῦμα ἀφιέντα γράφουσιν. ἐάν τε γὰρ ἠρέμα **[699a1]** ῥιπτῆι τὸ πνεῦμά τις ἐάν τ' ἰσχυρῶς οὕτως ὥστε ἄνεμον ποιεῖν [a2] τὸν μέγιστον, ἐάν τε ἄλλο τι ἧι τὸ ῥιπτούμενον ἢ ὠθούμενον,

698b15–16 τοῖς μυσὶ τοῖς ἐν τῆι πίττηι: cf. [Demosth.] (i.e. Apollod. Pasionis f.) 50, 26; Theocr. 14, 51; Hero(n)das 2, 62–63; Zenobius restitutus e cod. Par. Suppl. 676 (S), Cohn 1887, 69 (= Lucill. Tarrh. fr. IV Linnenk.); Sueton. Π. βλασφ. VIII 222 Taillardat; Liban. ep. 192, 6 (X 177.9 Foerster); Nicetas Eugenian. *Drosilla et Charicles* IV, 410 (p. 120 Conca)

698b1 διαιρεῖται ***β*** : διαιρετά ***α*** | γε ***β*** : om. ***α*** | πρὸς ὃ E : πρόσω ***β*** : πρώτη ***γ*** || **3** ὀλέκρανον ***β***E C^{a}N : ὠλέκρανον cett. || **5** ἕκαστον δεῖ τι ***β*** : ἕκαστόν τι δεῖ ***α*** || **6** ἐστίν ***β***E : ἔσται ***γ*** || **8** ἡ ἐν ***α*** : μὲν ***β*** | αὑτοῖς ***β*** : αὑτῶι ***α*** || **9** ἔξω ***β***E : ἔξωθεν ***γ*** || **16** μυσὶ τοῖς ***α*** : μυσὶν ***β*** | τῆι πίττηι ***β***, E ante rasuram : τῆ γῆ ***γ***E^{2} || **17** ἔσται ***α*** : ἔστιν ***β*** || **23** ἐπ' αὐτῶι ***β*** : ἐν αὐτῶι ***α*** || **24–25** οὐδ' … οὐδ' ***β*** : οὔτ' … οὔθ' ***α*** || **25** ἂν ***α*** : om. ***β*** || **26** πλέων ***β*** : πνέων ***α***

但是在这个情况下，中心在任何意义上似乎都是不可分的，因为他们说，
它们是以一种假设的方式被归于运动的，因为没有数学对象是运动的，而
在关节上的各个点，不管是潜能的还是现实的，有时候是一，有时候是被 [698b1]
分开的。但是，始点就它是始点而言，当较低的部分运动时它总是静止
的，比如当前臂运动时肘保持静止，当胳膊运动时肩保持静止，当小腿运
动时膝保持静止，当腿运动时髋保持静止。那么很清楚，每个事物都必然 [b5]
有某个在它自身之内保持静止的东西，这就是运动物体的始点，依靠在它
之上，运动的物体既作为一个组成的整体运动又根据它的部分运动。

第 2 章

但是不管怎样，在它们之中的所有静止都不能发挥作用，除非有某种外在 [698b8]
于它们的东西是无条件地静止和不动的（我们需要停下来考虑一下已经说 [b10]
过的内容，因为这个研究不仅延伸到了动物，而且达到了全部运动和位
移）。[1] 因为如果要运动，那么在里面就必然要有不动的东西，因此在动
物之外就更是必然要有某个不动的东西，依靠在它之上，运动的东西才得 [b15]
以运动。因为如果它总是后退，就像［谚语］[2]“在沟里的老鼠”说的，
或者人们试图在沙子上走路，那就没有办法前进。如果地面不保持静止，
就没有走动；如果空气或海水不被向后推，也就没有飞行或游泳。但是这
个东西必然不同于运动的东西，整体而言必然不同于整个运动的东西，即 [b20]
这个不动的东西必然不是运动的东西的一部分；否则它就不会运动。证据
是这样一个疑难，一个人为什么可以很容易地从外面推一条船，如果他用
一根杆子推它，击打它的桅杆或者其他部分，而如果这个人在同一条船里
面，他就无法推动它，提提乌斯[3] 也不行；波瑞阿斯[4] 从船里面吹风也不 [b25]
行，除非他正巧顺着画家画的方向航行：因为他们画他从船里面吹气。因
为不管某人是温柔地吹气，还是强劲地吹气从而形成强烈的风，也不管吹 [699a1]
出的或者推的是某种不同的东西，

① 原始希腊文本中无括号，括号为编辑所加。——译者注

② 方括号中的内容为译者所加，帮助理解。——译者注

③ 提提乌斯（Tityus）是希腊神话中的腓尼基巨人，力大过人。——译者注

④ 波瑞阿斯（Boreas）是希腊神话中的北风之神和冬季之神。——译者注

[699a3] ἀνάγκη πρῶτον μὲν πρὸς ἠρεμοῦν τι τῶν αὑτοῦ μορίων ἀπε- [a4]ρειδόμενον ὠθεῖν, εἶτα πάλιν τοῦτο τὸ μόριον, ἢ αὐτὸν οὗ [a5] τυγχάνει μόριον ὄν, πρὸς τῶν ἔξωθέν τι ἀποστηριζόμενον μέ-[a6]νειν. ὁ δὲ τὸ πλοῖον ὠθῶν ἐν τῶι πλοίωι αὐτὸς ὢν καὶ ἀπο-[a7]στηριζόμενος πρὸς τὸ πλοῖον εὐλόγως οὐ κινεῖ τὸ πλοῖον διὰ [a8] τὸ ἀναγκαῖον εἶναι πρὸς ὃ ἀποστηρίζεται μένειν. συμβαίνει [a9] δ' αὐτῶι τὸ αὐτὸ ὅ τε κινεῖ καὶ πρὸς ὃ ἀποστηρίζεται. ἔξω-[a10]θεν δὲ ἕλκων καὶ ὠθῶν κινεῖ· οὐθὲν γὰρ μέρος ἡ γῆ τοῦ [a11] πλοίου.

3

[699a12] Ἀπορήσειε δ' ἄν τις, ἆρ' εἴ τι κινεῖ τὸν ὅλον οὐρανόν, [a13] εἶναί τέ τι δεῖ ἀκίνητον καὶ τοῦτο μηθὲν εἶναι τοῦ οὐρανοῦ [a14] μηδ' ἐν τῶι οὐρανῶι. εἴτε γὰρ αὐτὸ κινούμενον κινεῖ αὐτόν, ἀ-[a15]νάγκη τινὸς ἀκινήτου θιγγάνον κινεῖν καὶ τοῦτο μηθὲν εἶναι [a16] μόριον τοῦ κινοῦντος· εἴτ' εὐθὺς ἀκίνητόν ἐστιν τὸ κινοῦν, ὁμοίως [a17] οὐθὲν ἔσται τοῦ κινουμένου μόριον. καὶ τοῦτό γ' ὀρθῶς λέγουσιν [a18] οἱ λέγοντες ὅτι κύκλωι φερομένης τῆς σφαίρας οὐδ' ὁτιοῦν [a19] μένει μόριον· ἢ γὰρ ἂν ὅλην ἀναγκαῖον ἦν μένειν, ἢ δια-[a20]σπᾶσθαι τὸ συνεχὲς αὐτῆς. ἀλλ' ὅτι τοὺς πόλους οἴονταί τινα [a21] δύναμιν ἔχειν, οὐθὲν ἔχοντας μέγεθος ἀλλ' ὄντας ἔσχατα [a22] καὶ στιγμάς, οὐ καλῶς. πρὸς γὰρ τῶι μηδεμίαν οὐσίαν εἶναι [a23] τῶν τοιούτων μηθενὸς καὶ κινεῖσθαι τὴν μίαν κίνησιν ὑπὸ [a24] δυοῖν ἀδύνατον· τοὺς δὲ πόλους δύο ποιοῦσιν. ὅτι μὲν οὖν ἔχει [a25] τι καὶ πρὸς τὴν ὅλην φύσιν οὕτως ὥσπερ ἡ γῆ πρὸς τὰ ζῶια [a26] τὰ κινούμενα δι' αὑτῶν, ἐκ τῶν τοιούτων ἄν τις διαπορή-[a27]σειεν. οἱ δὲ μυθικῶς τὸν Ἄτλαντα ποιοῦντες ἐπὶ τῆς γῆς [a28] ἔχοντα τοὺς πόδας δόξαιεν ἂν ἀπὸ διανοίας εἰρηκέναι τὸν [a29] μῦθον, ὡς τοῦτον ὥσπερ διάμετρον ὄντα καὶ στρέφοντα τὸν [a30] οὐρανὸν περὶ τοὺς πόλους· τοῦτο δ' ἂν συμβαίνοι κατὰ λόγον [a31] διὰ τὸ τὴν γῆν μένειν. ἀλλὰ τοῖς ταῦτα λέγουσιν ἀναγκαῖον [a32] φάναι μηδὲν εἶναι μόριον αὐτὴν τοῦ παντός. πρὸς δὲ τούτοις [a33] δεῖ τὴν ἰσχὺν ἰσάζειν τοῦ κινοῦντος καὶ τὴν τοῦ μένοντος. [a34] ἔστιν γάρ τι πλῆθος ἰσχύος καὶ δυνάμεως καθ' ἣν μένει τὸ [a35] μένον, ὥσπερ καὶ καθ' ἣν κινεῖ τὸ κινοῦν·

699a17–24 καὶ τοῦτό γ' ὀρθῶς ... τοὺς δὲ πόλους δύο ποιοῦσιν: cf. TrGF 1, 43 (Critias) F 3 Snell/Kannicht ubi δίδυμοι ἄρκτοι ≈ δύο πόλοι (cf. *Meteor.* 362a23, b4, b30–32) et Ἀτλάντειος πόλος ≈ διάμετρος || **27–30** οἱ δὲ μυθικῶς τὸν Ἄτλαντα ποιοῦντες ... στρέφοντα τὸν οὐρανὸν περὶ τοὺς πόλους: cf. Ennius *Annales* 27 (= lib. I fr. xxiii) Skutsch (unde Vergil. *Aeneis* IV 481–482 ≈ VI 796–797)

699a4 αὐτὸν ***β*** : αὐτὸ ἢ ***α*** || **10** ἕλκων καὶ ὠθῶν ***β*** : ὠθῶν ἢ ἕλκων ***α*** || **13** τε τι δεῖ ***β*** : τε δεῖ ***α***, unde θέλει ***γ*** | οὐρανοῦ ***β*** : οὐρανοῦ μόριον ***α*** || **17** ἔσται coni. Thomæus (*erit*) : ἔσεσθαι ***ω*** || **26** τὰ ***β*** : καὶ τὰ ***α*** || **26–27** διαπορήσειεν ***α*** : ἀπορήσειεν ***β*** || **28** ἂν ***α*** : om. ***β*** || **30** ἂν συμβαίνοι ***β***E : ἂν συμβαίνει ***γ***

他在推的时候首先必然要依靠在他自己之中静止的部分；再有，这个部
分或者这个部分碰巧所属的这个人自己，必然要固定在某个外在的东西 [a5]
上，并保持静止。合理的说法是，不管是谁在船里推船，并且固定在船
上，都无法推动船，因为固定在它之上的东西必然要处于静止状态。而
在这种［在船里的］情况下，他推动的东西和相对于他固定的东西是同
一个东西。如果从外面拉或者推，他就可以推动它，因为地面不是船的 [a10]
一部分。

第 3 章

有人可能会提出疑难：如果有某个东西推动整个宇宙（*ouranon*），是否必 [699a12]
然有某个不动的东西，它既不是宇宙中的任何东西，也不在宇宙之中。因
为如果它推动宇宙而自己在运动，它在推动宇宙时本身必然接触某个不动 [a15]
的东西，而这必然不是推动宇宙的东西的任何部分。如果这个推动的东
西完全不动，与此相似，它就不是运动的东西的一部分。有些人正确地
说，在旋转的球上没有任何部分保持静止，因为或者整个东西必然处于
静止，或者它的连续性被撕裂。但是由于他们认为［球体的］中轴有某 [a20]
种力量，虽然它们没有大小而仅仅是边界和点，这么说并不对。因为这
种事物没有任何实体性的存在，同时两个东西推动了同一个运动也是不
可能的，而他们就把中轴说成了两个东西。因此从这些疑难中，有人可
能会认为，有某个东西，它与整个自然的关系，和大地与自己运动的动 [a25]
物之间的关系相同。那些讲故事的人说，阿特拉斯[①]双脚在大地上，似乎
很有思想地讲着他们的故事，认为他就像一个中轴，让天空［或宇宙］围 [a30]
绕中轴旋转。这看起来是一个合理的看法，因为大地是静止的。但是说这
些的人必然要说，它［指大地］不是整体的一部分。此外，提供运动的
力（*ischun*）和保持静止的力应该是相等的。因为有某个大小的力和力量
（*dunameôs*）使得保持静止的事物保持静止，就有同样大小的［力］使得 [a35]
推动者推动。

① 阿特拉斯（Atlas）是希腊神话中的巨人，他用肩膀扛起了地球。——译者注

[699a35] καὶ ἔστιν τις ἀνα-[a36]λογία ἐξ ἀνάγκης, ὥσπερ τῶν ἐναντίων κινήσεων, οὕτω καὶ [a37] τῶν ἠρεμιῶν. καὶ αἱ μὲν ἴσαι ἀπαθεῖς ὑπ᾽ ἀλλήλων, κρα-**[699b1]**τοῦνται δὲ κατὰ τὴν ὑπεροχήν. διόπερ εἴτε Ἄτλας εἴτε τι [b2] τοιοῦτον ἕτερόν ἐστιν τὸ κινοῦν τῶν ἐντός, οὐ δεῖ μᾶλλον ἀντερεί-[b3]δειν τῆς μονῆς ἣν ἡ γῆ τυγχάνει μένουσα· ἢ κινηθήσεται [b4] ἡ γῆ ἀπὸ τοῦ μέσου καὶ ἐκ τοῦ αὑτῆς τόπου. ὡς γὰρ τὸ ὠ-[b5]θοῦν ὠθεῖ, οὕτω τὸ ὠθούμενον ὠθεῖται, καὶ ὁμοίως κατ᾽ ἰσχύν. [b6] κινεῖ δὲ τὸ ἠρεμοῦν πρῶτον, ὥστε μᾶλλον καὶ πλείων ἡ ἰσχὺς [b7] ἢ ὁμοία καὶ ἴση τῆς ἠρεμίας, ὡσαύτως δὲ καὶ τοῦ κινου-[b8]μένου μέν, μὴ κινοῦντος δέ. τοσαύτην οὖν δεήσει τὴν δύναμιν [b9] εἶναι τῆς γῆς ἐν τῶι ἠρεμεῖν ὅσην ὅ τε πᾶς οὐρανὸς ἔχει καὶ [b10] τὸ κινοῦν αὐτόν. εἰ δὲ τοῦτο ἀδύνατον, ἀδύνατον καὶ τὸ κινεῖ-[b11]σθαι τὸν οὐρανὸν ὑπό τινος τοιούτου τῶν ἐντός.

4

[699b12] Ἔστιν δέ τις ἀπορία περὶ τὰς κινήσεις τῶν τοῦ οὐρανοῦ μο-[b13]ρίων, ἣν ὡς οὖσαν οἰκείαν τοῖς εἰρημένοις ἐπισκέψαιτ᾽ ἄν τις. [b14] ἐὰν γάρ τις ὑπερβάληι τῆι δυνάμει τῆς κινήσεως τὴν τῆς [b15] γῆς ἠρεμίαν, δῆλον ὅτι κινήσει αὐτὴν ἀπὸ τοῦ μέσου. καὶ ἡ [b16] ἰσχὺς δὲ ἀφ᾽ ἧς αὕτη ἡ δύναμις, ὅτι οὐκ ἄπειρος, φανερόν· [b17] οὐδὲ γὰρ ἡ γῆ ἄπειρος, ὥστ᾽ οὐδὲ τὸ βάρος αὐτῆς. ἐπεὶ δὲ τὸ [b18] ἀδύνατον λέγεται πλεοναχῶς (οὐ γὰρ ὡσαύτως τήν τε φω-[b19]νὴν ἀδύνατον εἶναί φαμεν ὁραθῆναι καὶ τοὺς ἐπὶ τῆς σελήνης [b20] ὑφ᾽ ἡμῶν· τὸ μὲν γὰρ ἐξ ἀνάγκης, τὸ δὲ πεφυκὸς ὁρᾶ-[b21]σθαι οὐκ ὀφθήσεται), τὸν δὲ οὐρανὸν ἄφθαρτον εἶναι καὶ ἀδιά-[b22]λυτον οἰόμεθα μὲν ἐξ ἀνάγκης {εἶναι}, συμβαίνει δὲ κατὰ [b23] τοῦτον τὸν λόγον οὐκ ἐξ ἀνάγκης ⟨εἶναι⟩· πέφυκε γὰρ καὶ ἐνδέχεται [b24] εἶναι κίνησιν μείζω καὶ ἀφ᾽ ἧς ἠρεμεῖ ἡ γῆ καὶ ἀφ᾽ ἧς κι-[b25]νοῦνται τὸ πῦρ καὶ τὸ ἄνω σῶμα. εἰ μὲν οὖν εἰσιν αἱ ὑπερ-[b26]έχουσαι κινήσεις, διαλυθήσεται ταῦτα ὑπ᾽ ἀλλήλων. εἰ δὲ [b27] μὴ εἰσὶν μέν, ἐνδέχεται δὲ εἶναι (ἄπειρον γὰρ οὐκ ἐνδέχεται [b28] διὰ τὸ μηδὲ σῶμα ἐνδέχεσθαι ἄπειρον εἶναι), ἐνδέχοιτ᾽ ἂν [b29] διαλυθῆναι τὸν οὐρανόν. τί γὰρ κωλύει τοῦτο συμβῆναι, εἴπερ [b30] μὴ ἀδύνατον; οὐκ ἀδύνατον δέ, εἴπερ μὴ τὸ ἀντικείμενον ἀναγ-[b31]καῖον. ἀλλὰ περὶ μὲν τῆς ἀπορίας ταύτης ἕτερος ἔστω λόγος.

699b2 ἕτερόν ἐστιν ***β*** : ἐστιν ἕτερον ***α*** | οὐ δεῖ ***β*** : οὐδὲν ***α*** (δεῖ post ἀντερείδειν addidit E) ‖ **6** ἡ ***α*** : om. ***β*** ‖ **7** τοῦ ***β*** : αἱ τοῦ E : τῆς τοῦ ***γ*** ‖ **13** ὡς ***βγ*** : om. E ‖ **14** ὑπερβάλη B[e]C[a]L et al. : ὑπερβάλληι ENE[r] et al. ‖ **19** ἀδύνατον εἶναι φαμὲν ***β*** : ἀδύνατον φαμὲν εἶναι ***α*** ‖ **21–23** εἶναι … ἐξ ἀνάγκης, … ἐξ ἀνάγκης εἶναι feci : εἶναι … ἐξ ἀνάγκης εἶναι, … ἐξ ἀνάγκης ***ω*** ‖ **25–26** ὑπερέχουσαι ***βγ*** : περὶ ἔχουσαι E ‖ **28** ἐνδέχοιτ᾽ ἂν ***α*** : ἐνδέχεται ***β*** ‖ **30** εἴπερ ***β*** : εἰ ***α***

就像必然有某种比例的运动是相反的，静止也是一样。相等的［力］不
会彼此影响，但如果有过度就会被胜过。因此，不管在内部施加运动的 [699b1]
东西是阿特拉斯或者其他这样的东西，它都不能用比大地保持静止更大
的力依靠那个固定的东西；否则，大地就会从中心和它自己的位置被推
动。因为在推者推时，被推者也被用相似的力推。开始保持静止的东西 [b5]
推动时，它的力甚至比静止时更大，而不是相似或相同，与此相似的情
况可以比较被推动而不推动的东西。因此，处于静止状态的大地的力量应
该等于整个天空和推动它的东西本身的力量相加。如果这是不可能的，那 [b10]
么天空也就不可能被某个内部的东西推动。

第4章

但是关于宇宙各个部分的运动有一个疑难，适合与前面说到的事情一起探 [699b12]
讨。因为假如某人要用他推动的力量去对抗大地的静止，那么很清楚的 [b15]
是，他会将它推动到中心以外。这个力量所由之而来的力不需要是无限
的（*apeiros*），这一点很清楚。因为大地并不是无限的，它的重量也不是
［无限的］。但是由于“不可能”有很多种说的方式（因为我们不是用相
同的方式说不可能看到声音和月亮上的人，因为一个是必然［不可见的］， [b20]
而另一个依据自然是可以被看到的，只是我们看不到），我们认为宇宙必
然不可能被破坏和不可能被解体，但事实上根据这个论述宇宙并非必然不
能这样［被破坏和解体］。因为一个比大地处于静止状态以及火和天上的 [b25]
物体被推动更大的运动依据自然是可能的。如果这些压倒性的运动发生，
这些东西就会相互解体。即便没有出现，也是可能出现的（因为所需要的
运动不可能是无限的，因为任何一个物体都不可能是无限的），这样宇宙
就可能会被解体。既然不是不可能，又是什么阻止了它的发生呢？既然 [b30]
这不是不可能，而它的反面也不是必然。但是对于这个疑难，还可以有
不同的论述。

[**699b32**] ἆρα δὲ δεῖ τι ἀκίνητον εἶναι καὶ ἠρεμοῦν ἔξω τοῦ κινουμένου, [b33] μηδὲν ὂν ἐκείνου μόριον, ἢ οὔ; [b33] καὶ τοῦτο πότερον καὶ ἐπὶ τοῦ [b34] παντὸς οὕτως ὑπάρχειν ἀναγκαῖον; ἴσως γὰρ ἂν δόξειεν ἄτο-[b35]πον εἶναι, εἰ ἡ ἀρχὴ τῆς κινήσεως ἐντός. διὸ δόξειεν ἂν τοῖς [b36] οὕτως ὑπολαμβάνουσιν εὖ εἰρῆσθαι Ὁμήρωι

[b37] *ἀλλ' οὐκ ἂν ἐρύσαιτ' ἐξ οὐρανόθεν πεδίονδε*
[**700a1**] *Ζῆν' ὕπατον μήστωρ', οὐδ' εἰ πάνυ πολλὰ κάμοιτε·*
[a2] *πάντες δ' ἐξάπτεσθε θεοὶ πᾶσαί τε θέαιναι.*

[a3] τὸ γὰρ ὅλως ἀκίνητον ὑπ' οὐδενὸς ἐνδέχεται κινηθῆναι· ὅθεν [a4] λύεται καὶ ἡ πάλαι λεχθεῖσα ἀπορία (πότερον ἐνδέχεται [a5] ἢ οὐκ ἐνδέχεται διαλυθῆναι τὴν τοῦ οὐρανοῦ σύστασιν), εἰ ἐξ ἀκι-[a6]νήτου ἤρτηται ἀρχῆς. ἐπὶ δὲ τῶν ζώιων οὐ μόνον τὸ οὕτως [a7] ἀκίνητον δεῖ ὑπάρχειν, ἀλλὰ καὶ ἐν αὐτοῖς τοῖς κινουμένοις [a8] κατὰ τόπον ὅσα κινεῖ αὐτὰ αὑτά {δεῖ γὰρ αὐτοῦ τὸ μὲν [a9] ἠρεμεῖν τὸ δὲ κινεῖσθαι}, πρὸς ὃ ἀπερειδόμενον τὸ κινούμενον [a10] κινήσεται· ⟨δεῖ γὰρ αὐτοῦ τὸ μὲν ἠρεμεῖν τὸ δὲ κινεῖσθαι⟩, οἷον ἄν τι κινῆι τῶν μορίων· ἀπερείδεται γὰρ θά-[a11]τερον ὡς πρὸς μένον θάτερον. περὶ δὲ τῶν ἀψύχων ὅσα κι-[a12]νεῖται ἀπορήσειεν ἄν τις, πότερον ἅπαντα ἔχει ἐν αὑτοῖς [a13] καὶ τὸ ἠρεμοῦν καὶ τὸ κινούμενον, καὶ πρὸς τῶν ἔξωθέν τι ἠρεμοῦν [a14] ἀπερείδεσθαι ἀνάγκη καὶ πάντα ταῦτα, ἢ ἀδύνατον οἷον πῦρ [a15] ἢ γῆν ἢ τῶν ἀψύχων τι ἄλλ', ⟨ἀλλ'⟩ ὑφ' ὧν ταῦτα κινεῖται πρώ-[a16]των. πάντα γὰρ ὑπ' ἄλλου κινεῖται τὰ ἄψυχα, ἀρχὴ δὲ [a17] πάντων ὁμοίως τῶν οὕτως κινουμένων τὰ αὐτὰ αὑτὰ κινοῦντα. τῶν δὲ [a18] τοιούτων περὶ μὲν τῶν ζώιων εἴρηται· τὰ γὰρ τοιαῦτα πάντα [a19] ἀνάγκη καὶ ἐν αὑτοῖς ἔχειν τὸ ἠρεμοῦν καὶ ἔξω πρὸς ὃ [a20] ἀπερείσεται. εἰ δέ τί ἐστιν ἀνωτέρω καὶ πρῶτον κινοῦν, ἄδη-[a21]λον, καὶ ἄλλος λόγος περὶ τῆς τοιαύτης ἀρχῆς. τὰ δὲ ζῶια [a22] ὅσα κινεῖται, πάντα πρὸς τὰ ἔξω ἀπερειδόμενα κινεῖται, [a23] καὶ ἀναπνέοντα καὶ ἐκπνέοντα. οὐθὲν γὰρ διαφέρει μέγα [a24] ῥῖψαι βάρος ἢ μικρόν, ὅπερ ποιοῦσιν οἱ πτύοντες καὶ βήτ-[a25]τοντες καὶ οἱ εἰσπνέοντες καὶ οἱ ἐκπνέοντες.

699b37–700a2 *Ilias* 8 (Θ) 21–22 + 20 || **700a1** Cf. Eustath. *In Iliadem* II, 518,9–12 v. d. Valk, unde elucet variam lectionem πάντων (***α***) ex antiqua verbi ὕπατον explicatione in textum irrepsisse || **4** ἡ πάλαι λεχθεῖσα ἀπορία: cf. supra 699b12–13 || **6** ἤρτηται: cf. *Metaph.* Λ 7, 1072b14 || **18** εἴρηται: supra *Mot. An.* 1–2; cf. *Inc. An.* 3 || **21** ἄλλος λόγος: *Metaph.* Λ 7 || **29** ἄλλος λόγος: cf. et infra 700a35–b3 et *Gener. An.* B 1, 735a9–14 | ἥνπερ φαμέν *Phys.* Θ 7

699b32 τι ἀκίνητον ***βγ*** : ἀκινητόν τι E || **700a1** ὕπατον μήστωρ' ***β*** Hom. : ὕπατον πάντων ***α*** | πάνυ ***β*** : μάλα ***α*** Hom. || **5** εἰ ***α*** : ἢ ***β*** || **6** ἤρτηται ***α*** : ἦρκται ***β*** || **a8** αὐτὰ αὑτά ***βγ*** : αὐτὰ E || **8–9** δεῖ γὰρ – κινεῖσθαι] post **10** (κινήσεται) transpos. Renehan || **12** αὑτοῖς ***β*** : ἑαυτοῖς ***α*** || **13** κινούμενον ***β*** : κινοῦν ***α*** | ἔξωθέν ***β*** : ἔξω ***α*** | ἠρεμοῦν ***β*** : ἠρεμούντων ***α*** || **14** πάντα ταῦτα ***β*** : ταῦτα ***α*** || **15** ἄλλ', ⟨ἀλλ'⟩ scripsi : ἀλλ' ***ω*** || **15–16** πρώτων ***α*** : πρῶτον ***β*** || **17** ὁμοίως ***β*** : om. ***α*** || **20** πρῶτον ***βγ*** : πρώτως E || **24** καὶ ***β***E : καὶ οἱ ***γ*** || **25** οἱ ἐκπνέοντες ***β*** : ἐκπνέοντες ***α***

是不是必然有某个不动的东西，在被推动的东西之外保持静止，不是它的一部分？它是不是对整全（*pantos*）也必然成立？因为假如它运动的始点在它自身之内似乎就很荒谬。因此，在这样考虑的人看来荷马说的很好：

> 但是你不可能把宙斯这最高的顾问
> 从天上拽到地上，即便你付出极大的努力， [700a1]
> 所有的男神和女神可以一起上！[①]

因为那完全不动的东西不可能被任何东西推动。因此，之前提到的那个疑
难（宇宙的结构是否不可能解体）就可以得到解决了，如果它［宇宙］依 [a5]
赖一个不动的始点。而在动物那里，不仅必然有某种以这种方式不动的东
西，而且在进行位移运动的东西之中，那些推动自己运动的东西在运动时
必然有可以依靠的东西。当它运动某个部分时，在它自身之中，必然有某 [a10]
个静止的东西，也有某个运动的东西。因为一者依靠另一者，就好像后者
是静止的。就那些运动的无灵魂的东西而言，有人可能会提出这样的疑
难：在它们之中是否也都有某个东西静止、某个东西运动，是不是所有这
些东西都必然要依靠某个外在于它们的静止的东西，还是这对于像火、土 [a15]
或者任何其他无灵魂的东西来讲是不可能的，这个说法只对推动这些东西
的那些首要事物成立。因为所有无灵魂的东西都是被另外的东西推动的，
所有这样运动的东西的始点都是自己推动自己的东西。对于这些东西，我
们已经讨论过动物的情况。因为对于所有这类东西而言，在它之内和之外
都有某种静止的东西可以依靠。但这是不是某个更高的东西和第一推动 [a20]
者，是不清楚的，不过关于这样的始点是另一个讨论的主题。[②] 但是运动
的动物都是依靠某个外在于它们的东西运动的，甚至呼气和吸气也是。因
为扔出某个重的或轻的东西没有很大差别，这就是吐痰和咳嗽的人、呼气 [a25]
和吸气的人的情况。

---

① 《伊利亚特》VIII.21-22,+20。

② 参见亚里士多德《物理学》VIII.7 和《形而上学》XII.6-9。

5

[700a26] Πότερον δὲ ἐν τῶι αὐτὸ αὑτὸ κινοῦντι κατὰ τόπον μόνωι δεῖ [a27] τι μένειν, ἢ ⟨καὶ⟩ ἐν τῶι ἀλλοιουμένωι αὐτὸ ὑφ' αὑτοῦ καὶ ἐν τῶι [a28] αὐξανομένωι; (περὶ δὲ γενέσεως τῆς ἐξ ἀρχῆς καὶ φθορᾶς [a29] ἄλλος λόγος.) εἰ γάρ ἐστιν, ἥνπερ φαμέν, πρώτη κίνησις, γε-[a30]νέσεως μὲν καὶ φθορᾶς αὕτη ἂν αἰτία εἴη, καὶ τῶν ἄλλων δὲ [a31] κινήσεων ἴσως πασῶν. ὥσπερ δὲ ἐν τῶι ὅλωι, καὶ ἐν τῶι ζώιωι [a32] κίνησις πρώτη αὕτη, ὅταν τελεωθῆι, ὥστε καὶ αὐξήσεως, εἴ [a33] ποτε γίγνεται αὐτὸ αὑτῶι αἴτιον, καὶ ἀλλοιώσεως. εἰ δὲ μή, [a34] οὐκ ἀνάγκη. αἱ δὲ πρῶται αὐξήσεις καὶ ἀλλοιώσεις ὑπ' [a35] ἄλλου γίνονται καὶ δι' ἑτέρων. γενέσεως δὲ καὶ φθορᾶς οὐ-[700b1]δαμῶς οἷόν τε αὐτὸ αὑτῶι αἴτιον εἶναι οὐθέν· προϋπάρχειν [b2] γὰρ δεῖ τὸ κινοῦν τοῦ κινουμένου καὶ τὸ γεννῶν τοῦ γεννωμένου· [b3] αὐτὸ δὲ αὑτοῦ πρότερον οὐδέν ἐστιν.

6

[700b4] Περὶ μὲν οὖν ψυχῆς, εἴτε κινεῖται εἴτε μή, καὶ εἰ κινεῖ-[b5]ται, πῶς κινεῖται, πρότερον εἴρηται ἐν τοῖς διωρισμένοις [b6] περὶ αὐτῆς. ἐπεὶ δὲ τὰ ἄψυχα πάντα κινεῖται ὑφ' ἑτέρου, [b7] περὶ δὲ τοῦ πρώτου κινουμένου καὶ ἀεὶ κινουμένου, τίνα τρόπον [b8] κινεῖται καὶ πῶς κινεῖ τὸ πρῶτον κινοῦν, διώρισται πρότερον [b9] ἐν τοῖς περὶ τῆς πρώτης φιλοσοφίας, λοιπὸν δ' ἐστὶν θεωρῆ-[b10]σαι πῶς ἡ ψυχὴ κινεῖ τὸ σῶμα καὶ τίς ἀρχὴ τῆς τοῦ [b11] ζώιου κινήσεως. τῶν γὰρ ἄλλων παρὰ τὴν τοῦ ὅλου κίνησιν τὰ [b12] ἔμψυχα αἴτια τῆς κινήσεως, ὅσα μὴ κινεῖται ὑπ' ἀλλή-[b13]λων διὰ τὸ προσκόπτειν ἀλλήλοις. διὸ καὶ πέρας ἔχουσιν [b14] αὐτῶν πᾶσαι αἱ κινήσεις· καὶ γὰρ αἱ τῶν ἐμψύχων. [b15] πάντα γὰρ τὰ ζῶια καὶ κινεῖ καὶ κινεῖται ἕνεκά τινος, ὥστε [b16] τοῦτ' ἔστιν πάσης αὐτοῖς τῆς κινήσεως πέρας, τὸ οὗ ἕνεκα. [b17] ὁρῶμεν δὲ τὰ κινοῦντα τὸ ζῶιον διάνοιαν καὶ φαντασίαν καὶ [b18] προαίρεσιν καὶ βούλησιν καὶ ἐπιθυμίαν. ταῦτα δὲ πάντα [b19] ἀνάγεται εἰς νοῦν καὶ ὄρεξιν— καὶ γὰρ ἡ φαντασία καὶ ἡ [b20] αἴσθησις τὴν αὐτὴν τῶι νῶι χώραν ἔχουσιν, κριτικὰ γὰρ [b21] πάντα (διαφέρουσιν δὲ κατὰ τὰς εἰρημένας ἐν ἄλλοις δια-[b22]φοράς),

700a31 ὥσπερ δὲ ἐν τῶι ὅλωι, καὶ ἐν τῶι ζώιωι κτλ.: cf. *Phys.* Θ 2, 252b26–28 ‖ **700b5–6** ἐν τοῖς διωρισμένοις περὶ αὐτῆς: *An.* Α 3–4 ‖ **8–9** διώρισται πρότερον ἐν τοῖς περὶ τῆς πρώτης φιλοσοφίας: *Metaph.* Λ 7 ‖ **21–22** κατὰ τὰς εἰρημένας ἐν ἄλλοις διαφοράς: *An.* Β 5 – Γ 8

700a27 ἢ ⟨καὶ⟩ ***γ*** : ἢ ***β***Ε | αὐτὸ ὑφ' αὑτοῦ Ε : αὐτῶ ὑφ' αὑτοῦ ***βγ*** | καὶ ἐν τῶ ***β*** : καὶ ***α*** ‖ **30** μὲν ***β*** : om. ***α*** | δὲ ***β***Ε : om. ***γ*** | ἂν αἰτία εἴη ***β*** : αἰτία ἂν εἴη ***α*** ‖ **33** αὐτὸ αὑτῶι ***βγ*** : αὐτῶ αὑτῶι Ε ‖ **35** ἑτέρων ***α*** : ἕτερον ***β*** ‖ **700b1** οἷόν τε ***α*** : οἴονται ***β*** | αὐτὸ αὑτῶι αἴτιον εἶναι ***β*** : αὐτὸ αἴτιον εἶναι αὑτῶι ***α*** ‖ **9** δ' Ε***β*** : om. ***γ*** ‖ **11** ὅλου ***βγ*** : λόγου Ε ‖ **16** πάσης αὐτοῖς ***β*** : αὐτοῖς πάσης ***α***

第5章

是不是只有在自我推动的位移运动中，才有某个必然静止的东西？在自己 [700a26]
发生性质变化，以及自己生长的东西之中也是这样吗？（原初的生成与毁
灭是另一个讨论的主题。[1]）因为如果首要的运动［即位移运动］是我们
所说的那样，那么它就是生成与毁灭的原因，或许对于所有其他运动也是 [a30]
如此。就像在整体［宇宙］中的情况，对动物来讲它［位移运动］也是首
要的运动，当动物达到成年，它［位移运动］是生长和性质变化的原因，
即便动物自己成为自己的原因。但是如果它没有［成年］，就不必然这样。
首要的生长和性质变化是通过其他东西发生的。没有什么可以成为它自己 [a35]
生成和毁灭的原因。因为推动者必然先于被推动者，生育者必然先于被生
育者。但是没有任何东西是先于它自己的。

第6章

灵魂是不是被推动的；如果是，它是如何被推动的？这些问题在此前关于 [700b4]
灵魂的讨论中已经有所确定。如果所有无灵魂的东西都是被某个其他的东 [b5]
西推动的，在关于第一哲学的著作中[2]我们已经确定了第一被推动者，就
它总是被推动而言，是如何被推动的，以及第一推动者如何推动它；我们
还需要研究灵魂如何推动身体，以及动物运动的始点是什么。因为除了整 [b10]
体［宇宙］的运动之外，有灵魂的东西是其他东西运动的原因，至少是那
些不是因为彼此击打而被其他东西推动的运动的原因。因此，这些东西的
所有运动都有一个界限（*peras*），因为有灵魂的东西的运动也是这样。因 [b15]
为所有的动物既推动又为了某物而被推动，因此这个“为了什么”（*to hou
heneka*）就是所有运动的界限。我们看到，推动动物的东西是［推论性的］
思考（*dianoian*）、表象（*phantasian*［或想象］）、决定（*prohairesin*）、想望
（*boulêsin*）和欲望（*epithumian*）。所有这些都可以被还原为思想（*nous*）和
欲求（*orexin*），因为表象和感觉（*aisthêsis*）与思想占据同一个位置，因为 [b20]
它们都能做出区分（但是在方式上有所不同，就像在其他作品里说到的），

① 参见亚里士多德的《论生成与毁灭》（*De generatione et corruptione*）。

② 指《形而上学》。

[**700b22**] βούλησις δὲ καὶ θυμὸς καὶ ἐπιθυμία πάντα ὀρέξεις, [b23] ἡ δὲ προαίρεσις κοινὸν διανοίας καὶ ὀρέξεως—ὥστε κινεῖ πρῶ-[b24]τον τὸ ὀρεκτὸν καὶ τὸ νοητόν. οὐ πᾶν δὲ νοητόν, [b25] ἀλλὰ τὸ τῶν πρακτῶν τέλος, διὸ τὸ τοιοῦτόν ἐστιν τῶν ἀγα-[b26]θῶν τὸ κινοῦν, ἀλλ' οὐ πᾶν τὸ καλόν· ἧι γὰρ ἕνεκα τούτου [b27] ἄλλο καὶ ἧι τέλος ἐστὶν τῶν ἄλλου τινὸς ἕνεκα ὄντων, ταύτηι [b28] κινεῖ. δεῖ δὲ τιθέναι καὶ τὸ φαινόμενον ἀγαθὸν ἀγαθοῦ χώ-[b29]ραν ἔχειν, καὶ τὸ ἡδύ· φαινόμενον γάρ ἐστιν ἀγαθόν. ὥστε [b30] δῆλον ὅτι ἔστιν μὲν ἧι ὁμοίως κινεῖται τὸ ἀεὶ κινούμενον ὑπὸ τοῦ [b31] ἀεὶ κινοῦντος καὶ τῶν ζώιων ἕκαστον, ἔστιν δὲ ἧι ἄλλως, διὸ καὶ [b32] τὸ μὲν ἀεὶ κινεῖται, ἡ δὲ τῶν ζώιων κίνησις ἔχει πέρας, τὸ [b33] δὲ ἀΐδιον καλὸν καὶ τὸ ἀληθῶς καὶ τὸ πρώτως ἀγαθὸν καὶ [b34] μὴ ποτὲ μὲν ποτὲ δὲ μή, θειότερον καὶ τιμιώτερον ἢ ὥστ' [b35] εἶναι πρὸς ἕτερον. τὸ μὲν οὖν πρῶτον οὐ κινούμενον κινεῖ, ἡ δὲ [**701a1**] ὄρεξις καὶ τὸ ὀρεκτικὸν κινούμενον κινεῖ. τὸ δὲ τελευταῖον τῶν [a2] κινουμένων οὐκ ἀνάγκη κινεῖν οὐθέν. φανερὸν δὲ ἐκ τούτων καὶ [a3] ὅτι εὐλόγως ἡ φορὰ τελευταία τῶν κινουμένων ἐν τοῖς γιγνο-[a4]μένοις· κινεῖται γὰρ καὶ πορεύεται τὸ ζῷιον ὀρέξει ἢ προ-[a5]αιρέσει, ἀλλοιωθέντος τινὸς κατὰ τὴν αἴσθησιν ἢ τὴν φαν-[a6]τασίαν.

7

[**701a7**] Πῶς δὲ νοῶν ὁτὲ μὲν πράττει ὁτὲ δὲ οὐ πράττει, καὶ [a8] κινεῖται ὁτὲ δ' οὐ κινεῖται; ἔοικε δὲ παραπλησίως συμβαίνειν [a9] καὶ περὶ τῶν ἀκινήτων διανοουμένοις καὶ συλλογιζομένοις. [a10] ἀλλὰ ἐκεῖ μὲν θεώρημα τὸ τέλος (ὅταν γὰρ τὰς δύο προ-[a11]τάσεις νοήσηι, τὸ συμπέρασμα ἐνόησεν καὶ συνέθηκεν), ἐν-[a12]ταῦθα δὲ ἐκ τῶν δύο προτάσεων τὸ συμπέρασμα γίνεται ἡ [a13] πρᾶξις, οἷον ὅταν νοήσηι ὅτι παντὶ βαδιστέον ἀνθρώπωι, αὐτὸς [a14] δὲ ἄνθρωπος, βαδίζει εὐθέως, ἂν δ' ὅτι οὐθενὶ βαδιστέον νῦν [a15] ἀνθρώπωι, αὐτὸς δὲ ἄνθρωπος, εὐθὺς ἠρεμεῖ· καὶ ταῦτ' [a16] ἄμφω πράττει, ἂν μή τι κωλύηι ἢ ἀναγκάζηι.

700b23–24 ὥστε κινεῖ πρῶτον τὸ ὀρεκτὸν καὶ τὸ νοητόν: cf. supra 700b18–19 ταῦτα δὲ πάντα ἀνάγεται εἰς νοῦν καὶ ὄρεξιν et *Metaph.* Λ 7, 1072a26 κινεῖ δὲ ὧδε τὸ ὀρεκτὸν καὶ τὸ νοητόν.

700b22 ὀρέξεις ***βγ*** : ὄρεξις E ‖ **23–24** κινεῖ πρῶτον τὸ ὀρεκτὸν ***β*** : om. ***α*** ‖ **24** νοητόν … νοητόν scripsi : διανοητόν … διανοητόν ***ω*** | πᾶν δὲ ***β*** : πᾶν δὲ τὸ ***α*** ‖ **25** τὸ τοιοῦτόν ***α*** : τοιοῦτόν ***β*** ‖ **28** κινεῖ ***α*** : κινεῖν ***β*** ‖ **32** τὸ μὲν ***β*** : τὰ μὲν ***α*** ‖ **33** ἀληθῶς ***α*** : ἀληθὲς ***β*** | τὸ πρώτως ***β*** : πρώτως ***α*** ‖ **34** ἢ ὥστ' ***α*** : πως ***β*** ‖ **35** πρὸς ἕτερον ***β*** : πρότερον ***α*** ‖ **701a3** κινουμένων ***β*** : γιγνομένων ***α*** ‖ **4** ὀρέξει ***α*** : om. ***β*** ‖ **8** ἔοικε δὲ ***β*** : ἔοικε(ν) ***α*** ‖ **15–16** ταῦτα ἄμφω ***α*** : τοῦτ' ἄμφω ***β*** ‖ **16** ἀναγκάζηι ***α*** : ἀναγκάζει ***β***

想望、意气（*thumos*）和欲望都是欲求，而决定同时属于［推论性的］思
考和欲求，因此，首要地起推动作用的就是欲求对象（*orekton*）和思想对
象（*noêton*），但不是全部的思想对象，而是可以通过行动实现的目的（*to* [b25]
tôn praktôn telos），这就是为什么在各种好（*agathôn*）之中，它才是推
动者，而不是所有美好的东西（*kalon*）。就某个其他东西是为了这个东西
而言，并且就这个东西是其他东西的目的而言，它导致了运动。我们必
须要确定，表面的好也可以占据好的位置，快乐（*hêdu*）也可以，因为它
是一种表面的好。因此清楚的是，总是被推动的东西被那总是推动的东西 [b30]
推动，每个动物在一个意义上以相似的方式被推动，在另一个意义上又以
不同的方式［被推动］。这就是为什么一方面动物总是被推动，而另一方
面动物的运动又有界限，但是那永恒的美好之物和真正的、首要的好，而
不是一时好一时不好，也是更神圣的和更配得上荣誉的，不会被引向其他 [b35]
［的好］。因此首要的东西推动而不被推动，而欲求和欲求能力既推动又被 [701a1]
推动。但是被推动的最后一个东西本身不必然导致任何东西运动。从这些
可以清楚地看到，合理的说法是，被推动的东西的运动是一系列事件中的
最后一个。因为动物是由欲求或决定推动行进的，根据感觉或表象某些东 [a5]
西发生了改变。

第7章

为什么当一个人思考的时候，有时候行动，有时候不行动，有时候被推 [701a7]
动，有时候不被推动？看起来，对不动的对象进行［推理性的］思考和三
段论式的思考也会发生类似的事情。但是在那里，目的是研究为什么某个 [a10]
东西是真的（因为每当一个人思考两个命题，他就在思考结论并把它放在
一起），而在这里，两个命题的结论成为一个行动。比如，一个人想着所
有人都应该走路，而他是一个人，他就立刻开始走路；如果他想着现在没
有人应该走路，而他是一个人，他就会立刻停下。他做这两件事，除非有 [a15]
什么东西阻止了他或者强迫了他。

[**701a16**] »ποιητέον [a17] μοι ἀγαθόν· ἀγαθὸν δὲ οἰκία«. ποιεῖ οἰκίαν εὐθύς. »σκεπά-[a18]σματος δέομαι· ἱμάτιον δὲ σκέπασμα· ἱματίου δέομαι. – οὗ [a19] δέομαι, ποιητέον· ἱματίου δὲ δέομαι«. ἱμάτιον ποιεῖ. καὶ τὸ [a20] συμπέρασμα, τὸ ἱμάτιον ποιητέον, πρᾶξίς ἐστιν. πράττει [a21] δὲ ἀπ' ἀρχῆς. »εἰ ἱμάτιον ἔσται, ἀνάγκη τόδε πρῶτον, εἰ [a22] δὲ τόδε, τόδε«· καὶ τοῦτο πράττει εὐθύς. ὅτι μὲν οὖν ἡ πρᾶ-[a23]ξις τὸ συμπέρασμα, φανερόν· αἱ δὲ προτάσεις αἱ ποιητι-[a24]καὶ διὰ δυεῖν ὁδῶν γίνονται, διά τε τοῦ ἀγαθοῦ καὶ διὰ τοῦ [a25] δυνατοῦ. ὥσπερ δὲ τῶν ἐρωτώντων ἔνιοι, οὕτω τὴν ἑτέραν πρό-[a26]τασιν τὴν δήλην οὐδ' ἡ διάνοια ἐπιστᾶσα σκοπεῖ οὐθέν· οἷον εἰ [a27] τὸ βαδίζειν ἀγαθὸν ἀνθρώπωι, ὅτι αὐτὸς ἄνθρωπος, οὐκέτι ἐν-[a28]διατρίβει. διὸ καὶ ὅσα μὴ λογισάμενοι πράττομεν, ταχὺ [a29] πράττομεν. ὅταν ἐνεργήσηι γὰρ ἢ τῆι αἰσθήσει πρὸς τὸ οὗ [a30] ἕνεκα ἢ τῆι φαντασίαι ἢ τῶι νῶι, οὗ ὀρέγεται, εὐθὺς ποιεῖ. [a31] ἀντ' ἐρωτήσεως γὰρ ἢ νοήσεως ἡ τῆς ὀρέξεως γίνεται ἐνέρ-[a32]γεια. »ποτέον μοι« ἡ ἐπιθυμία λέγει· »τοδὶ δὲ ποτόν« ἡ αἴ-[a33]σθησις εἶπεν ἢ ἡ φαντασία ἢ ὁ νοῦς· εὐθὺς πίνει. οὕτω μὲν [a34] οὖν ἐπὶ τὸ κινεῖσθαι καὶ πράττειν τὰ ζῶια ὁρμῶσιν, τῆς μὲν [a35] ἐσχάτης αἰτίας τοῦ κινεῖσθαι ὀρέξεως οὔσης, ταύτης δὲ γιγνο-[a36]μένης ἢ δι' αἰσθήσεως ἢ διὰ φαντασίας, καὶ νοήσεως. τῶν [a37] δὲ ὀρεγομένων πράττειν τὰ μὲν δι' ἐπιθυμίαν ἢ θυμὸν τὰ δὲ [**701b1**] διὰ προαίρεσιν ἢ βούλησιν τὰ μὲν ποιοῦσιν, τὰ δὲ πράττουσιν. ὥσ-[b2]περ δὲ τὰ αὐτόματα κινεῖται μικρᾶς κινήσεως γενομένης – [b3] λυομένων τῶν στρεβλῶν καὶ κρουόντων πρὸς ἀλλήλας ⟨εὐθὺς τῶν ζωιδίων τὰς μαχαίρας⟩ – , [b4] καὶ τὸ ἁμάξιον, ὅπερ ⟨ὁ⟩ ὀχούμενος αὐτὸς κινεῖ εἰς εὐθὺ ⟨πάλιν⟩ καὶ [b5] πάλιν, κύκλωι δὲ κινεῖται τῶι ἀνίσους ἔχειν τοὺς τροχούς – ὁ γὰρ [b6] ἐλάττων ὥσπερ κέντρον γίγνεται, καθάπερ ἐν τοῖς κυλίνδροις – , [b7] οὕτω καὶ τὰ ζῶια κινεῖται. ἔχει γὰρ ὄργανα τοιαῦτα τήν τε [b8] τῶν νεύρων φύσιν καὶ τὴν τῶν ὀστῶν, τὰ μὲν ὡς ἐκεῖ τὰ [b9] ξύλα καὶ ὁ σίδηρος, τὰ δὲ νεῦρα ὡς αἱ στρέβλαι· ὧν λυο-[b10]μένων καὶ ἀνιεμένων κινοῦνται. ἐν μὲν οὖν τοῖς αὐτομάτοις [b11] καὶ τοῖς ἁμαξίοις οὐκ ἔστιν ἀλλοίωσις, ἐπεὶ εἰ ἐγίγνοντο ἐλάτ-[b12]τους οἱ ἐντὸς τροχοὶ καὶ πάλιν μείζους, κἂν κύκλωι τὸ αὐτὸ [b13] ἐκινεῖτο·

701b2 De automatis cf. GA II 1, 734b10–14; *ibidem* 5, 741b7–9; *Metaph.* A 2, 983a12–15 || **3** ⟨εὐθὺς⟩ cf. supra 701a14, 15, 17, 22, 30, 33 | ⟨τῶν ζωιδίων⟩: cf. Heron. *De automatis* I, 5 et *ibid.* XXII, 3–4

701a17 ἀγαθὸν δὲ οἰκία ***β*** : οἰκία δὲ ἀγαθόν ***α*** || **19** δὲ ***β*** : om. ***α*** || **21** ἔσται ***α*** : ἐστὶν ***β*** || **22** τόδε, τόδε· καὶ τοῦτο ***βγ*** : τόδε, καὶ τόδε E || **24** δυεῖν ὁδῶν scripsi : δύ' εἰ ποδῶν Be : δ[.] … οδῶν Ea.c. ut vid. : δύο εἰδῶν Ep.c. cett. || **26** ἐπιστᾶσα ***β*** : ἐφιστᾶσα ***α*** || **27** οὐκέτι ***β*** : οὐκ ***α*** || **32** ποτέον ***β*** : ποτόν ***α*** || **32–33** ἡ αἴσθησις ***α*** : αἴσθησις ***β*** || **33** οὕτω ***β*** : οὕτως ***α*** || **701b1** διὰ προαίρεσιν ***β*** : δι' ὄρεξιν ***α*** || **3** πρὸς ἀλλήλας ***β*** : ἀλλήλας ***α*** | ⟨εὐθὺς τῶν ζωιδίων τὰς μαχαίρας⟩ exempli gratia scripsi : τὰς στρέβλας ***ω*** || **4** ὅπερ ***α*** : ὥσπερ ***β*** | ⟨ὁ⟩ inserui | ὀχούμενος αὐτὸς ***β*** : ὀχούμενον αὐτὸ ***α*** || **4–5** ⟨πάλιν⟩ καὶ πάλιν scripsi : καὶ πάλιν ***ω*** || **5** δὲ ***β*** : om. ***α***

“我应该做某个好的东西，而房子是好的东西”，他就会立刻建房子。“我
需要遮盖物，而斗篷是一个遮盖物，我需要一个斗篷。我需要的东西，就
应该制作。而我需要一个斗篷。”于是他做一个斗篷。应该做一个斗篷的 [a20]
结论是一个行动。但是这个行动从某个始点开始：“如果要有一个斗篷，
必然要首先有这个；如果要有这个，就需要这个。”于是他立刻做这个。
很清楚，结论是一个行动。适合得出这个的命题是从两个途径而来的：通
过好的和通过可能的。就像某些提问者做的，[推理性的] 思考不会停留 [a25]
在和考察第二个明显的命题。比如，如果走路对人而言是好的，他不会花
时间在他是一个人上。这就是为什么我们在做那些无需计算的事情时非常
迅速。因为每当某个东西对为了什么有现实的感觉、表象、想法，它欲求 [a30]
的东西就是它立刻去做的。因为欲求的行动代替了疑问和思考。欲望说
“我要喝东西”；感觉、表象或者思想说“这个可以喝”。他立刻就去喝。
用这种方式，动物就有了冲动（*hormôsin*）去运动和行动，欲求就是它们 [a35]
运动的最后原因，或者是通过感觉或者是通过表象和思想。对于通过欲求
行动的动物来说，有些由于欲望或意气，有些由于决定或想望，有些制作 [701b1]
（*poiousin*），有些行动（*prattousin*）。就像自动机械 [剧场]（*ta automata*）
只因为很小的运动而被推动，当线绳被松开了，<人偶就会立刻用刀>[1]
彼此击打；[再比如] 马车夫一次次想要让马车沿着直线运动，但是它却 [b5]
在转圈，因为它有不相同的轮子，较小的是作为中点发挥作用的，就像圆
锥那样；动物的运动也是这样。因为他们有这样的器官，肌腱和骨骼有某
种自然，骨骼就像前面那个例子 [机械剧场] 里面的木头和铁，而肌腱就
像线绳；当这些东西被松开和解开，它们就被推动了。在自动机械 [剧场] [b10]
和马车里，没有发生性质变化，因为假如里面的轮子变得小一点之后再大
一点，相同的东西还是会以圆形运动。

---

① 尖括号中的文字为普利马维希教授补充的希腊文本中提的内容，详见“语文学导论”，pp.93-99。——译者注

[**701b13**] ἐν δὲ τῶι ζώιωι δύναται τὸ αὐτὸ καὶ ἔλαττον καὶ [b14] μεῖζον γίνεσθαι καὶ τὰ σχήματα μεταβάλλειν αὐξανο-[b15]μένων ⟨καὶ συστελλομένων⟩ τῶν μορίων διὰ θερμότητα καὶ πνεῦμα καὶ [b16] ψῦξιν καὶ ἀλλοιουμένων. ἀλλοιοῦσιν δὲ αἱ φαντασίαι καὶ [b17] αἱ αἰσθήσεις καὶ αἱ ἔννοιαι. αἱ μὲν γὰρ αἰσθήσεις εὐθὺς [b18] ὑπάρχουσιν ἀλλοιώσεις τινὲς οὖσαι, ἡ δὲ φαντασία καὶ ἡ [b19] νόησις τὴν τῶν πραγμάτων ἔχουσιν δύναμιν· τρόπον γάρ τινα [b20] τὸ εἶδος τὸ νοούμενον τὸ τοῦ θερμοῦ ἢ ψυχροῦ ἢ ἡδέος ἢ φοβε-[b21]ροῦ τοιοῦτον τυγχάνει ὂν οἷόν περ καὶ τῶν πραγμάτων ἕκα-[b22]στον, διὸ καὶ φρίττουσιν καὶ φοβοῦνται νοήσαντες μόνον. ταῦ-[b23]τα δὲ πάντα πάθη καὶ ἀλλοιώσεις εἰσίν. ἀλλοιουμένων δὲ [b24] ἐν τῶι σώματι τὰ μὲν μείζω τὰ δὲ ἐλάττω γίνεται. ὅτι δὲ [b25] μικρὰ μεταβολὴ γιγνομένη ἐν ἀρχῆι μεγάλας καὶ πολλὰς [b26] ποιεῖ διαφορὰς ἄπωθεν, οὐκ ἄδηλον· οἷον τοῦ οἴακος ἀκαρι-[b27]αῖόν τι μεθισταμένου πολλὴ ἡ τῆς πρώρας γίνεται μετάστα-[b28]σις. ἔτι δὲ κατὰ θερμότητα ἢ ψῦξιν ἢ κατ' ἄλλο τι τοι-[b29]οῦτο πάθος ὅταν γένηται ἀλλοίωσις περὶ τὴν καρδίαν [b30] καὶ ἐν ταύτηι ἐν ἀναισθήτωι μορίωι, πολλὴν [b31] ποιεῖ τοῦ σώματος διαφορὰν ἐρυθήμασιν καὶ ὠχρότησιν, καὶ [b32] φρίκαις καὶ τρόμοις καὶ τοῖς τούτων ἐναντίοις.

8

[**701b33**] Ἀρχὴ μὲν οὖν, ὥσπερ εἴρηται, τῆς κινήσεως τὸ ἐν τῶι [b34] πρακτῶι διωκτόν τε καὶ φευκτόν· ἐξ ἀνάγκης δὲ ἀκολουθεῖ τῆι [b35] νοήσει καὶ τῆι φαντασίαι αὐτῶν θερμότης καὶ ψῦξις· τὸ [b36] μὲν γὰρ λυπηρὸν φευκτόν, τὸ δὲ ἡδὺ διωκτόν. ἀλλὰ λαν-[b37]θάνει περὶ τὰ μικρὰ τοῦτο συμβαῖνον, ἔστιν δὲ τὰ λυπηρὰ [**702a1**] καὶ ἡδέα πάντα σχεδὸν μετὰ ψύξεώς τινος καὶ θερμότητος. [a2] τοῦτο δὲ δῆλον ἐκ τῶν παθημάτων. θάρρη γὰρ καὶ φόβοι [a3] καὶ ἀφροδισιασμοὶ καὶ τὰ ἄλλα τὰ σωματικὰ λυπηρὰ καὶ [a4] ἡδέα τὰ μὲν κατὰ μόριον μετὰ θερμότητος καὶ ψύξεώς ἐστιν, [a5] τὰ δὲ καθ' ὅλον τὸ σῶμα· μνῆμαι δὲ καὶ ἐλπίδες, οἷον [a6] εἰδώλοις χρώμεναι τοῖς τοιούτοις, ὁτὲ μὲν ἧττον ὁτὲ δὲ [a7] μᾶλλον αἰτίαι τῶν αὐτῶν εἰσιν.

701b13–702a10 reddit Al. 76,18–78,2 > Mich. 114,27–115,25 et 119,15–120,7

701b13–14 ἔλαττον καὶ μεῖζον ***β*** : μεῖζον καὶ ἔλαττον ***α*** || **14** γίνεσθαι ***α*** : γενέσθαι ***β*** || **15** ⟨καὶ συστελλομένων⟩ inserui | πνεῦμα καὶ ***β***E : πάλιν συστελλομένων διὰ ***γ*** || **21** ὂν ***β***E : om. ***γ*** || **22** μόνον ***βγ*** : om. E || **27** ἡ ***β***E Al. : om. ***γ*** || **28–29** τοιοῦτο EB[e] : τοιοῦτον cett. || **30** καὶ] εἰ καὶ Al. | ἐν ἀναισθήτωι Al. : κατὰ μέγεθος ἀναισθήτωι ***β***E : κατὰ μέγεθος ἐν ἀναισθήτωι ***γ*** || **34** τε Al. : om. ***ω*** || **702a1** ἡδέα ***α*** Al. : τὰ ἡδέα ***β*** || **3** τὰ ἄλλα τὰ ***β*** : τὰ ἄλλα ***α*** || **4** καὶ ***β*** : ἢ ***α***

但是在动物那里，同样的东西可以变得更小和更大，也可以改变形状，当
不同的部分生长 < 和结合 >，通过热量、普纽玛（*pneuma*）和冷，也就是 [b15]
通过性质变化。表象、感觉和思想引起了这些变化。因为感觉就是某种类
型的性质变化，而表象和思想拥有它们对象的力量。因为某个热的、冷 [b20]
的、快乐的、可怕的东西的形式（*eidos*），以某种方式出现在思想中时，
就像那些事物本身，这就是为什么仅仅想到它们就让我们颤抖和恐惧。
所有这些都是受动（*pathê*）和性质变化。在身体上发生的变化，有些是
变得更大，有些是变得更小。一开始的某个小变化最终导致一些大的差 [b25]
别，这没有什么不清楚的，比如船舵的很小变化就会给船头带来很大的
变化。此外，每当在心脏周围和心脏之中某个感觉不到的部分因为升温、 [b30]
降温或者其他受动而发生变化，就会给身体带来很大的变化，造成脸红和
苍白，颤抖、战栗以及相反的情况。

第 8 章

正如前面说过的，在可以通过行动实现的事情中，追求和避免的东西就 [701b33]
是运动的始点。但是升温和降温必然跟随着那些事情的思想或表象，因 [b35]
为令人痛苦的就是要避免的，而令人快乐的就是要追求的。但是这发生
在很小的部分，人们没有注意到，痛苦和快乐的东西几乎全都伴随着某 [702a1]
种降温和升温。这一点从受动（*pathêmaton*）上看很清楚。因为大胆、
恐惧、性唤起的受动，以及其他痛苦的和快乐的身体反应有时候发生在
身体的特定部分，伴随着升温和降温，有时候发生在全身。但是回忆和 [a5]
希望，将这些东西当作形象，有时候弱一些有时候强一些，[回忆和希望]
是它们的原因。

ὥστε εὐλόγως ἤδη δημιουρ-[**702a8**]γεῖται τὰ ἐντὸς καὶ τὰ περὶ τὰς ἀρχὰς τῶν ὀργανικῶν μο-[a9]ρίων μεταβάλλοντα ἐκ πεπηγότων ὑγρὰ καὶ ἐξ ὑγρῶν [a10] πεπηγότα καὶ μαλακὰ καὶ σκληρὰ ἐξ ἀλλήλων. τούτων [a11] δὲ συμβαινόντων τὸν τρόπον τοῦτον καὶ ἐπὶ τοῦ παθητικοῦ καὶ ἐπὶ τοῦ [a12] ποιητικοῦ τοιαύτην ἐχόντων τὴν φύσιν οἵαν πολλαχῆι εἰρή-[a13]καμεν, ὁπόταν συμβῆι ὥστ' εἶναι τὸ μὲν ποιητικὸν τὸ δὲ [a14] παθητικόν, καὶ μηθὲν ἀπολείπηι αὐτῶν ἑκάτερον τῶν ἐν τῶι [a15] λόγωι, εὐθὺς τὸ μὲν ποιεῖ τὸ δὲ πάσχει. διὰ τοῦτο ἅμα [a16] ὡς εἰπεῖν νοεῖ ὅτι πορευτέον καὶ πορεύεται, ἐὰν μή τι ἐμ-[a17]ποδίζηι ἕτερον. τὰ μὲν γὰρ ὀργανικὰ μέρη παρασκευάζει [a18] ἐπιτηδείως ἔχειν τὰ πάθη, ἡ δὲ ὄρεξις τὰ πάθη, τὴν δὲ ὄρεξιν ἡ [a19] φαντασία· αὕτη δὲ γίγνεται ἢ διὰ νοήσεως ἢ δι' αἰσθήσεως. [a20] ἅμα δὲ καὶ ταχὺ διὰ τὸ ⟨τὸ⟩ ποιητικὸν καὶ παθητικὸν τῶν πρὸς [a21] ἄλληλα εἶναι τὴν φύσιν.

τὸ δὲ κινοῦν πρῶτον τὸ ζῶιον ἀν-[a22]άγκη εἶναι ἔν τινι ἀρχῆι. ἡ δὲ καμπὴ ὅτι ἐστὶν τοῦ μὲν [a23] ἀρχὴ τοῦ δὲ τελευτή, εἴρηται. διὸ καὶ ἔστιν μὲν ὡς ἑνί, ἔστιν [a24] δὲ ὡς δυσὶ χρῆται ἡ φύσις αὐτῆι. ὅταν γὰρ κινῆται ἐντεῦ-[a25]θεν, ἀνάγκη τὸ μὲν ἠρεμεῖν τῶν σημείων τῶν ἐσχάτων, τὸ [a26] δὲ κινεῖσθαι· ὅτι γὰρ πρὸς ἠρεμοῦν δεῖ ἀπερείδεσθαι τὸ κι-[a27]νοῦν, εἴρηται πρότερον. κινεῖται μὲν οὖν καὶ οὐ κινεῖ τὸ ἔσχα-[a28]τον τοῦ βραχίονος. τῆς δ' ἐν τῶι ὀλεκράνωι κάμψεως τὸ μὲν [a29] κινεῖ καὶ κινεῖται τὸ ἐν αὐτῶι τῶι ὅλωι κινουμένωι, ἀλλ' ἀνάγκη δ⟨ὴ⟩ εἶναί τι [a30] καὶ ἀκίνητον, ὃ δή φαμεν δυνάμει μὲν ἓν {εἶναι} σημεῖον, [a31] ἐνεργείαι δὲ γίνεσθαι δύο· ὥστ' εἰ τὸ ζῶιον ἦν ὁ βραχίων, ἐν-[a32]ταῦθα ἄν που ἦν ἡ ἀρχὴ τῆς ψυχῆς ἡ κινοῦσα. ἐπεὶ δὲ ἐνδέ-[a33]χεται καὶ πρὸς τὴν χεῖρα ἔχειν τι οὕτως τῶν ἀψύχων – οἷον [a34] εἰ κινοίη τὴν βακτηρίαν ἐν τῆι χειρί –, φανερὸν ὅτι οὐκ ἂν εἴη [a35] ἐν οὐδετέρωι ἡ ψυχὴ τῶν ἐσχάτων, οὔτ' ἐν τῶι ἐσχάτωι τοῦ [a36] κινουμένου οὔτ' ἐν τῆι ἑτέραι ἀρχῆι. καὶ γὰρ τὸ ξύλον ἔχει καὶ [**702b1**] ἀρχὴν καὶ τέλος πρὸς τὴν χεῖρα. ὥστε διά γε τοῦτο, εἰ μὴ καὶ [b2] ἐν τῆι βακτηρίαι ἡ κινοῦσα ἀπὸ τῆς ψυχῆς ἀρχὴ ἔνεστιν, οὐδ' [b3] ἐν τῆι χειρί· ὁμοίως γὰρ ἔχει καὶ τὸ ἄκρον τῆς χειρὸς πρὸς [b4] τὸν καρπόν, καὶ τοῦτο τὸ μόριον πρὸς τὸ ὀλέκρανον. οὐθὲν γὰρ [b5] διαφέρει τὰ προσπεφυκότα τῶν μή· γίγνεται γὰρ ὥσπερ [b6] ἀφαιρετὸν μέρος ἡ βακτηρία.

702a12–13 πολλαχῆι εἰρήκαμεν: cf. imprimis *Metaph.* Θ 5, *Gen. Corr.* A 7–9

702a11–12 καὶ ἐπὶ τοῦ … καὶ ἐπὶ τοῦ ***β*** : καὶ ἔτι τοῦ … καὶ ***α*** ‖ **12** πολλαχῆι ***β*** : πολλαχοῦ ***α*** ‖ **13** ὥστ' εἶναι ***α*** : ὡς τείνει ***β*** ‖ **14** ἑκάτερον ***α*** : ἑκατέρω ***β*** ‖ **15** τοῦτο ***β*** : τοῦτο δὲ ***α*** ‖ **18** ἔχειν ***β*** : om. ***α*** ‖ **20** τὸ ⟨τὸ⟩ ***ϑ***, Bonitz : τὸ cett. ‖ **22** ἐστὶν τοῦ μὲν ***β*** : μέν ἐστι τοῦ μὲν ***α*** (unde μέν ἐστιν E) ‖ **28** ὀλεκράνωι ***β***E NLC[a] : ὠλεκράνωι cett. ‖ **29** κινεῖ καὶ κινεῖται ***β*** : κινεῖται ***α*** | ἀλλ' ***β*** : om. ***α*** | δ⟨ὴ⟩ εἶναι scripsi : δ' εἶναι ***ω*** | εἶναί τι ***βγ*** : εἶναι τινὰ E ‖ **30** καὶ ***α*** : om. ***β*** | εἶναι ***ω*** : delevi ‖ **31** ὁ ***β*** : om. ***α*** ‖ **702b1–2** εἰ μὴ καὶ ***β*** : εἰ μὴ ***α*** ‖ **4** μόριον ***β*** : μέρος ***α*** | ὀλέκρανον ***β***E NC[a] : ὠλέκρανον cett.

因此合理的说法是，内部［的区域］和器官部分的始点附近［的区域］，可以从固态变成液态，从液态变成固态，以及在软和硬之间变化。这些事情以这种方式在被动和主动的东西上发生，它们都有我们在很多地方说到的自然，每当出现主动和被动的东西，它们不会以任何方式无法达到它们的定义（*logôi*），那么立刻一个行动而另一个受动[1]。因此可以说，某个东西想到它应该前进，就同时开始前进——如果没有其他东西阻碍它。因为受动让器官的部分准备好处于恰当的状态，欲求让受动［准备好处于恰当的状态］，而表象让欲求［准备好处于恰当的状态］。而表象或者是通过思想或者是通过感觉而来的。这是同时和迅速发生的，因为主动和被动是依据自然彼此联系在一起的。

动物的第一推动者必然位于某个始点。前面已经说过，关节的一部分是始点，另一部分是终点。因此，自然在一个方面把它用作一个东西，在另一个方面用作两个。因为每当动物从关节开始运动，这两个终点中的一个必然保持静止，而另一个必然被推动。因为推动者必须依靠某个静止的东西，就像前面说的。前臂的终端［即手腕］是被推动的，而不是推动。而在肘关节中一部分推动和被推动，也就是整个被推动的部分，但是至少必然有某个不动的东西，因此我们说肘关节潜在的是一，而现实中变成了二。因此，假如动物是前臂，那么灵魂中推动的始点就在［肘关节之中］。既然某个无灵魂的东西可以用这种方式与手联系起来，比如，某人要推动他手中的棍子，很清楚，灵魂不会位于任何终点，既不是在被推动的事物的终点，也不在另一个始点。因为木头既有一个始点又有一个指向手的终点（*telos*）。因此，如果来自灵魂的推动的始点不在棍子之中，它也不在手中。因为手的最上端和手腕的关系，与这个部分［手腕］和肘［关节］的关系相似。因为从身体长出的附属物在任何方面都与不是［身体附属物］的东西没有差别；因为这根棍子就像可以分离的身体的一部分。

① 本句的意思是：每当出现主动和被动的东西，它们很自然地就会满足各自的定义，即一个主动行动，而另一个被动受动。——译者注

ἀνάγκη ἄρα ἐν μηδεμιᾶι εἶ-**[702b7]**ναι ἀρχῆι ἥ ἐστιν ἄλλου τελευτή, μηδὲ εἴ τί ἐστιν ἕτερον [b8] ἐκείνου ἐξωτέρω, οἷον τοῦ μὲν τῆς βακτηρίας ἐσχάτου ἐν τῆι [b9] χειρὶ ἡ ἀρχή, τούτου δὲ ἐν τῶι καρπῶι. [b9] εἰ δὲ μηδ' ἐν τῆι [b10] χειρί, ὅτι ἀνωτέρω ἔτι, ἡ ἀρχὴ οὐδ' ἐνταῦθα· ἔτι γὰρ τοῦ [b11] ὀλεκράνου μένοντος κινεῖται ἅπαν τὸ κάτω συνεχές.

9

[702b12] Ἐπεὶ δὲ ὁμοίως ἔχει ἀπὸ τῶν ἀριστερῶν καὶ ἀπὸ τῶν [b13] δεξιῶν, καὶ ἅμα τὰ ἐναντία κινεῖται, ὥστε μὴ εἶναι τῶι ἠρε-[b14]μεῖν τὸ δεξιὸν κινεῖσθαι τὸ ἀριστερὸν μηδ' αὖ τῶι τοῦτο ἐκεῖνο, [b15] ἀεὶ δ' ἐν τῶι ἀνωτέρωι ἀμφοτέρων ἡ ἀρχή, ἀνάγκη ἐν τῶι [b16] μέσωι εἶναι τὴν ἀρχὴν τῆς ψυχῆς τῆς κινούσης· ἀμφοτέρων [b17] γὰρ τῶν ἐσχάτων τὸ μέσον ἔσχατον. ὁμοίως δ' ἔχει πρὸς τὰς [b18] κινήσεις τοῦτο καὶ τὰς ἀπὸ τοῦ ἄνω καὶ κάτω (οἷον τὰς [b19] ἀπὸ τῆς κεφαλῆς), ⟨καὶ⟩ τὰς ἀπὸ τῆς ῥάχεως (τοῖς ἔχουσιν [b20] ῥάχιν). καὶ εὐλόγως δὲ τοῦτο συμβέβηκεν· καὶ γὰρ τὸ αἰ-[b21]σθητικὸν ἐνταῦθα εἶναί φαμεν ὥστε ἀλλοιουμένου διὰ τὴν αἴ-[b22]σθησιν τοῦ τόπου τοῦ περὶ τὴν ἀρχὴν καὶ μεταβάλλοντος τὰ [b23] ἐχόμενα συμμεταβάλλει ἐκτεινόμενά τε καὶ συναγόμενα [b24] τὰ μόρια, ὥστ' ἐξ ἀνάγκης διὰ ταῦτα γίγνεσθαι τὴν κίνησιν [b25] τοῖς ζώιοις. τὸ δὲ μέσον τοῦ σώματος μέρος δυνάμει μὲν ἕν [b26] ἐνεργείαι δὲ ἀνάγκη γίνεσθαι πλείω· καὶ γὰρ ἅμα κινεῖται [b27] τὰ κῶλα ἀπὸ τῆς ἀρχῆς, καὶ θατέρου ἠρεμοῦντος θάτερον [b28] κινεῖται. λέγω δὲ οἷον ἐπὶ τῆς ΑΒΓ τὸ Β κινεῖται, κινεῖ [b29] δὲ τὸ Α. ἀλλὰ μὴν δεῖ γέ τι ἠρεμεῖν, εἰ μέλλει τὸ μὲν [b30] κινήσεσθαι τὸ δὲ κινεῖν. ἓν ἄρα δυνάμει ὂν τὸ Α ἐνεργείαι δύο [b31] ἔσται, ὥστε ἀνάγκη μὴ στιγμὴν ἀλλὰ μέγεθός τι εἶναι. [b32] ἀλλὰ μὴν ἐνδέχεται καὶ τὸ Γ ἅμα κινεῖσθαι τῶι Β, ὥστε ἀν-[b33]άγκη ἀμφοτέρας τὰς ἀρχὰς τὰς ἐν τῶι Α κινουμένας κινεῖν.

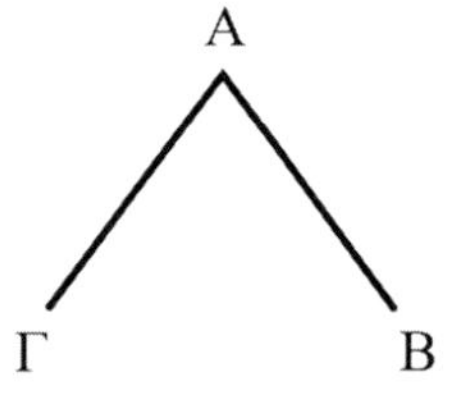

702b12–20 respicit Alexander *De anima* 97,25–98,1 Bruns

702b8 ἐσχάτου ***α*** : τοῦ ἐσχάτου ***β*** || **b11** ὀλεκράνου ***β***E Na.c.C[a] : ὠλεκράνου cett. || **14** μηδ' αὖ ***α*** : μὴ δὲ ***β*** || **b15** τῶι ἀνωτέρωι E : iota adscriptum codices fere omnes more suo omittunt | ἡ ἀρχή ***βγ*** : ἀρχή E || **17** ἐσχάτων ***β*** : ἄκρων ***α*** || **b19** καὶ coni. ***ϑ*** : πρὸς ***ω*** | τὰς ***βγ*** : τὰ E || **b23** συμμεταβάλλει ***βγ*** : συμμεταβάλλειν E || **b25** ἕν ***α*** : om. ***β*** || **b28–36** diagramma servavit ***γ***(C[a]O[d]Z[a]) || **b29** ἠρεμεῖν ***α*** : ἠρεμοῦν ***β*** || **b30** ὂν τὸ Α ***β***E : ὄντα τὰ ΑΕ ***γ*** || **b31** ἔσται ***α*** : ἐστίν ***β*** || **b32** καὶ ***β*** : om. ***α*** | κινεῖσθαι τῶι Β ***β*** : τῶι Β κινεῖσθαι ***α***

因此，［运动的］始点必然不在其他事物的终点之中，即便有某个比它更
外在的东西也不会如此，比如说，棍子的终点的始点在手中，而手的始点
在手腕中。如果始点不在手中，因为它比这更高，［那么始点］也不会在 [b10]
手腕之中，因为当肘［关节］处于静止，在它之下与它连续的所有东西依
然会被推动。

第 9 章

既然事物右侧和左侧的部分是一样的，相反的两侧同时运动，因此不可 [702b12]
能是左侧因为右侧保持静止而被推动，反之亦然。始点总是在两个［终 [b15]
点］的上方，那么推动的灵魂的本原必然位于中间。因为中间是两边终
点的终点。对于从上方和从下方而来的运动也是如此（比如说从头而来
的运动），从脊椎而来的运动也是一样（对于那些有脊椎的动物而言）。 [b20]
这样说是合理的。因为我们说，感觉器官也在那里，因此当始点附近的
区域因为感觉发生了变化，邻近的部分随着它一起变化，都被拉长或者
压缩，那么由于这些［变化］在动物之中必然产生运动。身体的中间部 [b25]
分必然成为潜在的一和现实的多。因为一方面，各个肢体同时从始点开始
运动；另一方面，一个被推动而另一个保持静
止。我说的是，比如在 ΑΒΓ 中，Β 是被推动
的，而 Α 推动。但是这里必然有某个东西是静
止的，如果一个被推动而另一个推动。因此， [b30]
Α 是潜在的一，而在现实中就是二，因此它必
然不是一个点，而是有某个大小的东西。但是
Γ 也可以和 Β 同时被推动，因此在 Α 中的两个
始点必然既被推动也推动。

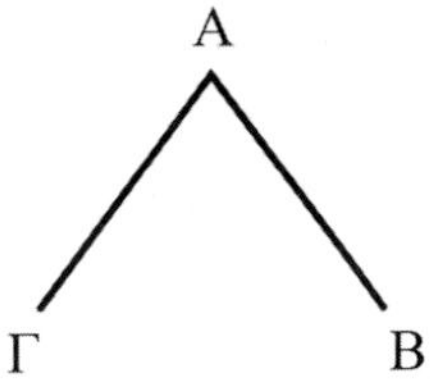

[702^b34] δεῖ τι ἄρα εἶναι παρὰ ταύτας ἕτερον, τὸ κινοῦν καὶ μὴ κινού-[^b35]μενον· ἀπερείδοιντο μὲν γὰρ ἂν τὰ ἄκρα καὶ αἱ ἀρχαὶ αἱ [^b36] ἐν τῶι Α πρὸς ἀλλήλας κινουμένων, ὥσπερ ἂν εἴ τινες τὰ [703^a1] νῶτα ἀντερείδοντες κινοῖεν τὰ σκέλη. ἀλλὰ τὸ κινοῦν ἅμ-[^a2]φω ἀναγκαῖον ⟨ἓν⟩ εἶναι, τοῦτο δέ ἐστιν ἡ ψυχή, ἕτερον μὲν οὖσα [^a3] τοῦ μεγέθους τοῦ τοιούτου, ἐν τούτωι δ' οὖσα.

10

[703^a4] Κατὰ μὲν οὖν τὸν λόγον τὸν λέγοντα τὴν αἰτίαν τῆς [^a5] κινήσεως ἐστὶν ἡ ὄρεξις τὸ μέσον, ὃ κινεῖ κινούμενον· ἐν δὲ [^a6] τοῖς ἐμψύχοις σώμασιν δεῖ τι εἶναι σῶμα τοιοῦτον. τὸ μὲν [^a7] οὖν κινούμενον μὲν μὴ πεφυκὸς δὲ κινεῖν δύναται πάσχειν [^a8] κατ' ἀλλοτρίαν δύναμιν· τὸ δὲ κινοῦν ἀναγκαῖον ἔχειν τινὰ [^a9] δύναμιν καὶ ἰσχύν. πάντα δὲ φαίνεται τὰ ζῶια καὶ ἔχοντα [^a10] πνεῦμα σύμφυτον καὶ ἰσχύοντα τούτωι. τίς μὲν οὖν ἡ σωτη-[^a11]ρία τοῦ συμφύτου πνεύματος, εἴρηται ἐν ἄλλοις. τοῦτο δὲ [^a12] πρὸς τὴν ἀρχὴν τὴν ψυχικὴν ἔοικεν ὁμοίως ἔχειν ὥσπερ τὸ [^a13] ἐν ταῖς καμπαῖς σημεῖον, τὸ κινοῦν καὶ κινούμενον, πρὸς τὸ [^a14] ἀκίνητον. ἐπεὶ δ' ἡ ἀρχὴ τοῖς μὲν ἐν τῆι καρδίαι τοῖς δ' ἐν [^a15] τῶι ἀνάλογον, διὰ τοῦτο καὶ τὸ πνεῦμα τὸ σύμφυτον ἐν-[^a16]ταῦθα φαίνεται ὄν. πότερον μὲν οὖν ταὐτόν ἐστιν τὸ πνεῦμα [^a17] ἀεὶ ἢ γίγνεται ἀεὶ ἕτερον, ἔστω ἄλλος λόγος· (ὁ αὐτὸς γάρ [^a18] ἐστιν καὶ περὶ τῶν ἄλλων μορίων)· φαίνεται δ' εὐφυῶς ἔχον [^a19] πρὸς τὸ κινητικὸν εἶναι καὶ παρέχειν ἰσχύν. τὰ δὲ ἔργα τῆς [^a20] κινήσεως ὦσις καὶ ἕλξις, ὥστε δεῖ τὸ ὄργανον αὐξάνεσθαί [^a21] τε δύνασθαι καὶ συστέλλεσθαι. τοιαύτη δέ ἐστιν ἡ τοῦ πνεύ-[^a22]ματος φύσις· καὶ γὰρ ἀβίαστος συστελλομένη ⟨τε καὶ ἐκτεινομένη⟩ καὶ βίαι ⟨ἑλκ⟩τικὴ [^a23] καὶ ὠστικὴ διὰ τὴν αὐτὴν αἰτίαν. καὶ ἔχει καὶ βάρος πρὸς [^a24] τὰ πυρώδη καὶ κουφότητα πρὸς τὰ ἐναντία.

703^a10–11 τίς μὲν—ἄλλοις] haec verba ad librum περὶ τροφῆς spectant secundum Mich. et Rose; ad librum *De respiratione* secundum cod. Vat. **V**^{2}, ad incerti auctoris librum *De spiritu* secundum Zeller et Bonitz || **14–16** respicit Al. *De anima* 77,10–13 Bruns || **19–22** respicit Al. *De anima* 77,5–6 Bruns

703^a1–2 ἀναγκαῖον ⟨ἓν⟩ εἶναι Γ1 Α : ἀναγκαῖον εἶναι ***ω*** || **17** ἕτερον, ἔστω ἄλλος λόγος ***α*** : ἕτερος λόγος, ἄλλος ***β*** || **22** συστελλομένη ⟨τε καὶ ἐκτεινομένη⟩ Farquharson : συστελλομένη ***ω*** || **22** βίαι ⟨ἑλκ⟩τικὴ scripsi : βιαστικὴ ***ω*** : *tractiva* G, unde ἑλκτικὴ Farquharson || **23** καὶ βάρος ***α*** : βάρος ***β***

因此，在这些之上必然还有某个东西，它推动但不被推动。因为最上 [b35]
端，也就是它们在 A 中的始点，在运动时会彼此依靠，就像一些人后背
靠在一起移动腿。但是推动两者的必然是一个东西，那就是灵魂，它不 [703a1]
同于那个有大小的东西［即身体］，而是在它之中。

第 10 章

根据关于运动原因的论述，欲求是中项（*meson*），它既推动又被推动。 [703a4]
但是在有灵魂的身体中，必然有某个那类物体。它是被推动而其自然不 [a5]
能推动的东西，可以被另一种力量作用。推动的东西必然拥有某种力量
或力。但是很明显，所有的动物都有某种天生的普纽玛，并因此而具有 [a10]
力。如何保全这个天生的普纽玛，在其他作品中已经得到了讨论[1]。普纽
玛与灵魂始点的关系，就像关节中的情况，都是依靠那个不动的东西既
推动又被推动。既然一些动物的始点在心脏，而另一些在类似心脏的东 [a15]
西中，那么很明显天生的普纽玛也在那里。普纽玛总是相同的还是总是
重新生成，是另一个研究的主题。（因为这是与其他部分相同的研究。）但
是很明显的是，它自然适合引起运动和赋予力。这个运动的功能（*erga*）
是推和拉，这样看来，这个器官就必然能够扩大和缩小。这就是普纽玛的 [a20]
自然。因为它无需强力（*abiastos*）就可以被缩小 < 和扩张 >，由于同样
的原因又可以通过强力拉和推。相比火性的事物，它是重的；相比相反的
事物，它又是轻的。

---

① 这里对“其他作品”的指代不明，也引起了很多争论，评点“导论”，pp.23-25。——译者注

δεῖ δὲ τὸ μέλ-**[703a25]**λον κινεῖν μὴ ἀλλοιώσει τοιοῦτον εἶναι· κρατεῖται γὰρ κατὰ [a26] τὴν ὑπεροχὴν τὰ φυσικὰ σώματα ὑπ' ἀλλήλων, τὸ μὲν κοῦ-[a27]φον κάτω ὑπὸ τοῦ βαρυτέρου ἀπονικώμενον, τὸ δὲ βαρὺ [a28] ἄνω ὑπὸ τοῦ κουφοτέρου. ὧι μὲν οὖν κινεῖ κινουμένωι μορίωι ἡ [a29] ψυχή, εἴρηται, καὶ δι' ἣν αἰτίαν. ὑποληπτέον δὲ συνεστά-[a30]ναι τὸ ζῶιον ὥσπερ πόλιν εὐνομουμένην. [a30] ἔν τε γὰρ τῆι πό-[a31]λει ὅταν ἅπαξ στῆι ἡ τάξις, οὐθὲν δεῖ κεχωρισμένου μο-[a32]νάρχου, ὃν δεῖ παρεῖναι παρ' ἕκαστον τῶν γινομένων, ἀλλ' [a33] αὐτὸς ἕκαστος ποιεῖ τὰ αὑτοῦ ὡς τέτακται, καὶ γίνεται [a34] τόδε μετὰ τόδε διὰ τὸ ἔθος· ἔν τε τοῖς ζώιοις τὸ αὐτὸ τοῦτο [a35] διὰ τὴν φύσιν γίνεται καὶ τῶι πεφυκέναι ἕκαστον οὕτω συ-[a36]στάντων ποιεῖν τὸ αὑτοῦ ἔργον, ὥστε μηδὲν δεῖν ἐν ἑκάστωι [a37] εἶναι ψυχήν, ἀλλ' ἔν τινι ἀρχῆι τοῦ σώματος οὔσης τὰ ἄλλα **[703b1]** ζῆν μὲν τῶι προσπεφυκέναι, ποιεῖν δὲ τὸ ἔργον τὸ ἑαυτῶν [b2] διὰ τὴν φύσιν.

11

[703b3] Πῶς μὲν οὖν κινεῖται τὰς ἑκουσίους κινήσεις τὰ ζῶια, [b4] καὶ διὰ τίνας αἰτίας, εἴρηται. κινεῖται δέ τινας καὶ ἀκου-[b5]σίους ἔνια τῶν μερῶν, τὰς δὲ πλείστας οὐχ ἑκουσίους. λέγω [b6] δὲ ἀκουσίους μὲν οἷον τὴν τῆς καρδίας τε καὶ τὴν τοῦ αἰδοίου· [b7] πολλάκις γὰρ φανέντος μέν τινος οὐ μέντοι κελεύσαντος τοῦ [b8] νοῦ κινοῦνται. οὐχ ἑκουσίους δὲ οἷον ὕπνον καὶ ἐγρήγορ-[b9]σιν καὶ ἀναπνοήν, καὶ ὅσαι ἄλλαι τοιαῦταί εἰσιν· οὐθε-[b10]νὸς γὰρ τούτων κυρία ἁπλῶς ἐστιν οὔθ' ἡ φαντασία οὔθ' ἡ [b11] ὄρεξις. ἀλλ' ἐπειδὴ ἀνάγκη ἀλλοιοῦσθαι τὰ ζῶια φυσικὴν [b12] ἀλλοίωσιν, ἀλλοιουμένων δὲ τῶν μορίων τὰ μὲν αὐξάνεσθαι [b13] τὰ δὲ φθίνειν, ὥστ' ἤδη κινεῖσθαι καὶ μεταβάλλειν τὰς [b14] πεφυκυίας ἔχεσθαι μεταβολὰς ἀλλήλων, (αἰτίαι δὲ τῶν [b15] κινήσεων θερμότητες καὶ ψύξεις αἵ τε θύραθεν καὶ [b16] ἐντὸς ὑπάρχουσιν φυσικαί), καὶ αἱ παρὰ τὸν λόγον δὴ γι-[b17]νόμεναι κινήσεις τῶν ῥηθέντων μορίων ἀλλοιώσεως συμπε-[b18]σούσης γίγνονται. ἡ γὰρ νόησις καὶ ἡ φαντασία, ὥσπερ εἴ-[b19]ρηται πρότερον, τὰ ποιητικὰ τῶν παθημάτων προσφέρουσιν· [b20] τὰ γὰρ εἴδη τῶν ποιητικῶν προσφέρουσιν. μάλιστα δὲ τῶν [b21] μορίων ταῦτα ποιεῖ ἐπιδήλως διὰ τὸ ὥσπερ ζῶιον κεχω-[b22]ρισμένον ἑκάτερον εἶναι τῶν μορίων.

703a25–26 κρατεῖται … ὑπ' ἀλλήλων ***β*** : κρατεῖ … ἀλλήλων ***α*** ‖ **28** τοῦ ***α*** : om. ***β*** ‖ **36** ποιεῖν ***α*** : ποιεῖ ***β*** ‖ **703b1** ἑαυτῶν ***β*** : αὐτῶν ***α*** ‖ **7** μέν … οὐ μέντοι ***β*** : μέν om. ***α*** ‖ **8** ἑκουσίους ***βγ*** : ἑκουσίως E ‖ **8–9** καὶ ἐγρήγορσιν ***α*** : ἐγρήγορσιν ***β*** ‖ **12** αὐξάνεσθαι ***β*** : αὔξεσθαι ***α*** ‖ **15** θερμότητες καὶ ***β*** : θερμότητές τε καὶ ***α*** | καὶ ***β*** : καὶ αἵ ***α*** ‖ **16** ὑπάρχουσιν ***β*** : ὑπάρχουσαι ***α*** | φυσικαί ***α*** : αἱ φυσικαί ***β***

任何推动而自己不发生性质变化的东西必然是这样。因为自然物体是由于 [a25]
更大的力量而被对方征服的，更重的将轻的征服从而让后者向下运动，重
的被轻的征服就会向上运动。灵魂通过被推动来推动的部分，以及这样推
动的原因，我们已经说过了。动物必然被认为像一个统治良好的城邦。因 [a30]
为在一个城邦里，只要确立了秩序，就不需要一个单独的王出现在每一个
事务之中，而是每个部分都可以按照规定好的方式行事，习惯使得一个跟
随另一个。在动物这里，同样的事情是因为自然，以及每个部分依据自然 [a35]
适合履行它自己的功能，这样就不是每个部分都需要灵魂，而是它位于身
体的某个始点，其他部分因为与那个始点自然联系在一起而活着，由于自 [703b1]
然发挥它们自己的功能。

第 11 章

我们已经说了，动物如何在自愿的运动中运动，这是由于什么原因。它们 [703b3]
的某些部分也会不自愿地（*akousious*）被推动，很多时候是非自愿的（*ouk* [b5]
hekousious）。我说的“不自愿”是指比如心脏或私处的运动。经常出现这
样的情况，某个东西出现在人面前，他就被推动了，虽然思想禁止行动。
我所说的“非自愿”是指像睡觉、醒来、呼吸以及其他这类运动。因为这 [b10]
些都不是直接由表象或者欲求控制的。但是由于动物必然要经历自然变
化，变化的部分有些生长有些衰落，因此它们已经被推动了，随着依据自
然彼此联系的变化而变化（这些运动的原因是自然发生的升温和降温，既 [b15]
从外部而来又从内部而来）。此外，这里提到的各部分的运动，在变化发
生时是反理性的（*para ton logon*）。因为前面说到，思想和表象会带来产
生受动的事物。因为它们带来形式，而形式产生事物。在各个部分中，前 [b20]
面提到的那些最明显地产生运动，因为这些部分中的每一个都像一个单独
的动物。

τούτου δ' αἴτιον ὅτι ἔχου-[**703b23**]σιν ὑγρότητα ζωτικήν. ἡ μὲν οὖν καρδία φανερὸν δι' ἣν αἰ-[b24]τίαν· τὰς γὰρ ἀρχὰς ἔχει τῶν αἰσθήσεων· τὸ δὲ μόριον τὸ γεν-[b25]νητικὸν ὅτι τοιοῦτόν ἐστιν, σημεῖον· καὶ γὰρ ἐξέρχεται ἐξ [b26] αὐτοῦ ὥσπερ ζῷόν τι ἡ τοῦ σπέρματος δύναμις. αἱ δὲ κι-[b27]νήσεις τῆι τε ἀρχῆι ἀπὸ τῶν μορίων καὶ τοῖς μορίοις ἀπὸ [b28] τῆς ἀρχῆς εὐλόγως συμβαίνουσιν. καὶ πρὸς ἄλ-ληλα δὲ οὕτως [b29] ἀφικνοῦνται· δεῖ γὰρ νοῆσαι τὸ Α ἀρχήν. αἱ οὖν κινήσεις [b30] καθ' ἕκαστον στοιχεῖον τῶν ἐπιγεγραμ-μένων ἐπὶ τὴν ἀρχὴν [b31] ἀφικνοῦνται καὶ ἀπὸ τῆς ἀρχῆς κινουμένης καὶ μεταβαλ-[b32]λούσης, ἐπειδὴ πολλὰ δυνάμει ἐστίν· ἡ μὲν τοῦ Β ἀρχὴ [b33] ἐπὶ τὸ Β, ἡ δὲ τοῦ Γ ἐπὶ τὸ Γ, ἡ δὲ ἀμφοῖν ἐπ' ἄμφω. [b34] ἀπὸ δὲ τοῦ Ε ἐπὶ τὸ Γ τῶι ἀπὸ μὲν τοῦ Ε ἐπὶ τὸ Α [b35] ἐλθεῖν ὡς ἐπ' ἀρχήν, ἀπὸ δὲ τοῦ Α ἐπὶ τὸ Γ ὡς ἀπ' ἀρ-[b36]χῆς. ὅτι δὲ ὁτὲ μὲν τὰ αὐτὰ νοη-σάντων γίνεται ἡ κίνησις ἡ [b37] παρὰ τὸν λόγον ἐν τοῖς μορίοις, ὁτὲ δ' οὔ, αἴτιον τὸ ὁτὲ [**704a1**] μὲν ἐνυπάρχειν τὴν παθητικὴν ὕλην ὁτὲ δὲ μὴ τοσαύτην ἢ [a2] τοιαύτην. [a3] περὶ μὲν οὖν τῶν μορίων ἑκάστου τῶν ζώιων, καὶ περὶ [**704b1**] ψυχῆς, ἔτι δὲ καὶ περὶ αἰσθήσεως καὶ ὕπνου καὶ μνήμης καὶ [b2] τῆς κοινῆς κινήσεως, εἰρήκαμεν τὰς αἰτίας· λοιπὸν δὲ περὶ [b3] γενέσεως εἰπεῖν.

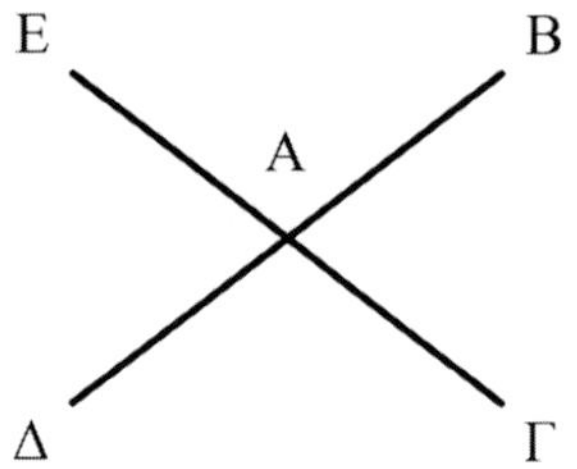

703b22 τούτου ***βγ*** : τούτο Ε ‖ **24** τὰς γὰρ ***βγ*** : τὰς Ε ‖ **28** ἄλληλα δὲ ***βγ*** : ἀλλήλας Ε ‖ **29–36** diagramma servaverunt et ***β***(E[r]) et ***γ***(A[Z[a]Anon.]C[a]O[d]) ‖ **34** ἀπὸ δὲ τοῦ Ε scripsi secundum diagramma : ἀπὸ δὲ τοῦ Β ***ω*** | τῶι ***β***Ε : τὸ δ' ***γ*** | ἀπὸ μὲν τοῦ Ε scripsi secundum diagramma : ἀπὸ μὲν τοῦ Β ***ω*** ‖ **36** ὅτι ***βγ*** : ἔτι Ε | τὰ αὐτὰ ***β*** : ταῦτα ***α*** ‖ **704b1** καὶ περὶ ***β*** : καὶ om. ***α***

原因在于它们有生命的湿度。心脏为什么像一个动物是很清楚的，因为它拥有感觉的始点。也有证据［表明］，生殖的部分也是这样。因为种子这种潜能也来自它，就像某种动物。合理的说法是，各个部分导致运动发生在始点之中，始点又导致各个部分的运动。以这种方式，各个部分也彼此联系。我们可以把 A 想成始点。运动从图示中的每个字母，来到始点，而当始点被推动和发生变化时，它们从始点出发，因为始点潜在地是多，B 的始点指向 B，Γ 的始点指向 Γ，二者的始点指向二者。与此不同，从 E 到 Γ 的运动首先要从 E 到 A，也就是达到始点，再从 A 到 Γ，也就是从始点出发。有时候，虽然你在想着同样的事情，但是运动却以反理性的方式在身体部分发生，有时候不是这样，原因在于有时候受动的质料是正确的数量或性质，有时候不是。因此，就每个动物的各个部分以及灵魂而言，以及普遍而言就感觉、睡眠、回忆、运动而言，我们已经讨论了它们的原因。接下来要讨论的就是生殖了。

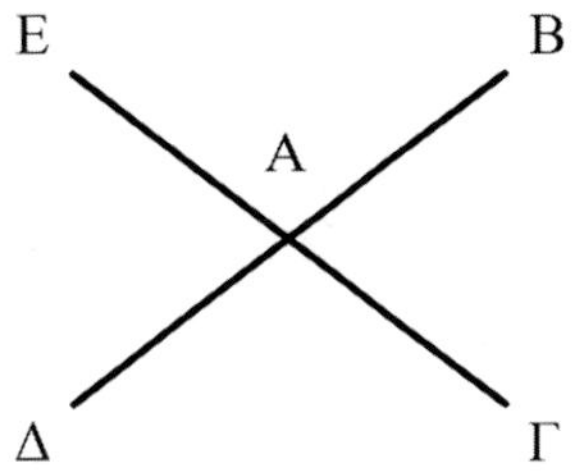

《论动物的运动》希腊文本全校勘记

TITVLVS

Tituli spurii a me deleti quem Andronicus ab operis initio derivasse videtur formae duae traduntur:

I (ζώιων ante κινήσεως):
ἀριστοτέλους περὶ ζώιων κινήσεως ***ω*** (ἀριστοτέλους περὶ <u>τῆς</u> <u>τῶν</u> ζώων κινήσεως E^{r}O^{d}S : περὶ ζώων κινήσεως <u>πρῶτον</u> N^{2} : ἀριστοτέλους περὶ ζώων <u>κινήσεων</u> **A**(Z^{a}) [> *Aristotelis de motibus animalium* Anon.] : nil habent N^{1}V^{p1}) : Περὶ ζῴων κινήσεως γ' *Appendix Hesychiana*, p. 87, Nr. 156 Düring : ἐν τοῖς Περὶ ζῴων κινήσεως Alex. *De anima* 97,26–27 Bruns : ἐν τῷ Περὶ ζῴων κινήσεως Simpl. *In physicam* 1191,6–7 Diels : Περὶ ζῴων κινήσεως edd.

II (κινήσεως ante ζώιων):
⟨περὶ⟩ κινήσεως τῶν ζῴων ⟨α'⟩ / Ἀνατομῶν ζ' Ptolemaeus al Garib apud Ibn al-Qifṭī 45,1–2 Lippert (كتابه فى حركة الحيوانات وتشريحها ويسمّى قينيسأوس طين زوأون أناطومن ٧ مقالات „Liber eius de motu animalium et sectione eorum, et apellatur *qīnīsa'ūs ṭīn zū'ūn 'anāṭūmn* 7 tractatūs“) : Περὶ κινήσεως ζῴων Simpl. *In cael.* 398,20 Heiberg; *In phys.* 670,1 Diels; Simpl. (?) *In an.* 301,18; 303,15 et 22 Hayduck; Philop. *In phys.* 2,9 Vitelli : Περὶ <u>τῆς</u> κινήσεως ζῴων Philop. *In an.* 157,21–22 Hayduck

TEXTVS

Caput 1

698^{a}1 τῆς τῶν ζώων κινήσεως ***β***(B^{e}E^{r} O^{d}SV^{p}) : κινήσεως τῆς τῶν ζώ(ι)ων E C^{a} Mich.$^{1(S)}$ 104,6 cf. G(*de motu autem eo qui animalium*) : κινήσεως τῶν ζώων ***ζ***(NXH^{a}LV^{g} Z^{a}PB^{p}M^{o}) : περὶ δὲ τῆς κινήσεως τῶν ζώων b | ζώιων E, qui iota adscriptum passim conservat : ζώων cett.; iota subscriptum hic illic praebent C^{a}, V^{p} , N, L, b || **^{a}1–2** αὐτῶν περὶ ἕκαστον ***β***(B^{e}E^{r}b) E : περὶ ἕκαστον αὐτῶν cett. (Mich.^{1} 104,6–7) || **^{a}4–5** κινεῖσθαι] κινεῖσθε E : κοινεῖσθαι B^{p} || **^{a}6** τῶν ζώ(ι)ων] τῶν ζώντων ***κ***(SV^{p}) : τὰ δὲ ἕρψει Mich.^{p} 104,14–15 (ad librum *De incessu* spectans) ***ι***(A[Anon.(cf. *reptilia*); deficit Z^{a}]PB^{p}M^{o}) || **^{a}7** οὖν] om. ***β***(B^{e}E^{r}) || **^{a}8** αὐτὸ αὑτὸ ***β***(B^{e}E^{r}b) : αὐτὸ αυτὸ E : αὐτὸ ἑαυτὸ cett., edd. || **^{a}11** τίς] τί E || **^{a}11–12** καθόλου] om. Mich.^{1} 104,18 ***μ***(PB^{p}M^{o}) Jaeger || **^{a}13–14** καὶ ἐφ' ὧν ἐφαρμόττειν οἰόμεθα δεῖν αὐτούς] cf. οὓς εἰ μὲν εὑρήσομεν ἐφαρμόζοντας τοῖς μερικοῖς, πιστεύομεν, εἰ δὲ μή, ἀποσειόμεθα Mich.^{p} 104,25–26, unde *eas que conveniunt particularibus, acceptamus et eas que non conveniunt particularibus, abicimus* Albertus in marg. (cf. de Leemans p. LXXII) || **^{a}14** ἐφαρμόττειν] ἐναρμόττειν Ea.c. || **^{a}16** μὲν] μὲν οὖν E B^{p} (cf. *igitur* Anon.) Jaeger Torraca Nussbaum || **^{a}16–17** ἀεὶ … ἠρεμεῖ ***β***(B^{e}E^{r}b) : δεῖ … ἠρεμεῖν cett., edd. || **^{a}22–24** diagramma servaverunt E Mich.[ORP] NL Z^{a} C^{a}O^{d} necnon Bodl. Can. 107 (B^{o}) aut ex Γ2 aut ex ***κ*** | diagrammatis formae traduntur tres, quarum primam et NC^{a}Z^{a}O^{d} Mich.[P] praebent et Michael ante oculos habuit (cf. Mich.^{p} 105,5: ἡ ΑΓ κίνησις), alteram E^{1}, tertiam Mich.(OR) L (tria tentamina) B^{o}:

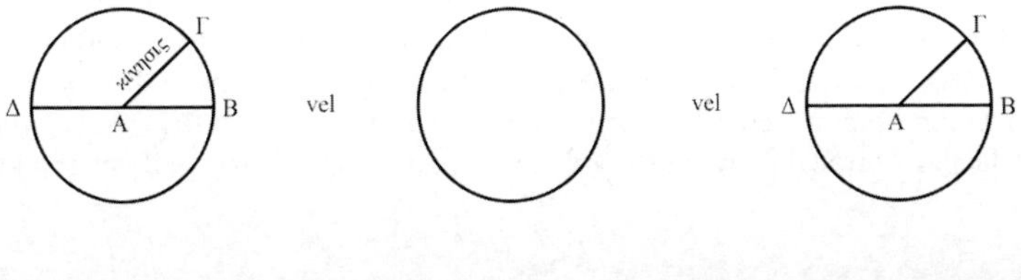

698^{a}23 ἡ μὲν Α (scil. στιγμὴ) καὶ ἡ Δ (scil. στιγμή) ***β***(B^{e}E^{r}b O^{d}SV^{p}) : ἡ μὲν Α καὶ Δ ***α***(E NXH^{a}LV^{g} Z^{a}PB^{p}M^{o}) : ἡ μὲν Α καὶ ἡ δέλτα C^{a}, qui ἡ δέλτα p.c. scripsit, ante correcturam autem ἡ Α scripsisse videtur (ad ^{a}23–24 καὶ … ἡ Α saliens ubi γίνοιτο omiserat iam ***ε***) : ἡ μὲν ΑΔ Nussbaum ‖ **^{a}24** ἡ ΑΓ (scil. εὐθεῖα) fecit E^{2} in supplendis lineis ^{a}24–25 (ubi καὶ Γ – εἶναι omiserat E^{1}), edd., cf. ἡ ΑΓ κίνησις Mich.^{p} 105,5 : ἡ Α καὶ Γ ***ω*** : ἡ ΔΑΓ Wilson 1913, 137 ‖ **^{a}26** κινεῖσθαι] ἂν κινῆσθαι b : κινεῖται ***ι***(A[Z^{a}Anon.]PB^{p}M^{o}) Bekker Nussbaum ‖ **698^{b}1** δυνάμει καὶ ἐνεργείαι … διαιρεῖται ***β***(B^{e}E^{r}b Γ2[*dividitur* GR'']), *virtute et accidente … dividitur* Anon., cf. 698^{a}20 μεταβάλλον δυνάμει καὶ ἐνεργείαι : δυνάμει καὶ ἐνεργείαι … διαιρετά ***α*** (> *potentia et actu … divisibile* G1GR'), edd. | γε ***β***(B^{e}E^{r}b) : om. cett., edd. | ἡ πρὸς ὃ E^{2} (ἡ προς ὃ E^{1}) Jaeger Forster Louis Nussbaum : ἡ πρόσω ***β***(B^{e}E^{r}) ***μ***(PB^{p}M^{o}), qui error a scriptione continua ΠΡΟCΟ ortus esse videtur, cf. 698^{b}14, 699^{a}8, 700^{a}19 : ἡ πρώτη ***γ***(Γ1[*primum* scil. *principium* G]O^{d}SV^{p}[ἡ om. et πρώτη ante ἀρχὴ^{1} transp. C^{a}]b) Torraca, unde ἡ ᾱ ***ζ***(A[Z^{a}Anon.(*designatum per A* scil. *principium*)], quod in ἡ πρώτω corrupit ***ϑ***(N) et om. ***λ***(XH^{a}LV^{g}) Bekker ‖ **^{b}3** ὀλέκρανον E C^{a} E^{r} vel ὁλέκρανον N B^{e}b : ὠλέκρανον cett., edd. ‖ **^{b}4** τὸ γόνυ] τοῦ γόνυ E ‖ **^{b}5** ἕκαστον δεῖ τι ***β***(B^{e}E^{r}b) : ἕκαστόν τι δεῖ (vel ἕκαστον τί δεῖ) cett., edd. ‖ **^{b}6** ἐστίν ***β***(B^{e}E^{r} O^{d}SV^{p}) E : ἔσται cett., edd.

Caput 2

698^{b}8 ἡ ἐν] μὲν ***β***(B^{e}E^{r}) | αὐτοῖς ***β***(B^{e}E^{r}b) ***ι***(A[Z^{a}(cf. *in membris* Anon.)] P[ἡ ἐν αὐτῇ B^{p}]M^{o}) : αὐτῶι ***α***(E Γ1 NXH^{a}LV^{g} C^{a}O^{d}SV^{p}), edd. ‖ **^{b}9** ἔξω ***β***(B^{e}E^{r}b Γ2)E : ἔξωθεν cett., edd. ‖ **^{b}13–14** εἶναι – ἀκίνητον] om. V^{g} ‖ **^{b}14** τι (vel τί) ***β***(B^{e}E^{r}b O^{d}SV^{p}) C^{a} ***ι***(A[*aliquid* Anon.] PB^{p}M^{o}) : om. ***α***(E NXH^{a}L[deficit V^{g}]) Z^{a} | πρὸς ὃ] προσὸ E; de hac scriptione cf. 698^{b}1, 699^{a}8, 700^{a}19 ‖ **^{b}15–16** τοῖς μυσὶ τοῖς ἐν τῆι πίττηι feci : τοῖς μυσὶν ἐν τῆι πίττηι ***β***(B^{e}E^{r}) : τοῖς ποσὶ τοῖς ἐν τῆι πίττηι E ante rasuram : τοῖς μυσὶ τοῖς ἐν τῇ γῇ ***γ***(Γ1 NZ^{a}PB^{p}M^{o}) E^{2} Bekker Forster Torraca Louis, unde τοῖς μυσὶ ἐν τῇ ζειᾷ Farquharson n. 2, τοῖς ἑμύσι τοῖς ἐν τῇ γῇ Diels ap. Jaeger, τοῖς μυσὶ ("shellfish") τοῖς ἐν πηλῷ Nussbaum 1975, τοῖς ἑμύσι τοῖς ἐν πηλῷ Nussbaum 1978 : τοῖς μυσὶ τοῖς ἐν γῇ ***λ***(XH^{a}LV^{g}) : τοῖς ἐν τῇ ἐν τῇ γῇ b | textum a ***γ*** traditum (τοῖς μυσὶ τοῖς ἐν τῇ γῇ ἢ τοῖς ἐν τῆι ἄμμωι πορευομένοις) in τοῖς ἐν τῇ γῇ πορευομένοις μυσὶν contraxit Mich.^{p} 105,25, unde verbis a ***γ*** traditis novum ordinem τοῖς ἐν τῇ γῇ πορευομένοις μυσὶν ἢ τοῖς ἐν τῇ ἄμμω imposuit ***ε***(C^{a}O^{d}SV^{p}) : τοῖς ποσὶ τοῖς ἐν τῇ ἄμμῳ πορευομένοις Platt 1913, 295 : τοῖς μυσὶ τοῖς ἐν τῇ ἅλῳ πορευομένοις Barnes ‖ **^{b}17** πρόεισιν] πρόισιν E | ἔσται] ἔστιν ***β***(B^{e}E^{r}) | εἰ] ἡ E ‖ **^{b}17–18** πτῆσις ἢ νεῦσις (πτῆσις ἢ νῆσις E^{r} : νεῦσις ἢ πτῆσις b)] πτῆσις ἢ πλεύσις E : (πτῆσις ἢ) πλεῦσ^{ις} in ras. scr. Z^{a2} (πτῆσις ἢ …˜…Z^{a1}) : *volatus … nec natatio* Anon. ‖ **^{b}23** ἐπ' αὐτῶι ***β***(B^{e}E^{r}b O^{d}SV^{p}) : ἐν αὐτῶι cett. ‖ **^{b}24–25** οὐδ' … οὐδ' … ***β***(B^{e}E^{r}), cf. Denniston p. 196 : οὔτ' … οὔϑ' … ***α***(E Γ1[*neque … neque* G]NXH^{a}LV^{g} PB^{p}M^{o}[ο… οὔϑ' Z^{a} : *neque … aut* Alb.] C^{a}O^{d})b Bekker Forster Torraca Louis : οὔτ' … οὐδ' … ***κ***(SV^{p}) : οὐδ' … οὔϑ' … Jaeger Nussbaum ‖ **25** ἂν] om. ***β***(B^{e}E^{r}) | Τιτυὸς … Βορέας] *Boreas … Zephirus* Alb. : *Circius … Boreas* G1GR'' (*Circinus … Boreas* GR'), unde Κίρκιος … Βορέας Torraca ‖ **^{b}26** πλέων ***β***(B^{e}E^{r}b SV^{p1}) : πνέων cett., edd. ‖ **^{b}27** αὐτοῦ (scil. τοῦ πλοίου)] αὑτοῦ C^{a} H^{a}LV^{g} M^{o}, edd. ‖ **699^{a}4** αὐτὸν ***β***(B^{e}[αὐτὸ E^{r} : αὐτοῦ b]) : αὐτὸ ἢ cett., edd. ‖ **^{a}8** πρὸς ὃ] προσὸ E; de hac scriptione cf. 698^{b}1 et 14, 700^{a}19 ‖ **^{a}10** ἕλκων καὶ ὠθῶν κινεῖ ***β***(B^{e}E^{r}) : ὠθῶν ἢ ἕλκων κινεῖ ***a***(E Γ1NXH^{a}LV^{g} PB^{p}M^{o} C^{a}) : ἕλκων ἢ ὠθῶν κινεῖ ***η***(O^{d}SV^{p}) : ὠθῶν ἐκκινεῖν fecit ex ὠθῶν ἐκκινεῖ Z^{a}, cf. *impellit* Anon.

Caput 3

699^{a}13 τι a Barnes 1980, 244 temptatum et a Manuwald 1989, 118 postulatum servavit ***β***(εἶναί τε τι δεῖ B^{e} : εἶναί τι δεῖ E^{r} : εἶναι δεῖ τι b) : om. ***α*** (εἶναί τε δεῖ E [cf. *oportet* Anon.] Bekker Farquharson Forster Louis Nussbaum, unde ειναιτελει → εἶναι θέλει ***γ*** [> *vult esse* G] Mich.^{1} 107,8, Jaeger Torraca) | καὶ τοῦτο] καὶ τοῦτο ⟨καὶ⟩ Farquharson n. 2 Nussbaum : τοῦτο καὶ Forster | οὐρανοῦ **β**(B^{e}E^r) : οὐρανοῦ μόριον cett., edd. || **^{a}14** αὐτόν] αὐτὸ E || **^{a}15** θιγγάνον κινεῖν] θιγγάνειν E : θιγγάνον κινεῖ N : θιγγάνειν κινεῖν Z^a || **^{a}17** ἔσται coni. Thomæus (f. CXXXIIv *erit*) Jaeger Forster : ἔσεσθαι **ω** Bekker Torraca Louis Nussbaum, sed a priore apodosi (^{a}14–16) alteram (^{a}16–17) propter varietatem et temporum (^{a}14–15: ἀνάγκη ... εἶναι / ^{a}16–17: ὁμοίως ... ἔσεσθαι codd.,) et negationum (^{a}15: μηθὲν / ^{a}17: οὐθὲν) praedicandi quoque modo differre oportet (^{a}14–15: ἀνάγκη ... μηθὲν εἶναι / ^{a}16–17: ὁμοίως οὐθὲν ἔσται); cf. Renehan 1996, 226–227 || **20** πόλους] πόλλους B^{e}a.r. (πόλους p.r.) S : πολλοὺς E^{r}O^d B^p || **^{a}26** πρὸς τὰ ζῷα τὰ (scil. κινούμενα δι' αὑτῶν) **β**(B^e [καὶ τὰ ζῷα τὰ E^r]b O^{d}SV^p) **ι**(PB^{p}M^o[*ad animalia que moventur per se ipsa* Anon.]) Platt 1913, 295 : πρὸς τὰ ζῷα καὶ τὰ (scil. κινούμενα δι' αὑτῶν) **α**(E Γ1NH^{a}V^g Z^a C^a), edd. : πρὸς τὰ ζῷα καὶ τὰ (scil. κινούμενα δι' αὑτῶν) XL b$^{a.c.}$, Thomæus (f. CXXXIIIr *ad animalia & ad ea quæ per se mouentur*), Barnes 1980, 224, cf. iam Forster 448, note a) || **^{a}26–27** διαπορήσειεν] ἀπορήσειεν **β**(B^{e}E^{r}b) **ι**(Z^a[ἀπορήσειε]PB^{p}M^o) || **^{a}28** ἂν] om. **β**(B^{e}E^{r}b) || **^{a}30** ἂν συμβαίνοι **β**(B^{e}E^{r}b) E M^o Bekker Forster Torraca Louis Nussbaum : ἂν συμβαίνει **γ**(Γ1[*utique accidit* G]NC^{a}Z^a), unde ἂν συμβαίνῃ (= ἐὰν συμβαίνηι) **η**(O^{d}SV^p) **λ**(XH^{a}LV^g) PB^p Jaeger | κατὰ λόγον] καὶ κατὰ λόγον **ι**(Z^{a}PB^{p}M^o) Jaeger Torraca Louis || **^{a}35** καὶ καθ' ἣν] καθ' ἣν E Z^a || **^{a}37** ὑπ' ἀλλήλων] ὑπ'αλλήλον ex ὑπ' αλλήλου E : ἀπ' ἀλλήλων B^p || **699^{b}2** τοιοῦτον ἕτερόν ἐστιν **β**(B^{e}E^r) P vel τοιοῦτον ἕτερον ἐστὶ b **η**(O^{d}SV^p) : τοιοῦτόν ἐστιν ἕτερον E, edd. vel τοιοῦτον ἐστὶν ἕτερον **γ**(NXH^{a}LV^g C^a) : τοιοῦτον ἕτερον **ι**(Z^{a}B^{p}M^o) || **^{b}2–3** οὐ δεῖ μᾶλλον ἀντερείδειν **β**(B^{e}E^r Γ2[*non oportet magis contratendere* GR'']) : οὐδὲν μᾶλλον ἀντερείδειν **γ**(Γ1[*nichil magis contratendere* G1GR']NXH^{a}LV^g Z^{a}PB^{p}M^o C^{a}O^{d}SV^p)b : οὐδὲν μᾶλλον ἀντερείδειν δεῖ E, edd. || **^{b}6** ἢ] om. **β**(B^{e}E^{r}b O^{d}SV^p) || **^{b}7** ὡσαύτως] ὡ αύτως E | τοῦ κινουμένου (gen. comp.!) **β**(B^{e}E^{r}b Γ2[*et moti* G]) : αἱ (i.e. αἱ) τοῦ κινουμένου E : τῆς τοῦ κινουμένου **γ**(H^{a}LV^g Z^{a}PB^{p}M^o C^{a}O^{d}S) Forster Torraca Nussbaum : ἡ τοῦ κινουμένου N Aldina Bekker Jaeger Louis : ἡ τῆς τοῦ κινουμένου XV^p : ἡ τοῦ κινουμένου 〈καὶ κινοῦντος τῆς τοῦ κινουμένου〉 Farquharson n. 3.

Caput 4

699^{b}13 ὡς] om. E Z^a : καὶ C^a || **^{b}14** τις] της E | ὑπερβάλῃ B^e C^{a}O^d Z^{a}M^o LV^g : ὑπερβάλληι E NXH^a P(ὑπερβάλλει B^p) SV^p E^{r}b, edd. || **^{b}19** ἀδύνατον εἶναι φαμὲν **β**(B^{e}E^{r}b Γ2[*dicimus esse impossibile* G]) : ἀδύνατον φαμὲν εἶναι EN edd. : εἶναι om. **γ**(Z^{a}PB^{p}M^o C^{a}O^{d}SV^p [φαμὲν ἀδύνατον transp. **λ**]) || **^{b}22** εἶναι **ω** Bekker : om. E^{r}p.c. in marg. (in supplendo lineam ^{b}22, ubi οἰόμεθα μὲν ἐξ ἀνάγκης εἶναι omiserat E^{r}a.c.) Bonitz 1863/II–V, 50 (= 180) Jaeger Torraca Louis Nussbaum : post ^{b}23 ἐξ ἀνάγκης transposui || **^{b}24** μείζω] μήζω E || **^{b}25** αἱ] om. Mich.^{c} 110,11–12 C^a **ι**(Z^{a}PB^{p}M^o) Jaeger Nussbaum || **^{b}25–26** ὑπερέχουσαι] περὶ έχουσαι E : ὑπάρχουσαι E^r : ὑπερβάλλουσαι **ι**(A[et *excellit* et *superhabet* Anon.]PB^{p}M^o) || **^{b}26** ὑπ' ἀλλήλων] ἀπ' αλλήλων E || **^{b}28** ἐνδέχοιτ' ἂν **α**(E Γ1NXH^{a}LV^g PB^{p}M^o C^{a}O^{d}SV^p), edd. : οὐδὲ ἐνδέχοιτ' ἄν **A**(Z^a[... *autem* ... *non contingit* ... Anon.]) : ἐνδέχεται **β**(B^{e}E^{r}b) || **^{b}29–30** εἴπερ ... εἴπερ **β**(B^{e}E^{r}b) : εἴπερ ... εἰ cett., edd. || **^{b}32** τι ἀκίνητον **β**(B^{e}E^{r}b O^{d}SV^p)**γ** Mich.^{l} 111,8 Jaeger Nussbaum : ἀκίνητόν τι E(ἀκινητόν τι) Bekker Forster Louis || **^{b}37** ἐρύσαιτ' (ἐρύσαιτε b)] ἐρύσετ' E vel ἐρύσετε **ε**(C^{a}O^{d}S[ἐρύσεται V^p]) || **700^{a}1** ὕπατον μήστωρ' **β**(B^{e}E^{r}b) Homeri vulgata : ὕπατον πάντων **α**(EΓ1[*suppremum omnium* GR'GR'']**ε**[C^{a}O^{d}SV^p]), edd., quae lectio a vetere explicatione verbi ὕπατον ('ἢ γὰρ ἁπλῶς πάντων ὕπατον, ἢ τῶν ἀρχόντων [scil. ὕπατον]') ab Eustathio laudata (*In Iliadem* II,518,11 v. d. Valk) orta esse potest : ὕπατον μήστορα πάντων **ζ**(NA[Z^{a}Anon.(*qui magister est omnium*)]PB^{p}M^o) : ὕπατον μήστωρα **λ**(XH^{a}LV^g) | πάνυ **β**(B^{e}E^r Γ2[*valde* GR'GR''; cf. De Leemans 2011b, CLXXXVII]) : μάλα ex Homeri vulgata cett. (μάλλα **κ**[SV^p] : om. **A**[Z^{a}Anon.]), edd. || **^{a}2** ἐξάπτεσθε (ἐξάπτοισθε X)] ἐξάπτεσθαι E Z^{a}P vel ἐξάπτεσθαι B^e || **^{a}5** διαλυθῆναι] διλυθῆναι E | εἰ] ἢ **β**(B^{e}E^r[ἣ]) || **^{a}5–6** ἀκινήτου] ἀκίνητου Bekker Jaeger Forster || **^{a}6** ἤρτηται] ἦρκται **β**(B^{e}E^{r}b Γ2[*ortum est* G]) || **^{a}8** ὅσα κινεῖ αὐτὰ αὑτά] ὅσα κινεῖ αὐτὰ E **ι**(A[Z^{a}Anon.(*quot sint moventia*)]B^{p}M^o) V^{p}a.c. : ὅσα αὐτὰ κινεῖ αὑτά C^a(ex ὅσα αὐτὰ κινεῖ αὐτά) | αὐτοῦ τὸ] αὐτῶν τὸ **ϑ**(NXH^{a}LV^g) Nussbaum :

αὐτοῖς τοῦτο **ι**(**A**[Z^aAnon.(*in omnibus* … *talibus* … *hoc*)]P$B^p$$M^o$) Platt 1913, 295 ‖ ^{a}**8–9** δεῖ γὰρ – κινεῖσθαι] post ^{a}**10** (κινήσεται) transposuit Renehan 1996, 234 ‖ ^{a}**9** ἠρεμεῖν … κινεῖσθαι **ω** : κινεῖσθαι … ἠρεμεῖν Thomæus (*moueri* … *quiescere*) Moraux 1959, 364 ‖ ^{a}**12** αὐτοῖς E^rbO^d C^a(ex αὐτοῖς) PM^op.c. ut vid. vel αὐτοῖς B^e C^aSV^p B^p **A**(Z^aAnon.[*ipsis*]) : ἑαυτοῖς E **ϑ**(NXH^aLV^g) ‖ ^{a}**13** κινούμενον **β**($B^e$$E^r$b) : κινοῦν cett., edd. | πρὸς τῶν] πρὸς τὸν E : πρῶτον **A**(Z^aAnon.[*primum*]) : πρός τι E^r | ἔξωθεν **β**($B^e$$E^r$b O^dSV^p), *extrinsecorum* G : ἔξω cett. (ἐξ' ὧν **A**[Z^aAnon.[*a quibus*]), edd. | ἠρεμοῦν **β**($B^e$$E^r$b) : ἠρεμούντων cett., edd. ‖ ^{a}**14** πάντα ταῦτα **β**($B^e$$E^r$b) : ταῦτα **α**, edd. : πάντα post ταῦτα inseruit P ‖ ^{a}**15** ἄλλ', ⟨ἀλλ'⟩ scripsi, de accentu in ἀλλ' (< ἀλλά) omittendo cf. Kühner/Blass 1890, 332 (§ 85/4) : ἀλλ' **ω**(ENXH^aL**A**[Z^a Anon.]C^a B^ebO^dSV^p) Farquharson Jaeger Forster Torraca Nussbaum : ἄλλο E^r (ἄλλ' iam Bekker Louis) : ἀλλὰ P$B^p$$M^o$: ἀλ' V^g ‖ ^{a}**15–16** πρώτων] πρῶτον **β**($B^e$$E^r$ba.c. Sa.c.) B^p **A**(Z^a Anon.[*primitus*]) ‖ ^{a}**17** ὁμοίως **β**($B^e$$E^r$b Γ2[*similiter* GR''(BvFa z)]) : om. cett., edd. | αὐτὰ αὑτά] αὐτὰ **ι**(**A**[*se ipsa* Anon.]PM^o [αὐτὰ $Z^a$$B^p$]) ‖ ^{a}**19** αὑτοῖς C^aa.c. L PM^o E^rb, cf. G1(Di) Anon. Bekker Jaeger Forster Torraca Louis : αὐτοῖς cett., Nussbaum ‖ ^{a}**20** πρῶτον] πρώτως E **ι**([πρώτω Z^a]P$B^p$$M^o$), edd. : πρώτων fecit E s.l. : *primitus sive primum* Anon. (p. 17,393 de Leemans) ‖ ^{a}**24** καὶ **β**(B^eb O^dSV^p) E, edd. : om. E^r : καὶ οἱ **γ**(NXH^aLV^g Z^aP$B^p$$M^o$ C^a) ‖ ^{a}**25** οἱ ἐκπνέοντες **β**($B^e$$E^r$b O^dSV^p) C^a : ἐκπνέοντες cett. (ἐμπνέοντες Z^a), edd.

Caput 5

700^{a}26 αὐτὸ αὑτὸ] αὐτῶ αὐτὸ **λ**(XH^aLV^g) ba.c., quod iam Jaeger coniecerat, Torraca Louis Nussbaum : αὐτὸ **κ**(SV^p) : αὑτὸ E^2 Bekker Platt 1913, 295 Forster : ex αὐτῶ fecit αὐτὸ B^p : ex αὐτὸ fecit αὐτῶ Z^a, cf. Anon. (*eodem*) ‖ ^{a}**27** ἢ ⟨καὶ⟩ **γ**(Γ1[*aut etiam* G1GR''] NXH^aLV^g **A**[Z^aAnon.(*etiam*)]P$B^p$$M^o$ $C^a$$O^dSV^p$)b Mich.^{1} 112,22–24, (cf. 26 μόνωι), edd. : ἢ **β**($B^e$$E^r$ Γ2[*aut* GR'])E | αὐτὸ ὑφ' αὑτοῦ E A(Z^aAnon.) vel αὐτὸ ὑφ' ἑαυτοῦ **μ**(PB^p) : αὐτῶ ὑφ' αὑτοῦ **β**($B^e$$E^r$b O^dSV^p) **ϑ**(NXH^aLV^g), edd. : αὐτῶ ὑφ' ἑαυτοῦ M^o : αὐτοῦ ὑφ' αὐτοῦ (sic!) C^a | καὶ ἐν **β**($B^e$$E^r$b O^dSV^p) : καὶ cett., edd. | τῶι^2 **β**($B^e$$E^r$b) : om. cett. ‖ ^{a}**28–30** τῆς ἐξ ἀρχῆς – μὲν] om. B^p ‖ ^{a}**29** ἥνπερ] ἣν **λ**(XH^aLV^g) : ἥπερ (sic!) Nussbaum | πρώτη κίνησις] πρώτως (vel πρῶτον) κίνησις Γ1(G1GR') : πρώτην κίνησιν Mich.^{c} 113,4 **ι**(**A**[Z^ap.c.(πρώτην τὴν κίνησιν Z^aa.c.) Anon.(*primum motum*)]PM^o) (deficit B^p) Jaeger ‖ ^{a}**30** μὲν **β**($B^e$$E^r$b), de μὲν … καὶ … δὲ cf. Denniston *Greek Particles* 203 : om. cett., edd. | δὲ **β**($B^e$$E^r$b O^dSV^p) E Bekker Jaeger Forster Torraca Louis, unde δὴ Farquharson n. 6 Nussbaum : om. **γ**(NXH^aLV^g Z^aP$B^p$$M^o$ C^a) | αὕτη ἂν αἰτία εἴη **β**($B^e$$E^r$b) : αὕτη ἂν εἴη αἰτία **ν**(H^aLV^g) : αὕτη αἰτία ἂν εἴη cett., edd. ‖ ^{a}**32–33** ὥστε καὶ αὐξήσεως (scil. αἰτία ἡ κατὰ τόπον κίνησις), εἴ ποτε γίγνεται αὐτὸ αὑτῶι αἴτιον (scil. αὐτῆς), καὶ ἀλλοιώσεως. Sic interpunxit Farquharson n. 8 ‖ ^{a}**33** αὐτὸ αὑτῶ] αὐτῶ αὐτῶι E vel αὐτῶ αὐτῶ Na.c. Z^aa.c. : αὐτῶ αὐτὸ Z^ap.c. ‖ ^{a}**33–35** εἰ – ἑτέρων] secl. Torraca, sed cf. Moraux 1959, 364 ‖ ^{a}**35** ἑτέρων] ἕτερον **β**($B^e$$E^r$b) : ἑτέρου C^a ‖ **700^{b}1** οἷόν τε] οἴονται **β**($B^e$$E^r$) P$B^p$ | αὐτὸ αὑτῶι αἴτιον εἶναι **β**($B^e$$E^r$b) : αὐτὸ αἴτιον αὑτῶ εἶναι O^d : αὐτὸ αἴτιον εἶναι αὑτῶι (vel αὐτὸ αἴτιον εἶναι αὐτῶι) cett., edd.

Caput 6

700^{b}7 δὲ] μὲν Pachymeres (Y) unde Bekker : om. N b ‖ ^{b}**9** λοιπὸν δ' **β**(b Γ2[Ap(*reliquum autem*) Dt(*reliquum autem est*)])E Bekker Forster, cf. Denniston ^{2}1954, 177–181 et supra 699^{b}21 : λοιπόν **γ** $B^e$$E^r$ Jaeger Torraca Louis Nussbaum ‖ ^{b}**10** ἀρχὴ] ἡ ἀρχὴ **ι**(Z^aP$B^p$$M^o$) C^a, E^r in margine, Jaeger (ex P) Louis ‖ ^{b}**11** ὅλου] λόγου E ‖ ^{b}**14** καὶ γὰρ] καὶ γὰρ καὶ **ϑ**(NXH^aLV^g), edd. (Bekker ex Aldina 278,18, ut videtur) ‖ ^{b}**16** ἔστιν] ἐστὶ E^rb **η**($O^d$$V^p$) | πάσης αὐτοῖς **β**($B^e$$E^r$b $O^d$$S^{a.c.}$), unde πάσης αὐτῆς **κ**($S^{p.c.}$$V^p$) : αὐτοῖς πάσης **a**, edd., unde αὐτοῖς πᾶσι **ι**(**A**[Z^aAnon.(*omnium ipsorum*)]PM^o) | τῆς κινήσεως] καὶ τῆς κινήσεως **κ**(SV^p) ‖ ^{b}**17** φαντασίαν] αἴσθησιν καὶ φαντασίαν **λ**(XH^aLV^g) Torraca ‖ ^{b}**18** ἐπιθυμίαν] θυμὸν καὶ ἐπιθυμίαν **λ**(XH^aLV^g) Torraca ‖ ^{b}**22** ὀρέξεις **βγ** : ὄρεξις E, edd. ‖ ^{b}**23–24** ὥστε κινεῖ πρῶτον τὸ ὀρεκτὸν καὶ τὸ νοητόν. οὐ πᾶν δὲ νοητόν scripsi (cl. supra 700^{b}18–19 ταῦτα δὲ πάντα ἀνάγεται εἰς νοῦν καὶ ὄρεξιν et *Metaph.* Λ 7, 1072^{a}26 κινεῖ δὲ ὧδε τὸ ὀρεκτὸν καὶ τὸ νοητόν) : ὥστε κινεῖ πρῶτον τὸ ὀρεκτὸν καὶ τὸ διανοητόν. οὐ πᾶν δὲ διανοητόν ***β***(B^{e}E^{r}b Γ2[*Quare movet primum quod appetibile et quod intellectuale* GR'GR''])P : ὥστε καὶ τὸ διανοητόν. οὐ πᾶν δὲ τὸ διανοητόν ***α***(EΓ1[*Quare et intellectuale* G1]C^{a}O^{d}SV^{p}), quem locum sane lacunosum Mich.^{P} 113, 22–24 hoc modo interpretatus est: καὶ ἐπεὶ ἡ προαίρεσις κίνησις διανοίας καὶ ὀρέξεως, ἔσται καί τι διανοητὸν προαιρετόν· οὐ γὰρ πᾶν διανοητόν (scil. προαιρετόν), unde ***ζ*** vocem προαιρετόν in margine adiecisse videtur, ut ex eius progenie (***ϑι***) elucet: ὥστε καὶ τὸ προαιρετόν. οὐ πᾶν δὲ τὸ διανοητὸν προαιρετόν ***ϑ***(NXH^{a}LV^{g}) et ὥστε καὶ τὸ διανοητὸν (διανοητικὸν Z^{a}) οὐ πᾶν προαιρετόν ***ι***(A[Z^{a}Anon.]B^{P}M^{o}) ‖ **^{b}24** καὶ τὸ] τὸ om. N Nussbaum | οὐ πᾶν δὲ] οὐ πᾶν δὲ τὸ ***α***(ENXH^{a}LV^{g}C^{a}O^{d}SV^{p}) : οὐ πᾶν ***ι***(Z^{a}B^{P}M^{o}) | post οὐ πᾶν δὲ διανοητόν supra lineam προαιρετόν add. b (ex N, ut videtur) ‖ **^{b}25** τὸ τοιοῦτόν] τοιοῦτόν ***β***(B^{e}E^{r}b O^{d}SV^{p}) P : τῶν τοιούτων **A**(Z^{a}Anon.[*huiusmodi ... bonorum*]) ‖ **^{b}28** κινεῖ] κινεῖν ***β***(B^{e}E^{r}) : κινεῖσθαι V^{p} ‖ **^{b}28–29** ἀγαθοῦ – ἀγαθόν] om. propter homoeoteleuton E ‖ **^{b}30** ὁμοίως] ὁμοίος E ‖ **^{b}31** κινοῦντος] κινοῦντων E ‖ **^{b}32** τὸ μὲν ***β***(B^{e}E^{r}b Γ2[*hoc quidem* GR'']) Z^{a}, quod iam Farquharson n. 6 coniecerat, Nussbaum : τὰ μὲν cett., Bekker Jaeger Forster Torraca Louis ‖ **^{b}33** ἀληθῶς ***α*** (Mich.^{c} 114,9), edd. : ἀληθὲς ***β***(B^{e}E^{r}b)P | τὸ πρώτως ***β***(B^{e}E^{r}b Γ2[*quod primo* G1(x$_{2}$) GR']) P Mich.^{c} 114,9–10 Jaeger : πρώτως ***α*** Γ1(*primo* G1[x$_{1}$]GR'') Bekker Forster Torraca Louis Nussbaum | τὸ ἀληθῶς καὶ τὸ πρώτως ἀγαθὸν] τὸ πρώτως ἀγαθὸν καὶ ἀληθῶς ***ξ***(B^{P}M^{o}) ‖ **^{b}34** ἢ ὥστ'] πως ***β***(B^{e}E^{r} Γ2[*aliqualiter*])P ‖ **^{b}35** πρὸς ἕτερον ***β***(B^{e}E^{r} Γ2[*ad alterum* GR'GR''])P Bekker Torraca Nussbaum : πρότερον cett. (Mich.^{c} 114,14), quod alii aliis remediis sanare conati sunt: πρότερόν τι Mich.^{P} 114,15 Jaeger Forster Louis; *ita quod ante ipsum non est aliud bonum* Albertus; ⟨ἕτερον⟩ πρότερον Renehan 1996, 237 ‖ **701^{a}3** κινουμένων ***β***(B^{e}E^{r}b)Pp.c., unde κινήσεων Nussbaum : γι(γ)νομένων ***α*** Bekker Jaeger Forster Torraca Louis ‖ **^{a}3–4** *ἡ φορὰ* τελευταία *τῶν κινουμένων* ἐν τοῖς γιγνομένοις ≈ *ἡ φορὰ τῶν κινουμένων* τελευταία ἐν τοῖς γιγνομένοις, cf. Newman 1904, 580 | γι(γ)νομένοις] κινουμένοις Jaeger Forster ‖ **^{a}4–5** ὀρέξει ἢ προαιρέσει] ἢ προαιρέσει ***β***(B^{e}E^{r}) : ὀρέγον ἢ προαιροῦν **A**(Z^{a} Anon.[*desiderans ... aut eligens*]).

Caput 7

701^{a}7 νοῶν] νῦν E ‖ **^{a}8** ἔοικε δὲ ***β***(B^{e}Γ2[cf *videtur autem* G1(x$_{2}$)]E^{r}b) N B^{P} : ἔοικεν E : ἔοικε cett., edd. ‖ **^{a}15–16** ταῦτ' ἄμφω feci : ταῦτα ἄμφω ***α***, edd. : τοῦτ' ἄμφω ***β***(B^{e}E^{r}), unde τοῦτ' εὐθὺς b ‖ **^{a}16** ἀναγκάζηι] ἀναγκάζει ***β***(B^{e} SV^{p}) B^{P}p.c. ‖ **^{a}17** ἀγαθὸν δὲ οἰκία ***β***(B^{e}E^{r}b) : οἰκία δὲ ἀγαθόν cett., edd. | ἀγαθὸν δὲ οἰκία· ποιεῖ] οἰκία δὲ ποιεῖ ἀγαθὸν ***κ***(SV^{p}) ‖ **^{a}18–19** οὗ δέομαι ποιητέον· ἱματίου δὲ δέομαι] om. propter homoioteleuton C^{a} ***ι***(**A**[Z^{a}Lat^{a}(Alb.)]PB^{P}M^{o}), sed οὗ δέομαι ποιητέον ex altero fonte ante καὶ τὸ inseruit P ‖ **^{a}19** δὲ ***β***(B^{e}E^{r}b) : om. cett., edd. | ποιεῖ ***β***(B^{e}E^{r} O^{d}SV^{p}) E C^{a} Farquharson (n. 4) : ποιητέον ***δ***(Γ1[*faciendum* G] NXH^{a}LV^{g} Z^{a}PB^{P}M^{o}) b, edd. ‖ **^{a}21** ἔσται] ἐστὶν ***β***(B^{e}E^{r}) : om. Z^{a} ‖ **^{a}22** τόδε, τόδε· καὶ τοῦτο ***β***(B^{e}b O^{d}SV^{p}) ***γ***(NXH^{a}LV^{g} Z^{a}PB^{P}M^{o}) : τόδε, καὶ τόδε· καὶ τοῦτο E^{r} Γ2(*hoc et hoc et hoc* GR'GR'') : τόδε, καὶ τόδε E vel τόδε, καὶ τοῦτο C^{a} , cf. *hoc, et hoc* G1 et *hoc ... etiam illud* Anon. ‖ **^{a}24** δυεῖν ὁδῶν scripsi : δύ' εἰ ποδῶν B^{e} : δ[.] ... οδῶν E$^{a.c.}$ ut vid. : δύο εἰδῶν E$^{p.c.}$ (currente calamo post rasuram), cett. Mich.^{P} 117,1, edd. | γίγνονται E^{r}SV^{p} N : γίνονται cett. ‖ **^{a}26** ἐπιστᾶσα ***β***(B^{e}E^{r}) : ἐφιστᾶσα cett. (ὑφιστᾶσα Z^{a}), edd. : ἐφεστῶσα Pachymeres ‖ **^{a}27** οὐκέτι ***β***(B^{e}E^{r}b Γ2[*non iam* G]) : οὐκ cett., edd. ‖ **^{a}27–28** ἐνδιατρίβει] ἐνδιατρίβη E ‖ **^{a}29** ἐνεργήσηι γὰρ] γὰρ ἐνεργήσῃ transp. ***ι***([γὰρ ἐγγίσαι Z^{a}] P[γὰρ ἐνεργ(ήσῃ) B^{P}]M^{o}) N Bekker Forster ‖ **^{a}30** οὗ ὀρέγεται] οὗέγεται Ea.c. : ὀρέγειν Z^{a}a.c. : ὀρέγεται **A**(Z^{a}p.cAnon.[*desiderat*]) ‖ **^{a}32** ποτέον ***β***(ποτὲ ὄν B^{e} vel ποτὲ εἰ E^{r}) ***ν***(H^{a}LV^{g}), Pachymeres, edd. : ποτῷ **A**(Z^{a}Anon.[*in potu*]) : ποτόν cett. (ποντόν Ea.c.) ‖ **^{a}32–33** ἡ αἴσθησις] αἴσθησις ***β***(B^{e}E^{r}) ‖ **^{a}33** οὕτω ***β***(B^{e}E^{r}b O^{d}SV^{p}) M^{o} : οὕτως cett., edd. ‖ **^{a}35** τοῦ κινεῖσθαι ***ω*** : τῆς κινήσεως Nussbaum sine ulla adnotatione ‖ **^{a}37** πράττειν ***ω*** : delendum esse censet Corcilius ‖ **701^{b}1** διὰ προαίρεσιν ἢ βούλησιν ***β***(B^{e}E^{r}b) (cf. supra 700^{b}15–^{b}18 et

^{b}22–^{b}25) : δι' ὄρεξιν ἢ βούλησιν cett., Bekker Jaeger Forster Torraca Louis : διὰ βούλησιν Nussbaum || **^{b}2** γενομένης] γινομένης Mich.^{l} 117,18–19 ***ζ***(NXH^{a}LV^{g} Z^{a}PB^{p}M^{o}) b Aldina, Bekker Jaeger Forster Torraca Louis || **^{b}3** στρεβλῶν (στρέβλων V^{p} : στρεβῶν C^{a} : στεβλῶν b)] ξύλων Farquharson n. 4 | κρουόντων] post ἀλλήλας transp. B^{e} : κροόντων E^{r}a.c. : κρουουσῶν Forster | πρὸς ***β***(B^{e}E^{r}b) : om. cett., edd. | ἀλλήλας] ἀλλήλαις Farquharson n. 4 : ἄλληλα Torraca Nussbaum | ⟨εὐθὺς τῶν ζωιδίων τὰς μαχαίρας⟩ exempli gratia restitui (εὐθὺς suadente Shields) : τὰς στρέβλας ***ω***, quod del. iam Forster, Torraca : τῶν ξύλων Nussbaum || **^{b}4** ὅπερ ***α*** (Mich.^{c} 118,16) Bekker Jaeger Forster Torraca Louis : ὁ γὰρ Richards & Ross apud Farquharson n. 1, Nussbaum : ὥσπερ ***β***(B^{e}E^{r}b +V^{p}) ***μ***(PB^{p}M^{o}) | ⟨ὁ⟩ inserui : ⟨τὸ⟩ Forster | ὀχούμενος αὐτὸς ***β***(B^{e}E^{r}) : ὀχούμενον αὐτὸ ***α*** Bekker Jaeger Forster Torraca Louis : ὀχούμενος αὐτὸ ***η***(O^{d}SV^{p}) Richards & Ross apud Farquharson n. 1, Nussbaum : ὀχούμενον αὐτὸς b || **^{b}4–5** ⟨πάλιν⟩ καὶ πάλιν scripsi (cl. *Phys.* Θ 10, 267^{b}10–11 τὸ ὠθοῦν πάλιν καὶ πάλιν) : καὶ πάλιν ***ω***, edd. || **^{b}5** δὲ ***β***(B^{e}E^{r}b) : om. cett., edd. || **^{b}7** οὕτω καὶ] οὕτως καὶ E vel οὕτως καὶ C^{a} || **^{b}9–10** λυομένων] συστελλομένων Farquharson n. 3 || **^{b}13** τὸ αὐτὸ] τὸ αὐτῶ E || **^{b}13–14** ἔλαττον καὶ μεῖζον ***β***(B^{e}E^{r}b O^{d}SV^{p}) : μεῖζον καὶ ἔλαττον cett., edd. || **^{b}14** γίνεσθαι] γενέσθαι ***β***(B^{e}E^{r}b) || **^{b}15** ⟨καὶ συστελλομένων⟩ inserui cl. 703^{a}20–21 δεῖ τὸ ὄργανον αὐξάνεσθαί τε δύνασθαι καὶ συστέλλεσθαι | πνεῦμα καὶ ***β***(B^{e}Γ2[*spiritum et* G]E^{r}b) E : πάλιν συστελλομένων διὰ cett. (cf. Mich.^{p} 119,7 πάλιν συστέλλονται), edd. || **^{b}16** ψῦξιν feci (cf. ad ^{b}28 et ^{b}35); cf. LSJ 1996, 2026, Frisk 1970, 1141, Chantraine 1968–1980, 1295 : ψύξιν ***ω*** (om. N), edd. || **^{b}19** νόησις] νόσις E || **^{b}20** θερμοῦ ἢ ψυχροῦ ἢ] secl. Nussbaum, sed cf. Barnes 1980, 225 et Kollesch 1985, 51 || **^{b}21** ὂν ***β***(B^{e}E^{r}b) E, edd. : om. cett. || **^{b}22** μόνον] om. E || **^{b}26** ἄπωθεν B^{e} N : ἄποθεν cett., edd. || **^{b}27** ἡ ***β***(B^{e}E^{r}b) E P Al. 77,10, edd. : om. ***γ*** || **^{b}28** ψῦξιν Al. cod. Marc. 258 : ψύξιν ***ω***, edd. || **^{b}28–29** τοιοῦτο EB^{e} : τοιοῦτον cett., edd. || **^{b}30** καὶ] εἰ καὶ Al. 77,12 > Mich.^{p} 115,20 > (***ζ*** >) ***ϑ***(NXH^{a}LV^{g}) > Nussbaum | ἐν ταύτηι] ἐκ ταύτης Platt 1913, 296 | ἐν ἀναισθήτωι Al. 77,12 : κατὰ μέγεθος ἀναισθήτωι ***β***(B^{e}E^{r}b Γ2[*secundum magnitudinem insensibili* G]) E V^{p} : κατὰ μέγεθος ἐν ἀναισθήτω ***γ***(NXH^{a}LV^{g} Z^{a}p.c.PB^{p}M^{o} C^{a}O^{d}S), edd. : κατὰ μέγεθος ἐν αἰσθητικῷ Platt 1913, 296 || **^{b}31** ποιεῖ] ποιεῖται Mich.^{p} 115,21 ***ι***(Z^{a}PB^{p}M^{o}).

Caput 8

701^{b}34 διωκτόν τε καὶ φευκτόν Al. 77,16 : διωκτὸν καὶ φευκτόν codd. (φευκτὸν καὶ διωκτὸν transp. H^{a}) || **^{b}35** θερμότης] θερμώτης E | ψῦξις Al. cod. Marc. 258 : ψύξις codd. (ψυχρότης ***ι***[Z^{a}PB^{p}M^{o}]) || **^{b}36–37** ἀλλὰ λανθάνει περὶ τὰ μικρὰ τοῦτο συμβαῖνον] post 702^{a}1 θερμότητος transp. Moraux 1959, 365, Nussbaum || **702^{a}1** ἡδέα ***α*** Al. 77,19, cf. ^{a}3–4 : τὰ ἡδέα ***β***(B^{e}E^{r}b) || **^{a}3** τὰ ἄλλα τὰ ***β***(B^{e}E^{r}b) ***μ***(PB^{p}M^{o}) Bekker Forster Nussbaum (cf. Kühner/Gerth 1898 p. 635 [§ 464/9]) : τὰ ἄλλα cett. Jaeger Torraca Louis || **^{a}4** καὶ ***β***(B^{e}E^{r}b Γ2[*et* G1GR']) A(Z^{a}Anon.[*et*]) : ἢ cett., edd. || **^{a}11–12** καὶ ἐπὶ τοῦ … καὶ ἐπὶ τοῦ ***β***(B^{e}E^{r}) vel καὶ ἐπὶ τοῦ … καὶ τοῦ b vel καὶ ἐπὶ τοῦ … καὶ ***η***(O^{d}SV^{p}), Mich.^{p}(S) 120,10 : καὶ ἔτι τοῦ … καὶ cett. (καὶ ἔστι τοῦ … καὶ L), Mich.^{p} (CPR), edd. || **^{a}12** πολλαχῆι ***β***(E^{r}b[πολλαχοὶ B^{e}]) : πολλαχοῦ cett., edd. || **^{a}13** ὥστ' εἶναι] ὡς τείνει ***β***(B^{e} [ὥστ' εἰνει S]), quod in γίνεσθαι correxit E^{r} || **^{a}14** ἀπολείπηι (ἀπολείπει Mich.^{c} 120,15, N : ἀπολείπειν Z^{a})] ἀπολίπη Xp.c. ***μ***(PB^{p}M) ***ε***(C^{a}O^{d}SV^{p}), edd. || **^{a}14** ἑκάτερον] ἑκατέρω (dat.) ***β***(B^{e}E^{r}b), sed cf. Classen/Steup ad Thuc. VIII 22, 1 (οὐδὲν ἀπολείποντες προθυμίας) || **^{a}15** τοῦτο ***β***(B^{e}E^{r}b) : τοῦτο δὲ cett., edd.; sed cf. Kühner/Gerth 1904: 343–344 (§ 546/5.a.γ), Schwyzer/Debrunner 1950, 702, Kassel ad *Rhet.* B 6, 1384^{a}36 || **^{a}16** ἐὰν ***β***(B^{e}E^{r}b SV^{p}) : ἂν cett., edd. || **^{a}18** ἔχειν ***β***(B^{e}E^{r}b) : om. cett., edd. || **^{a}20** διὰ τὸ ⟨τὸ⟩ ***ϑ***(NXH^{a}LV^{g}), quod coniecerat iam Bonitz 1866, 360 [= 253], Jaeger Forster Torraca Louis Nussbaum, cf. Bywater ad *Poet.* 1459^{a}8 : διὰ τὸ cett., Bekker || **^{a}22** ἐστὶν τοῦ μὲν ***β***(B^{e}E^{r}b) : μέν ἐστι τοῦ μὲν ***γ*** (τοῦ μὲν post [23] ἀρχὴ transp. Z^{a}) Bekker Forster Torraca Louis : μέν ἐστιν E^{1}(μέν ἔστιν) Jaeger : ⟨τοῦ⟩ μέν ἐστιν E^{2} Farquharson n. 4 Nussbaum || **^{a}27** εἴρηται] εἴρετε E || **^{a}28** ὀλεκράνωι C^{a} L E^{r} vel ὀλεκράνωι E N B^{e} (cf. supra ad 698^{b}3) : ὠλεκράνω cett., edd. || **^{a}29** κινεῖ καὶ κινεῖται ***β***(B^{e}E^{r}b Γ2[*movet et movetur* GR'GR'']) Farquharson n. 6 (cl. 703^{a}12–14 :

ὥσπερ τὸ ἐν ταῖς καμπαῖς σημεῖον, τὸ κινοῦν καὶ κινούμενον, πρὸς τὸ ἀκίνητον scil. ἔχει, cf. et 702^{a}26–27 ὅτι γὰρ πρὸς ἠρεμοῦν δεῖ ἀπερείδεσθαι τὸ κινοῦν, εἴρηται πρότερον) Torraca : κινεῖται **α** (per haplographiam) Bekker Jaeger Forster Louis Nussbaum : κινεῖται καὶ κινεῖ P : κινεῖ **A**(*movet* Anon.), unde κινοῦν Z^a | ἀλλ' **β**(B^eb $O^d$$SV^p$) : om. **α** E^r, edd. | δ⟨ὴ⟩ εἶναι [*di ine*] scripsi : δ' εἶναι [*d'ine*] **ω** (δὲ εἶναι B^e : εἶναι b), edd.; de particulis δὴ et δὲ in mss. confusis cf. Bonitz 1863/II–V, 95 (= 225) | εἶναί τι] εἶναι τινὰ E || ^{a}**30** καὶ ἀκίνητον **α**, edd. : ἀκίνητον **β**($B^e$$E^r$b Γ2[*immobile* G]) | ὃ] ὃ „quapropter“ cf. Kühner/Gerth 1898, 310 (§ 410 Anmerk. 6), Schwyzer/Debrunner 1950, 77 | εἶναι **ω** : delevi cl. 702^{b}25–26 (τὸ δὲ μέσον τοῦ σώματος μέρος δυνάμει μὲν ἓν ἐνεργείαι δὲ ἀνάγκη γίνεσθαι πλείω) || ^{a}**31** ὁ **β**($B^e$$E^r$b SV^p) P Jaeger Torraca Nussbaum : om. cett. Bekker Forster Louis || ^{a}**32** ἡ κινοῦσα] κινοῦσα E || ^{a}**34** τὴν] τις Farquharson n. 1 || **702^{b}1** εἰ μὴ καὶ (εἰ καὶ μὴ V^p)] εἰ μὴ **a**(E NC^a) E^r, cf. *si non est in virga* Anon. || ^{b}**4** μόριον **β**($B^e$$E^r$b) : μέρος cett., edd. | ὀλέκρανον **β**($B^e$$E^r$) E NC^a, cf. ad 698^{b}3 : ὠλέκρανον cett., edd. || ^{b}**7** ἐστιν ἄλλου] ἐστην ἄλλου E | ἄλλου || ^{b}**8** ἐξωτέρω] ἐξωτέρωι E, cf. ^{b}10 : ἐξοτέρου Z^ap.c. (ἐξατέρω a.c. ut vid.) : ἐξώτερον (abbr.) **ξ**($B^p$$M^o$) | ἐσχάτου] τοῦ ἐσχάτου **β**($B^e$$E^r$b)P || ^{b}**10** ἀνωτέρω] ἀνωτέρωι E, cf. ^{b}8 : ἀνώτερον (abbr.) **λ**(X$H^a$$V^g$]) $Z^a$$M^o$: ανωτέρα(sic!) L || ^{b}**11** ὀλεκράνου E C^a(ex ὀλεκράνου) E^r vel ὀλεκράνου Na.c. B^e (cf. ad 698^{b}3) : ὠλεκράνου cett., edd.

Caput 9

702^{b}13–14 τῶι ἠρεμεῖν τὸ δεξιὸν] *in quiescendo semper dextrum* G, cf. Mich.^{p} 124,1–2 τῶ ἀεὶ ἠρεμεῖν τὸ ἀριστερόν || ^{b}**14** μὴ δ' αὖ τῶι (μὴ δ' αὐτὸ Z^a)] μὴ δὲ τῶ **β**($B^e$$E^r$b Γ2[*neque in eo quod hoc illud* GR'GR'']) || ^{b}**15** ἐν τῶι ἀνωτέρωι E vel ἐν τῶ ἀνωτέρω (dat.) codd. plerique vel ἐν τῷ ἀνωτέρῳ (V^p) : αὐτῶν ἀνωτέρω (adv.) E^r : ἐν τῷ ἀνωτέρω (adv.) edd. | ἡ ἀρχή] ἀρχή E || ^{b}**17** ἐσχάτων **β**($B^e$$E^r$b) : ἄκρων cett. | τὰς] ⟨ταύτας⟩ τὰς Platt 1913, 296 || ^{b}**18** καὶ κάτω] secl. Farquharson n. 5 Torraca || ^{b}**19** καὶ τὰς N (καὶ in margine apposuit **ϑ**, ut videtur), coni. Forster : καὶ πρὸς τὰς X (καὶ ex **ϑ**) Torraca Nussbaum : πρὸς τὰς **β**($B^e$$E^r$$O^d$$SV^p$)P **γ**($H^aLV^g$ C^a) Bekker Louis : πρὸς τὰ Eb Jaeger : καὶ πρὸς τὰ Farquharson n. 5 : τὰς **ι**($Z^a$$M^o$) (cf. Mich.^{c} 123,25) : om. B^p | τοῖς] τοῖ E || ^{b}**20–21** αἰσθητικὸν] ἐσθητικὸν E || ^{b}**21–22** ὥστε … συμμεταβάλλει] ὥστε … συμμεταβάλλειν E **ξ**($B^p$$M^o$) || ^{b}**24** γίγνεσθαι **η**($O^d$$SV^p$) (γί- s.l. B^e) vel γίνεσθαι cett. : γίνεσθε E : γίνεσθαι ante διὰ ταῦτα transp. N || ^{b}**25** ἕν] om. **β**($B^e$$E^r$ SV^p) (ἐνεργείαι ^{b}26 duplicat E^r : deficit O^d : ὦ s.l. S) || ^{b}**28–36** diagramma servavit **γ**($C^a$$O^d$$Z^a$) | diagrammatis formae fuerunt tres, quarum primam servant $C^a$$O^d$, alterius et Mich. 125,25 et **δ** mentionem faciunt (vide infra ad ^{b}30) ut a **γ** adiecta esse videatur, tertiam praebet Z^a:

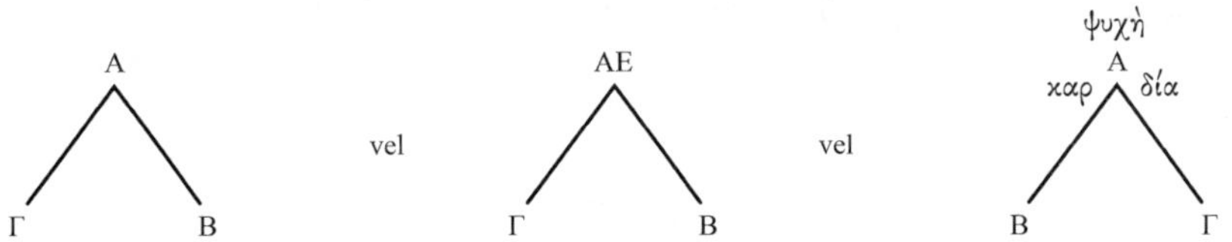

^{b}**28** ἐπὶ] ἐπει E : ἀπὸ B^p || ^{b}**29** τι ἠρεμεῖν (τι ἠρεμήν B^p)] τι ἠρεμοῦν **β**(B^e[τι εἶναι ἠρεμοῦν E^r]) || ^{b}**30** κινήσεσθαι (κινήσησθαι E)] κινεῖσθαι **ζ**(N P$B^p$$M^o$ Aldina), edd., sed cf. Bonitz s.v. κινεῖν, 391^{a}22–32 („tempus futurum passivae significationis et κινηθήσεται et κινήσεται exhibetur“) | ἓν ἄρα δυνάμει] ἆρα δυνάμει ἓν E : ἔστι δὲ, δυνάμει E^r : ἓν ἄρα δυνάμει ὂν δυνάμει b | ὂν τὸ A **β**($B^e$$E^r$b Γ2[*existens, ipsum A* GR''])E **ι**(P$B^p$$M^o$) : ὄντα τὰ AE **γ**(Mich.^{p} 125,25 et Mich.^{c} 125,30 **δ** [Γ1(*existentia AE* G1) NXLH^aa.c.V^g]) : ὄντα τὰ AB **ε**($C^a$$O^d$$SV^p$) H^ap.c., cf. *existentia AB* GR' : ὄντα τὸ AB τὸ AΓ **A**(Z^a[*tam AB quam AC* Albertus]) || ^{b}**31** ἔσται (ἔστε E) (*erunt* G1 GR' : *erit* GR'')] ἔστιν **β**($B^e$$E^r$) || ^{b}**32** καὶ **β** ($B^e$$E^r$b Γ2[*et* G]) : om. cett., edd. | κινεῖσθαι τῶι B **β**($B^e$$E^r$ $O^d$$SV^p$) : κινεῖσθαι τό B b : τῶι B κινεῖσθαι cett. (τὸ B κινεῖσθαι H^aa.c. : τῶ A κινεῖσθαι **A**[Z^aAnon.(*et A simul moveri*)]), edd. || ^{b}**36** κινουμένων (gen. absol., κινούμεναι Z^{a}p.c. : κινουμένας B^{p})] secl. Platt 1913, 296 || **703^{a}1–2** ἀλλὰ τὸ κινοῦν ἄμφω ἀναγκαῖον ⟨ἓν⟩ εἶναι Farquharson n. 4 ex G (vide infra) : ἀλλὰ τὸ κινοῦν ἄμφω ἀναγκαῖον εἶναι ***ω*** : ἀλλὰ τὸ κινοῦν ἄμφω ⟨ἀκίνητον⟩ ἀναγκαῖον εἶναι Jaeger : ἀλλ' ἀ⟨κίνητον⟩ τὸ κινοῦν ἄμφω ἀναγκαῖον εἶναι Barnes || **^{a}2** ἀναγκαῖον ⟨ἓν⟩ εἶναι Γ1(*necesse unum esse* G1^{x2}GR' vel *necesse esse unum* G1^{x1}GR'', unde ἓν Vindobonensis W^{w} man. alt. in marg.) **A**(ἀναγκαῖον μὲν εἶναι Z^{a} : *oportet ... unum sit* Anon.) : ἀναγκαῖον εἶναι ***ω*** (εἶναι om. N).

Caput 10

703^{a}4 τὸν λόγον τὸν λέγοντα] Mich.^{p} 126,28 τὸν λόγον τὸν λέγοντα καὶ δεικνύντα, cf. *rationem demonstrativam que dicit* Anon. || **^{a}7** κινούμενον μὲν] κινούμενον Mich.^{l} 127,11 ***ε***(C^{a}O^{d}SV^{p}) N : κινούμενον σῶμα **A**(Z^{a}p.c.[κινοῦν σῶμα Z^{a}a.c.] Anon.[*corpus quod quidem est mobile*]) | δύναται] δύνατε E || **^{a}10–11** τίς μὲν—ἄλλοις] haec verba ad librum περὶ τροφῆς spectant secundum Mich. 127,16–17 (item Rose 1854, 166–167); ad librum *De respiratione* secundum Vat. **V**^{2}, ad incerti auctoris librum *De spiritu* (481^{a}1–2 τίς ἡ τοῦ ἐμφύτου πνεύματος διαμονή, καὶ τίς ἡ αὔξησις) secundum Zeller ^{4}1921, 96 (n. 1 ad p. 94) et Bonitz *Index* s.v. Ἀριστοτέλης 100^{a}52–54, num genuina sint dubitat Jaeger 1913b, 48 (cl. 703^{a}16–17 πότερον μὲν οὖν ταὐτόν ἐστιν τὸ πνεῦμα ἀεὶ ἢ γίγνεται ἀεὶ ἕτερον, ἔστω ἄλλος λόγος); cf. Farquharson n. 4. || **^{a}17** ἕτερον ***α*** E^{r}bO^{d} : ἕτερος ***β***(B^{e} SV^{p}) | ἔστω (*sit* G1GR')] om. ***β***(B^{e}E^{r}b Γ2[*sit* om. GR'']) | ἄλλος λόγος ***α***, edd. : λόγος, ἄλλος ***β***(B^{e}E^{r}b O^{d}SV^{p}) N Aldina || **^{a}18** δ' εὐφυῶς (vel δὲ εὐφυῶς)] δὲ ὑφ' ὧ ὥς B^{e} vel δὲ ὑφ' ὧ ὡς E^{r} || **^{a}22** ἀβίαστος] ἀβιάστως B^{p}, coni. iam Farquharson n. 4, Torraca : ἄβυσσος N (> Aldina) | συστελλομένη ⟨τε καὶ ἐκτεινομένη⟩ Farquharson n. 4 cl. Mich. In *Part. An.* 88,35–36 (τοῦ ἐν τῇ καρδίᾳ πνεύματος ἐ κ τ ε ι ν ο μ έ ν ο υ καὶ συστελλομένου, ὡς ἐν τῇ Περὶ ζῴων κινήσεως δέδεικται), cf. Mich.^{p} ad loc. 128,5–6, Torraca Nussbaum : συστελλομένη ***ω*** (στελλομένη B^{e}) Bekker Jaeger Forster Louis || **^{a}22–23** βίαι ἑλκτικὴ scripsi : βιαστικὴ ***ω***, Bekker Jaeger Louis : ἑλκτικὴ Γ1(*tractiva* G) Iuntina (i.e. Thomæus qui iam in versione latina [f. CLIr] *attractiua* dederat) Farquharson n. 4 ex G Torraca Nussbaum || **^{a}23–24** καὶ ἔχει βάρος ... καὶ κουφότητα ***β***(B^{e}E^{r}b), cf. *et habet gravitatem ... et levitatem* G : καὶ ἔχει καὶ βάρος ... καὶ κουφότητα cett., edd. || **^{a}25–26** κρατεῖται ὑπ' ἀλλήλων ***β***(B^{e}E^{r}b), cf. *tenentur in se invicem* Anon. : κρατεῖ ἀλλήλων ***α***, edd. : κρατεῖται ἀλλήλων ***η***(O^{d}SV^{p}) || **^{a}28** τοῦ] om. ***β***(B^{e}E^{r}) || **^{a}29** εἴρηται] εἴρηται τὸ πνεῦμα **A**(Z^{a}[cf. *dictum igitur ... cuius est spiritus movens* scil. *anima* Anon.]), cf. Mich.^{p} 128,7–8 τοιοῦτον δὲ τὸ πνεῦμα | ὑποληπτέον] ὑποληπτέων E || **^{a}35–36** οὕτω συστάντων (absol., scil. τῶν ζῴων) ***ω***, cf. ^{a}34 τοῖς ζῴοις et Kühner/Gerth 1904,81–82 (§ 486 Anmerk. 2) : ⟨τῶν⟩ οὕτω συστάντων Farquharson n. 2 vel ⟨μόριον τῶν⟩ οὕτω συστάντων Barnes 1980, 226 || **^{a}36** ποιεῖν] ποιεῖ ***β***(B^{e}E^{r}b) || **703^{b}1** ἑαυτῶν ***β***(B^{e}E^{r}b) : αὐτῶν ***α*** (αὐτοῦ PM^{o} : αὐτῶ Z^{a}a.c.) : αὑτῶν edd.

Caput 11

703^{b}5 πλείστας] πλείστους E L V^{p} | οὐχ] om. E || **^{b}7** πολλάκις] πολλάκι E | μέν ... οὐ μέντοι ***β***(B^{e}E^{r}b) (cf. Denniston 370) : μέν om. cett, edd. || **^{b}8** οὐχ ἑκουσίους] οὐχ ἑκουσίως E(ἑκουσίως) Z^{a}B^{p} || **^{b}8–9** ὕπνον καὶ ἐγρήγορσιν καὶ ἀναπνοήν] ὕπνον ἐγρήγορσιν καὶ ἀναπνοήν ***β***(B^{e}E^{r}) ***μ***(PB^{p}M^{o}) : ὕπνον καὶ ἐγρήγορσιν ἀναπνοήν ***ϑ***(NXH^{a}LV^{g}) : ὕπνον καὶ ἐγρήγορσιν **A**(Z^{a}Anon.) || **^{b}9** ἄλλαι] ἄλλα E || **^{b}12** αὐξάνεσθαι ***β***(B^{e}E^{r}b)N : αὔξεσθαι cett., edd. || **^{b}13** ὥστ' ἤδη (ὥστε ἤδη b)] ὥστε μη ἤδη E : ὥστ' ἤδη καὶ ***μ***(PB^{p}M^{o}) || **^{b}15** θερμότητες καὶ ψύξεις] θερμότητές τε καὶ ψύξεις E ***λ***(XH^{a}LV^{g}) : θερμότης καὶ ψύξις Γ1(*caliditas et frigiditas* G)N | θύραθεν καὶ] θύραθεν καὶ αἱ E ***δ***(Γ1[G1z] NXLV^{g})b (αἱ ex archetypi margine, ut vid.), edd. || **^{b}16** ὑπάρχουσιν φυσικαί feci : ὑπάρχουσιν αἱ φυσικαί ***β***(B^{e}E^{r}) (αἱ ex archetypi margine, ut vid.) : ὑπάρχουσαι αἱ φυσικαί b : ὑπάρχουσαι φυσικαί cett. (***α*** participium fecit duorum articulorum αἵ τε ... καὶ αἱ causa, ut vid.) | τὸν λόγον] τῶν λόγον E || **^{b}22–23** τούτου δ'—

ζωτικήν] „ut interpolamentum" del. Jaeger Forster Nussbaum (cf. Nussbaum 1975, 602–603, quae paginae in Nussbaum 1978 interierunt), sed cf. Barnes 1980, 226 || **^{b}22** τούτου] τούτο (sic!) E vel τοῦτο Z^{a}, cf. *Poet.* 4, 1448^{b}13 || **^{b}24** τὰς γὰρ] τὰς E N E^{r} Bekker || ἄλληλα δὲ] ἀλλήλας E(ἀλλήλας), edd. : *autem* om. GR' : ἄλληλα ***ι***($Z^{a}PB^{p}M^{o}$); de καὶ ... δὲ cf. supra 700^{a}30 et Denniston *Greek Particles* 200–201 || **^{b}29–36** diagramma servaverunt et ***β***(E^{r}) et ***γ***(A[Z^{a}Anon.]$C^{a}O^{d}$) | diagrammatis formae traduntur tres, quarum primam servant $Z^{a}C^{a}O^{d}$, alteram praebet E^{r}, tertiam manu propria fecit Albertus (autographon Coloniense fol. 348r = p. 71 Geyer) et quo erat ingenii acumine varietatem litterarum ad textum traditum adaptavit:

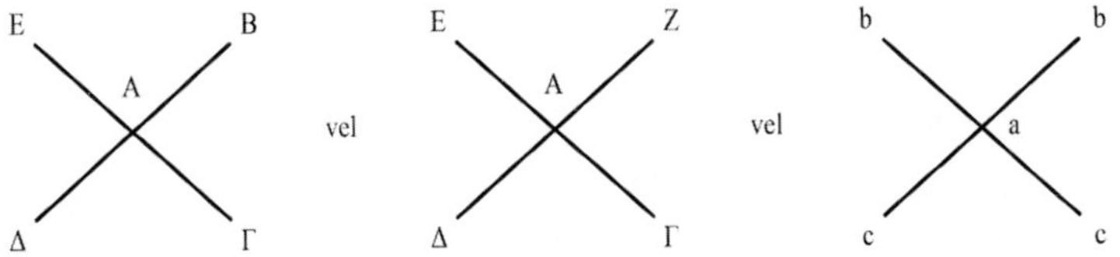

703^{b}32 ἀρχὴ] del. Farquharson n. 3 Nussbaum (sed cf. ^{b}26–28) || **^{b}34** ἀπὸ δὲ τοῦ E scripsi secundum diagramma : ἀπὸ δὲ τοῦ B ***ω*** | ἐπὶ τὸ Γ (Mich.^{c} 130,22)] Mich. 130,23 λείπει τὸ „οὐκέτι", ἵν' ᾖ „ἀπὸ δὲ τοῦ B ἐπὶ τὸ Γ οὐκέτι" : *ad **G** non adhuc* G1 GR' : ἐπὶ τοῦ Γ λείπει τὸ „οὐκ ἀφικνοῦνται" Z^{a}, cf. *et etiam aliquando non deficit venire ex* B *in* C Alb. | τῶι ***β***($B^{e}E^{r}$b) P E, cf. *propter* G Farquharson n. 4 Jaeger Forster Torraca Louis Nussbaum : τὸ δ' cett. Aldina : τῷ δ' Bekker | ἀπὸ μὲν τοῦ E scripsi secundum diagramma : ἀπὸ μὲν τοῦ B ***ω*** || **^{b}36** ὅτι] ἔτι E Farquharson n. 5 | τὰ αὐτὰ ***β***($B^{e}E^{r}$b Γ2[*eadem* GR'']) P, unde ταὐτὰ Farquharson n. 6 Jaeger Forster Torraca Louis Nussbaum : ταῦτα cett. (*hec* G1 GR') (τοῦτο ***ξ***[$B^{p}M^{o}$] : om. V^{g}), Bekker || **^{b}37** τὸ] om. E || **704^{a}1** ἐνυπάρχειν] ἐνυπάρχ (abbr.) ***ι***(Z^{a}[ἐνυπάρχην P M^{o}a.c. ut vid. vel ἐν ὑπάρχειν B^{p}]) : ὑπάρχειν N Aldina Bekker Forster Louis || **704^{a}3–^{b}3** non habet b || **704^{b}1** ἔτι δὲ καὶ περὶ ***β***(E^{r} Γ2[*adhuc autem et de* G] $O^{d}SV^{p}$), cf. *Hist. An.* III 519^{b}22–23 : ἔτι δὲ περὶ cett., edd.

参考文献

Accattino/Donini 1996: *Alessandro di Afrodisia, L'Anima.* Traduzione, intro duzione e commento a cura di Paolo Accattino e Pierluigi Donini. Roma/ Bari.

Allan 1955: D.J. Allan. "The Practical Syllogism," *Autour d'Aristote. Recueil d'études de philosophie ancienne et médiévale offert* à *Monseigneur A. Mansion.* Louvain, 325-40.

Anscombe 1957: G.E.M. Anscombe. *Intention.* Oxford (second edition 1963).

Anscombe 1981: G.E.M. Anscombe. *Metaphysics and the Philosophy of Mind: The Collected Papers of G.E.M. Anscombe.* Vol. 2. Minneapolis.

Anzulewicz/Wetzelsberger 2014：*Albert der Große, Liber de principiis motus processivi. Über die Prinzipien der fortschreitenden Bewegung.* Übersetzt von Jürgen Wetzelsberger. Eingeleitet und kommentiert von Henryk Anzulewicz und Jürgen Wetzelsberger. Freiburg.

Argyropoulos/Caras 1980: Roxane D. Argyropoulos and Iannis Caras. *Inventaire des manuscrits grecs d'Aristote et des ses Commentateurs: Contribution* à *l'histoire du texte d'Aristote. Supplément.* Paris.

Bagnall/Worp 2004: Roger S. Bagnall and Klaas A. Worp. *Chronological Systems of Byzantine Egypt.* Second Edition. Leiden/Boston.

Balme 1987: David M. Balme. "The Place of Biology in Aristotle's Philosophy," in *Philosophical Issues in Aristotle's Biology,* ed. Allan Gotthelf and James G. Lennox. Cambridge, 9-20.

Balme 1992: *Aristotle, De Partibus Animalium I and De Generation Animalium I.* Ed. and transl. with notes by David M. Balme. With a report on recent work and an additional bibliography by Allan Gotthelf. Oxford.

Barnes 1971/2: Jonathan Barnes. "Aristotle's Concept of Mind," *Proceedings of the Aristotelian Society* 72, 101-14.

Barnes 1980: Jonathan Barnes. "Review of Nussbaum 1978," *The Classical Review* 30/2, 222-26.

Barthélemy-Saint-Hilaire 1846: Jules Barthélemy-Saint-Hilaire. *Psychologie d'Aristote.* Paris.

Bauer/Aland 1988: Walter Bauer. *Griechisch-deutsches Wörterbuch zu den Schriften des Neuen Testaments und der frühchristlichen Literatur.* 6, völlig neu bearbeitete Auflage, herausgegeben von Kurt und Barbara Aland. Berlin/ New York.

Beare 1908: John I. Beare. *Greek Theories of Elementary Cognition from Alcmaeon to Aristotle.* Oxford.

Bekker 1831: *Aristoteles Graece ex recensione Immanuelis Bekkeri.* Edidit Academia Regia Borussica. Volumen prius. Berlin.

Bénatouïl 2004: Thomas Bénatouïl. "*L'usage des analogies dans le De motu animalium,*" in Laks/Rashed 2004,81-114.

Berger 2005：Friederike Berger. *Die Textgeschichte der Historia Animalium des Aristoteles.* Serta Graeca 21. Wiesbaden.

Berryman 2002a: Sylvia Berryman. "Galen and the Mechanical Philosophy," *Apeiron 35/3*, 235-54.

Berryman 2002b: Sylvia Berryman. "Aristotle on *Pneuma* and Animal Self-Motion," *Oxford Studies in Ancient Philosophy* 23, 85-97.

Berryman 2003: Sylvia Berryman. "Ancient Automata and Mechanical Explanation," *Phronesis* 48, 344-69.

Berryman 2009: Sylvia Berryman. *The Mechanical Hypothesis in Ancient Greek Natural Philosophy.* Cambridge.

Berti 2012: Enrio Berti. "The Finality of Aristotle's Unmoved Mover in the Metaphysics Book 12, Chapters 7 and 10," *Nova et Vetera* (English Edition) 10/3, 863-76 (= 'La finalità del motore immobile di Aristotele tra *Metaph, Lambda* 7 e *Lambda* 10', *Humanitas* 46, 555-67).

Betegh/Gregoric 2014: Gábor Betegh and Pavel Gregoric. "Multiple Analogy in Ps.-Aristotle, *De Mundo* Ch. 6," *Classical Quarterly* 64, 574-91.

Biehl 1898: *Aristotelis Parva Naturalia.* Recognovit Guilelmus Biehl. Leipzig.

Blass/Debrunner/Rehkopf 2001：Friedrich Blass/Albert Debrunner. *Grammatik des neutestamentlichen Griechisch.* Bearbeitet von Friedrich Rehkopf. 18. Auflage. Göttingen.

Bloch 2003: David Bloch. "Alexander of Aphrodisias as a Textual Witness. The Commentary on the *De Sensu*," *Cahiers de l'institut du moyen-âge grec et latin* 74, 21-38.

Bloch 2008: David Bloch. "The Text of Aristotle's *De sensu* and *De memoria*," *Revue d'histoire des textes,* n. s. 3, 1-58.

Block 1961: Irving Block. "The Order of Aristotle's Psychological Writings," *American Journal of Philology* 82, 50-77.

Blumenthal 1987: Henry J. Blumenthal. "Alexander of Aphrodisias in the Later Commentaries on Aristotle's *De Anima*," in *Aristoteles, Werk und Wirkung.* Vol. 2: *Kommentierung, Überlieferung, Nachleben*, ed. Jürgen Wiesner. Berlin/New York, 90-106 (reprinted in Henry J. Blumenthal *Soul and Intellect. Studies in Plotinus and later Neoplatonism.* Aldershot 1993).

Blumenthal 1996: Henry J. Blumenthal. *Aristotle and Neoplatonism in Late Antiquity: Interpretations of the* De Anima. Ithaca.

Blyth 2015: Dougal Blyth. "Heavenly Soul in Aristotle," *Apeiron* 48/4, 427-65.

Bobzien 1998: Susanne Bobzien. *Determinism and Freedom in Stoic Philosophy.* Oxford.

Bodnár 2004: István Bodnár. "The Mechanical Principles of Animal Motion," in Laks/Rashed 2004, 137-48.

Bonitz 1863: Hermann Bonitz. "Aristotelische Studien. 3," in *Sitzungsberichte der Philosophisch-Historischen Classe der Kaiserlichen Akademie der Wissenschaften.* Zweiundvierzigster Band. Wien, 25-109 (reprinted in Bonitz 1969, 155-239).

Bonitz 1866: Hermann Bonitz. "Aristotelische Studien. IV," in *Sitzungsberichte der Philosophisch-Historischen Classe der Kaiserlichen Akademie der Wissenschaften.* Zweiundfünfzigster Band. Wien, 347-423 (reprinted in Bonitz 1969, 240-316).

Bonitz 1867: Hermann Bonitz. "Aristotelische Studien. V," in *Sitzungsberichte der Philosophisch-Historischen Classe der Kaiserlichen Akademie der Wissenschaften.* Fünfundfünfzigster Band. Wien, 13-55 (reprinted in Bonitz 1969, 317-59).

Bonitz 1870: "Index Aristotelicus. Edidit Hermann Bonitz," in *Aristotelis Opera.* Edidit Academia Regia Borussica. Volumen Quintum. *Aristotelis qui ferebantur librorum fragmenta. Scholiorum in Aristotelem suppiementum. Index Aristotelicus.* Berlin.

Bonitz 1969: Hermann Bonitz. *Aristotelische Studien.* Fünf Teile in einem Band. Reprografischer Nachdruck der Ausgaben Wien 1862-1867. Hildesheim.

Borelli 1680-1: Giovanni A. Borelli. *De Motu Animalium.* 2 vols. Roma.

Bos 2003: Abraham R Bos. *The Soul and Its Instrumental Body: A Reinterpretation of Aristotle's Philosophy of Living Nature.* Leiden/Boston.

Bos/Ferwerda 2008: *Aristotle on the Life-Bearing Spirit (De Spiritu): A Discussion with Plato and His Predecessors on Pneuma as the Instrumental Body of the Soul*, Ed. Abraham P. Bos and Rein Ferwerda. Leiden.

Brandis 1857: Christian A. Brandis. *Aristoteles und seine akademischen Zeitgenossen.* Handbuch der Geschichte der Griechisch-Römischen Philosophie, zweiter Teil, zweite Abhandlung, zweite Hälfte. Berlin.

Broadie/Rowe 2002: *Aristotle, Nicomachean Ethics.* Translation, introduction, commentary by Sarah Broadie and Christopher Rowe. Oxford.

Browning 1962: Robert Browning. "An Unpublished Funeral Oration on Anna Comnena," *Proceedings of the Cambridge Philological Society* n.s. 8, 1-12.

Bruns 1887: *Alexandri Aphrodisiensis praeter commentaria scripta minora. De anima cum Mantissa.* Consilio et auctoritate Academiae Litterarum Regiae Borussicae. Ed. Ivo Bruns. Supplementum Aristotelicum II, I. Berlin.

Buddensiek 2009: Friedemann Buddensiek. "'Aristoteles' Zirbeldrüse? Zum Verhältnis von Seele und *pneuma* in Aristoteles' Theorie der Ortsbewegung der Lebewesen," *in Body and Soul in Ancient Philosophy,* ed. Dorothea Frede and Burkhard Reis. Berlin/New York, 309-29.

Buhle 1791: 'Ἀριστοτέλης. Aristotelis opera omnia graece, ad optimorum exem plarium fidem recensuit, annotationem criticam, librorum argumenta, et novam versionem Latinam adiecit Ioannes Th. Buhle. Volumen primum. Biponti (Zweibrücken).

Burnyeat 1981: Myles F. Burnyeat. "Review of Nussbaum 1978," *Archiv für Geschichte der Philosophie* 63,184-89.

Burnyeat 1992: Myles F. Burnyeat. "Is Aristotle's Philosophy of Mind Still Credible?" in *Essays on Aristotle's* De Anima, ed. Martha C. Nussbaum and Amely O. Rorty. Oxford, 15-26.

Burnyeat 1995: Myles F. Burnyeat. "How Much Happens When Aristotle Sees Red and Hears Middle C? Remarks on *De Anima* II, 7-8," in *Essays on Aristotle's De Anima*, ed. Martha C. Nussbaum and Amely O. Rorty Oxford (augmented paperback edition of 1992), 421-34.

Burnyeat 2002: Myles F. Burnyeat. "Aristotle, *de Anima* II 5," *Phronesis* 47, 28-90.

Burnyeat 2004: Myles F. Burnyeat. "Aristotelian Revisions: The Case of *De Sensu*," *Apeiron* 37, 177-80.

Busche 1997: Hubertus Busche. "Hat *Phantasia* nach Aristoteles eine interpre tierende Funktion in der Wahrnehmung?" *Zeitschrift für philosophische Forschung 51/4*, 565-89.

Canart 1980: Paul Canart. *Lezioni di paleografia e di codicologia greca.* Città del Vaticano (http://pyle.it/wp-content/uploads/2014/08/Canart_Lezioni_L. pdf; 20/12/18).

Canart 2008: Paul Canart. "Additions et corrections au Repertorium der Griechischen Kopisten *800-1600,* 3," in *Vaticana et Medievalia. Études en l'honneur de Louis Duval-Arnould,* ed. Jean Marie Martin, Bernadette Martin-Hisard, and Agostino Paravicini Bagliani. Millennio medievale 71. Firenze, 41-63.

Carlini 1972: Antonio Carlini. *Studi sulla tradizione antica e medievale del Fedone.* Roma.

Caston 1996a: Victor Caston. "Why Aristotle Needs Imagination," *Phronesis* 41/1, 20-55.

Caston 1996b: Victor Caston. "Aristotle on the Relation of the Intellect to the Body：Commentary on Broadie," *Proceedings of the Boston Area Colloquium in Ancient Philosophy* 12, 177-92.

Caston 2006: Victor Caston. "Aristotle's Psychology," in *A Companion to Ancient Philosophy,* ed. Mary Louise Gill and Pierre Pellegrin. Malden, 316-46.

Cavallo 2000: Guglielmo Cavallo. "Scritture informali, cambio grafico e pratiche librarie a Bisanzio tra i secoli XI e XII," in *I manoscritti greci tra riflessione e dibattito.* Atti del V Colloquio Internazionale di Paleografia Greca (Cremona,4-10 ottobre 1998), ed. Giancarlo Prato. Papyrologica Florentina 31. Vol. 1. Firenze, 219-38.

Chaniotis 2004: Angelos Chaniotis. "Epigraphic Evidence for the Philosopher Alexander of Aphrodisias," *Bulletin of the Institute of Classical Studies* 47, 79-81.

Charles 1984: David Charles. *Aristotle's Philosophy of Action.* London.

Charles 2009a: David Charles. "Aristotle's Psychological Theory," *Proceedings of the Boston Area Colloquium in Ancient Philosophy* 24, 1-29.

Charles 2009b: David Charles. "Aristotle on Desire and Action," in *Body and Soul in Ancient Philosophy,* ed. Dorothea Frede and Burkhard Reis, Berlin/New York, 291-307.

Charles 2009c: David Charles. "*Nicomachean Ethics* VII.3: Varieties of *akrasia*," in *Aristotle: Nicomachean Ethics Book VII. Symposium Aristotelicum*, ed. Carlo Natali, Oxford, 41-71.

Charles 2011：David Charles. "Desire in Action: Aristotle's Move," in *Moral Psychology and Human Action in Aristotle,* ed. Michael Pakaluk and Giles Pearson, Cambridge, 75-94.

Charlton 2000: *Philoponus, On Aristotle On the Soul 3.9-13, with Stephanus, On Aristotle* On Interpretation. Translated by William C. Charlton. London.

Cohn 1887: Leopold Cohn. *Zu den Paroemiographen. Mitteilungen aus Handschriften.* Breslauer philologische Abhandlungen II 2. Breslau.

Conca 1990: *Nicetas Eugenianus, De Drosillae et Chariclis amoribus.* Edidit

Fabricius Conca. Amsterdam.

Coope 2015: Ursula Coope. "Self-Motion as Other-Motion in Aristotle's *Physics*," *in Aristotlei Physics: A Critical Guides* ed. Mariska Leunissen. Cambridge, 245-64.

Cooper 1975: See Cooper 1986.

Cooper 1986: John M. Cooper. *Reason and Human Good in Aristotle.* Second edition. Cambridge (first edition 1975).

Cooper 2010: John M. Cooper. "Political Community and the Highest Good," in *Being, Nature, and Life in Aristotle*, ed. James Lennox and Robert Bolton. Cambridge, 212-64.

Cooper 2012: John M. Cooper. *Pursuits of Wisdom.* Princeton.

Cooper 2013: John M. Cooper. "Aristotelian Responsibility," *Oxford Studies in Ancient Philosophy* 45/4,265-312.

Cooper (forthcoming): John M. Cooper. "The *De Motu Animalium* on the Movement of the Heavens," in *Biology and Cosmology in Ancient Philosophy,* ed. Ricardo Salles. Cambridge.

Corcilius 2008a: Klaus Corcilius. *Streben und Bewegen. Aristoteles' Theorie der animalischen Ortsbewegung.* Quellen und Studien zur Philosophie 79. Berlin/ New York.

Corcilius 2008b: Klaus Corcilius. "Two-Jobs for Aristotle's Practical Syllogism?" in Rapp/Brüllmann 2008, 163-84.

Corcilius 2008c: Klaus Corcilius. "Praktische Syllogismen bei Aristoteles," *Archiv für Geschichte der Philosophie* 90/3, 247-97.

Corcilius 2oo8d: Klaus Corcilius. "'Aristoteles' praktische Syllogismen in der zweiten Hälfte des 20. Jahrhunderts," in Rapp/Brüllmann 2008,101-32.

Corcilius 2009: Klaus Corcilius. "How are Episodes of Thought Initiated, According to Aristotle?" in *Ancient Perspectives on Aristotle's De anima,* ed. Gerd van Riel and Pierre Destrée. Leuven, 1-15.

Corcilius 2011: Klaus Corcilius. "Aristotle's Definition of Non-Rational Pleasure and Pain and Desire," in *Aristotle's Nicomachean Ethics. A Critical Guide,* ed. Jon Miller. Cambridge, 117-43.

Corcilius 2014: Klaus Corcilius. "Activity Passivity and Perceptual Discrimination in Aristotle," in *Active Perception Ancient to Modern,* ed. Jose E Silva and Mikko Yrjönsuuri. New York, 31-53.

Corcilius 2019: Klaus Corcilius. "Teleology of the Practical in Aristotle: The Meaning of ΠΡΑΞΙΣ," in *Manuscrito 42*, 352-68.

Corcilius/Gregoric 2010: Klaus Corcilius and Pavel Gregoric. "Separability vs. Difference: Parts and Capacities of the Soul in Aristotle," *Oxford Studies in Ancient Philosophy* 39, 81-119.

Corcilius/Gregoric 2013: Klaus Corcilius and Pavel Gregoric. "Aristotle's Model of Animal Motion," *Phronesis* 58,52-97.

Coughlin/Leith/ Lewis 2020: *The Concept of Pneuma after Aristotle*, ed. Orly Lewis, David Leith, and Sean Coughlin. Berlin.

Coxe 1854: Henry O. Coxe. *Catalogi codicum manuscriptorum Bibliothecœ Bodleianœ pars tertia codices Grcecos et Latinos Canonicianos complectens.* Oxford.

Crawford 1953: *Averroes Cordubensis, Commentarium Magnum in Aristotelis De Aninta Libros.* Ed. F. Stuart Crawford. Cambridge, Mass.

Crubellier 2004: Michel Crubellier. "Le 'syllogisme pratique', ou Comment la pensée meut le corps," in Laks/Rashed 2004, 9-26.

Darrouzès 1970: Jean Darrouzès. *Georges et Dèmètrios Tornikès, Lettres et Discours.* Introduction, texte, analyses, traduction et notes. Paris.

De Andrés 1987: Gregorio de Andrés. *Catalogo de los codices griegos de la biblioteca nacional.* Madrid.

De Groot 2008: Jean De Groot. "*Dunamis* and the Science of Mechanics: Aristotle on Animal Motion," *Journal of the History of Philosophy* 46, 43-68.

De Groot 2014: Jean De Groot. *Aristotle's Empiricism. Experience and Mechanics in the 4th Century BC.* Las Vegas/Zürich/Athina.

De Leemans 2000: Pieter De Leemans. "The Discovery and Use of Aristotle's 'De Motu Animalium' by Albert the Great," in *Geistesleben im 13. Jahrhundert,* ed. Jan A. Aertsen and Andreas Speer. Miscellanea Mediaevalia 27. Berlin/New York, 170-88.

De Leemans 2010: Pieter De Leemans. "*Secundum viam naturae et doctrinae.* Lire le *De motu animalium* et les *Parva naturalia* d'Aristote au Moyen Age," in *Les Parva naturalia d'Aristote. Fortune antique et médiévale,* ed. Christophe Grellard and Pierre-Marie Morel. Paris, 197-220.

De Leemans 2011a: *Aristoteles, De progressu animalium, De motu animaliumt Translatio Guillelmi de Morbeka.* Ed. Pieter de Leemans. Aristoteles Latinus XVII 2.II-III. Turnhout.

De Leemans 2011b: *Aristoteles, De motu animalium: Fragmenta translationis anonymae.* Ed. Pieter de Leemans. Aristoteles Latinus XVII 1.III Turnhout.

Denniston 1954: John D. Denniston. *The Greek Particles.* Second edition revised by Kenneth J. Dover. Oxford (first edition 1934).

Donini 1968: Pier Luigi Donini. "Il *de anima* di Alessandro di Afrodisia e Michele Efesio," *RMsta di Filologia e di Istruzione Classica* 96, 316-23.

Drachmann 1963: Aage G. Drachmann. *The Mechanical Technology of Greek and Roman Antiquity. A Study of the Literary Sources.* København/Madison/ London.

Drossaart Lulofs 1947: *Aristotelis De Insotnniis et De Divinatione per Somnum. A new Edition of the Greek Text with the Latin Translation. By Hendrik J. Drossaart Lulofs.* Philosophia Antiqua II. Vol 1: *Preface, Greek Text,* Leiden.

Dugré 1990: Francois Dugré. "Le role de l'imagination dans le mouvement animal et Faction humaine chez Aristote," *Dialogue* 29/1, 65-78.

Düring 1957: Ingemar Düring. *Aristotle in the Ancient Biographical Tradition.* Studia Graeca et Latina Gothoburgensia V Gothenburg.

Düring 1959: Ingemar Düring. "Review of Torraca 1958a," *Gnomon* 31/5, 415-18.

Düring 1966: Ingemar Düring. *Aristoteles. Darstellung und Interpretation seines Denkens.* Heidelberg (reprinted 2005).

Ebert 1983: Theodor Ebert. "Aristotle On What is Done in Perceiving," *Zeitschrift für philosophische Forschung37/2*, 81-98.

Emonds 1941: Hilarius Emonds. *Zweite Auflage im Altertum,* Kulturgeschichtliche Studien zur Überlieferung der antiken Literatur. Klassisch-Philologische Studien Heft 14 Leipzig.

Escobar 1990: Angel Escobar. *Die Textgeschichte der Aristotelischen Schrift ΠΕΡΙ ΕΝΥΠΝΙΩΝ, Ein Beitrag zur Überlieferungsgeschichte der* Parva Naturalia. Inauguraldissertation zur Erlangung des Doktorgrades am Fachbereich Altertumswissenschaften der Freien Universität Berlin. Berlin (unpublished).

Everson 1997: Stephen Everson. *Aristotle on Perception.* Oxford.

Falcon 2001: Andrea Falcon. *Corpi e movimenti,* Napoli.

Falcon 2005: Andrea Falcon. *Aristotle and the Science of Nature: Unity without Uniformity.* Cambridge.

Falcon 2012: Andrea Falcon. "The Reception of Aristotle's Study of Animal Motion in the Latin World (Review of De Leemans 2011a and 2011b) ," *Documenti e Studi Sulla Tradizione Filosofica Medivale* 23, 521-39.

Falcon 2017: Andrea Falcon. "The Place of the *De Motu Anitnalium* in Aristotle's Natural Philosophy," in *Wians/Polansky 2017,* 215-35.

Falcon/Stavrianeas (forthcoming): *Aristotle on how Animals Move.* The De incessu animalium: *Text, Translation, and Interpretative Essays,* ed. Andrea Falcon and Stasinos Stavrianeas. Cambridge.

Farquharson 1912: Arthur S.L. Farquharson, "De motu animalium, De incessu animalium," in *The Works of Aristotle.* Translated into English under the Editorship of John A. Smith and William D. Ross. Vol. V Oxford.

Fazzo 2004: Silvia Fazzo. "Sur la composition du traité dit *de motu animalium :* contribution *à* l'analyse de la théorie aristotélicienne du premier moteur," in Laks/Rashed 2004, 203-29.

Fazzo 2012/14: Silvia Fazzo. *Il libro Lambda della Metafisica di Aristotele. 2* vols. Napoli.

Fernandez 2014: Patricio Fernandez. "Reasoning and the Unity of Aristotle's Account of Animal Motion," *Oxford Studies in Ancient Philosophy* 47; 151-203.

Ferro 2016: Antonio Ferro. *Aristotle on Self-Motion: Some Key-Texts.* Diss., Ludwig-Maximilians-Universität München (unpublished).

Flashar 1972: *Aristoteles. Mirabilia.* Übersetzt von Hellmut Flashar. Aristoteles, Werke in deutscher Übersetzung 18: *Opuscula, Teil II / Teil III.* Berlin.

Foerster 1921: *Libanii Opera*. Vol. X: *Epistulae 1-839*. Recensuit Richard Foerster. Leipzig.

Förstel 1999: Christian Förstel, "Manuel le Rhéteur et Origène: note sur deux manuscrits parisiens," *Revue des études byzantines* 57, 245-54.

Formentin 2008: Maria R. Formentin, "Uno *Scriptorium* a Palazzo Farnese?" *Scripta 1*, 77-102.

Forster 1937: "Aristotle, Movement of Animals," in *Aristotle, Parts of Animals*. With an English translation by Arthur L. Peck. *Movement of Animals, Progression of Animals*. With an English translation by Edward S. Forster. London/Cambridge, Mass, 435-79. (2nd edition 1961).

Fortenbaugh 1967: William W. Fortenbaugh. "Recent Scholarship on the Psychology of Aristotle," *Classical World* 60, 316-27.

Frampton 1991: Michael F. Frampton. "Aristotle's Cardiocentric Model of Animal Locomotion," *Journal of the History of Biology* 24, 291-330.

Franceschini 1958: Ezio Franceschini. "Review of Torraca 1958a," *Aevum* 32/3, 294-95.

Frede 1992: Dorothea Frede. "The Cognitive Role of *Phantasia* in Aristotle," in *Essays on Aristotle's De Anima*, ed. Martha C. Nussbaum and AmelyO. Rorty, Oxford (augmented paperback edition 1995), 279-95.

Frede 2011: Michael Frede. *A Free Will: Origins of the Notion in Ancient Thought.* Sather Classical Lectures 68. Berkeley/Los Angeles/London.

Frede/Reis 2009: *Body and Soul in Ancient Philosophy,* ed. Dorothea Frede and Burkhard Reis. Berlin/New York.

Freeland 1994: Cynthia A. Freeland. "Aristotle on Perception, Appetition, and Self-Motion," in Gill/Lennox 1994, 35-63.

Freely 2012: John Freely. *The Flame of Miletus: The Story of Greek Science from Antiquity to the Renaissance.* London.

Freudenthal 1995: Gad Freudenthal. *Aristotle's Theory of Material Substance: Heat and Pneuma, Form and Soul.* Oxford.

Freudenthal 1869: Jacob Freudenthal. "Zur Kritik und Exegese von Aristoteles' περὶ τῶν κοινῶν σώματος καὶ ψνχῆσ ἔπγων(parva naturalia) ," *Rheinisches Museum* 24, 81-93 and 392-419.

Furley 1967: David Furley. *Two Studies in the Greek Atomists.* Princeton.

Furley 1978: David Furley. "Self-Movers," in Lloyd/Owen 1978, 165-79 (reprinted in Gill/Lennox 1994,3-14).

Furley 1994: See Furley 1978.

Gallop 1996: *Aristotle on Sleep and Dreams.* A Text and Translation with Introduction, Notes and Glossary by David Gallop. Warminster.

Gamillscheg 1997: Ernst Gamillscheg. *Bepertorium der Griechischen Kopisten 800-1600. 3. Teil: Handschriften aus Bibliotheken Roms mit dem Vatikan. A. Verzeichnis der Kopisten.* Unter Mitarbeit von Dieter Harlfinger und Paolo Eleuteri. Wien.

Geyer 1955: "Alberti Magni Liber de principiis motus processivi. Ad fidem autographi edidit Bernhardus Geyer," in *Sancti doctoris Ecclesiae Alberti Magni Ordinis Fratrum Praedicatorum Episcopi Opera omnia,* ad fidem codicum manuscriptorum edenda apparatu critico notis prolegomenis indicibus instruenda curavit Institutum Alberti Magni Coloniense Bernhardo Geyer praeside, tomus XII. Münster, XXI-XXXII and 47-76.

Gill 1994: Mary Louise Gill. "Aristotle on Self-Motion," in Gill/Lennox 1994, 14-34 (first published in Judson 1991, 243-65).

Gill/Lennox 1994: *Self-Motion: From Aristotle to Newton*, ed. Mary Louise Gill and James G. Lennox. Princeton.

Golitsis 2011: Pantelis Golitsis. "Copistes, élèves et érudits: la production de manuscrits philosophiques autour de Georges Pachymère," in *The Legacy of Bernard de Montfaucon: Three Hundred Years of Studies on Greek Handwriting.* Proceedings of the Seventh International Colloquium of Greek Palaeography (Madrid-Salamanca, 15-20 September 2008), ed. A. Bravo García, I. Pérez Martín. 2 vols. Turnhout 2010, 157-70 and 757-68.

Gottlieb 2008: Paula Gottlieb. "The Ethical Syllogism," in Rapp/Brüllmann 2008, 197-212.

Goulet 1989: Richard Goulet. "Aristote de Stagire: Prosopographie—L'CEuvre d'Aristote, " in *Dictionnaire des philosophes antiques,* ed. Richard Goulet. Vol. 1: *Abam(m)on à Axiothéa,* Paris, 413-43.

Gourinat 2004: Jean-Baptiste Gourinat, "Syllogisme pratique et logique déontique," in Laks/Rashed 2004, Villeneuve d'Ascq, 27-66.

Gourinat 2008: Jean-Baptiste Gourinat. "Is there Anything Logically Distinctive about Practical Syllogism?" in Rapp/Brüllmann 2008, 133-150.

Graham 1999: *Aristotle, Physics Book VIII.* Translated with a Commentary by Daniel W Graham. Clarendon Aristotle Series. Oxford.

Gregoric 2007: Pavel Gregoric. *Aristotle on the Common Sense.* Oxford.

Gregoric 2020: Pavel Gregoric. "Soul and *Pneuma* in *De Spiritu,*" in Coughlin/Leith/Lewis 2020, 17-35.

Gregoric/Kuhar 2014: Pavel Gregoric and Martin Kuhar. "Aristotle's Physiology of Animal Motion: On Neura and Muscles," *Apeiron* 47/1, 94-115.

Gregoric/Lewis 2015: Pavel Gregoric and Orly Lewis. "Pseudo-Aristotelian *De Spiritu:* A New Case Against Authenticity," *Classical Philology* 110, 159-67.

Gutas 1986: Dimitri Gutas. "The Spurious and the Authentic in the Arabic Lives of Aristotle," in *Pseudo-Aristotle in the Middle Ages: The Theology and Other Texts,* ed. Jill Kraye, William F, Ryan, and Charles B. Schmitt. London, 15-36.

Guthrie 1981: *Aristotle, On the Heavens.* With an English translation by William K.C. Guthrie. London/Cambridge, Mass.

Hankinson 1990: Robert J. Hankinson. "Perception and Evaluation: Aristotle on the Moral Imagination," *Dialogue 29*, 18-39.

Hankinson 1993: Robert J. Hankinson. "Actions and Passions: Affection, Emotion and Moral Self-Management in Galen's Philosophical Psychology," in *Passions & Perceptions: Studies in Hellenistic Philosophy of Mind,* ed. Jacques Brunschwig and Martha C. Nussbaum. Cambridge, 184-222.

Hankinson 1995: Robert J. Hankinson. "Philosophy of Science," in *The Cambridge Companion to Aristotle.* ed. Jonathan Barnes. Cambridge, 109-39.

Hankinson 1998: Robert J. Hankinson. *Cause and Explanation in Ancient Greek*

Thought. Oxford.

Hankinson 1999: Robert J. Hankinson. "Explanation and Causation," in *The Cambridge History of Hellenistic Philosophy,* ed. Keimpe Algra, Jonathan Barnes, Jaap Mansfeld, and Malcolm Schofield. Cambridge, 479-512.

Hankinson 2009: Robert J. Hankinson. "Causes," in *A Companion to Aristotle,* ed. Georgios Anagnostopoulos. Oxford, 213-29.

Hankinson 2017： Robert J. Hankinson. "Teleology and Necessity in Greek Embryology," in *Teleology in the Ancient World*, ed. Christopher Gill and Julius Rocca. Cambridge, 242-71.

Hardie 1964: William F. R. Hardie. "Aristotle's Treatment of the Relation Between the Soul and the Body," *The Philosophical Quarterly* 14,53-72.

Hardie 1968: William F. R. Hardie. *Aristotle's Ethical Theory.* Oxford.

Harlfinger 1971: Dieter Harlfinger. *Die Textgeschichte der pseudo-Aristotelischen Schrift Περὶ ἀτόμων γραμμῶν. Ein kodikologisch-kulturgeschichtlicher Beitrag zur Klärung der Überlieferungsverhältnisse im Corpus Aristotelicum.* Amsterdam.

Harlfinger/Wiesner 1964: Dieter Harlfinger and Jürgen Wiesner. "Die griechischen Handschriften des Aristoteles und seiner Kommentatoren. Ergänzungen und Berichtigungen zum *Inventaire* von A. Wartelle," *Scriptorium 18*, 238-57.

Hayduck 1882: *Simplicii In libros Aristotelis De anima Commentaria.* Consilio et auctoritate Academiae Litterarum Regiae Borussicae. Ed. Michael Hayduck. Berlin.

Hayduck 1897: *loannis Philoponi In Aristotelis De anima libros Commentaria.* Consilio et auctoritate Academiae Litterarum Regiae Borussicae. Ed. Michael Hayduck. Berlin.

Hayduck 1899: *Alexander Aphrodisiensis In Aristotelis* metereologicorum *libros commentarium.* Consilio et auctoritate Academiae Litterarum Regiae Borussicae. Ed. Michael Hayduck. Berlin.

Hayduck 1904：*Michaeli Ephesii In libros* De partibus animalium, De animalium motione, De animalium incessu *Commentaria.* Consilio et auctoritate Academiae

Litterarum Regiae Borussicae. Ed. Michael Hayduck. Berlin.

Hecquet-Devienne 2000: Myriam Hecquet-Devienne. "Les mains du *Parisinus Graecus* 1853," *Scrittura e Civiltà* 24,103-71.

Hein 1985: Christel Hein. *Definition und Einteilung der Philosophie. Von der spätantiken Einleitungsliteratur zur arabischen Enzyklopädie.* Frankfurt am Main.

Heinze 1899: *Themistii In libros Aristotelis De anima Paraphrasis.* Consilio et auctoritate Academiae Litterarum Regiae Borussicae. Ed. Richard Heinze. Berlin.

Henry 2005: Devin Henry. "Embryological Models in Ancient Philosophy," *Phronesis* 50,1-42.

Henry/Schwyzer 1964: *Plotini Opera.* Tomus I: *Porphyrii vita Plotini, Enneades I-III.* Ed. Paul Henry and Hans-Rudolf Schwyzer. Oxford.

Hicks 1907: Robert D. Hicks. *Aristotle, De Anima.* With translation, introductions and notes. Cambridge.

Hunger 1961: Herbert Hunger. *Katalog der griechischen Handschriften der Österreichischen Nationalbibliothek.* Teil 1: *Codices Historici. Codices Philosophici et Philologici.* Wien.

Hussey 1991: Edward Hussey. "Aristotle's Mathematical Physics: A Reconstruction," in Judson 1991, 213-42.

Inwood/Woolf 2013: *Aristotle, Eudemian Ethics.* Translated and edited by Brad Inwood and Raphael Woolf Cambridge.

Irmischer 1852: Johann C. Irmischer. *Handschriften-Katalog der Königlichen Universitäts-Bibliothek zu Erlangen.* Frankfurt am Main/Erlangen.

Irwin 1999: *Aristotle, Nicomachean Ethics.* Translation, with introduction, notes, and glossary by Terrence H. Irwin. Indianapolis/Cambridge, Mass.

Isépy 2016: Peter Isépy. *Zur mittelalterlichen Überlieferung von Aristoteles'* De motu animalium. *Die Bedeutung der Übersetzung Wilhelms von Moerbeke und der Paraphrase Alberts des Großen für die griechische Texttradition.* Serta Graeca 31. Wiesbaden.

Isépy/Prapa 2018: Peter Isépy and Christina Prapa. "Der Codex *Berolinensis*

Phillippicus 1507：Nachfahre eines unabhängigen Zweiges der Aristoteles-Überlieferung? Eine kodikologisch-paläographische, stemmatische und textkritische Untersuchung am Beispiel von Aristoteles, *Sens.* und *Mem*," *Revue d'histoire des textes n.s. 13*, 1-58.

Isépy/Primavesi 2014: Peter Isépy and Oliver Primavesi. "Helladios und Hesychios. Neues zum Text der *Bibliotheke* des Photios (Cod. 279)," *Zeitschrift für Papyrologie und Epigraphik* 192, 121-42.

Jaeger 1913a: Werner Jaeger. "Das Pneuma im Lykeion, " *Hermes* 48/1,29-74.

Jaeger 1913b: *Aristotelis De animaliutn motione et De anitnalium incessu, Ps-Aristotelis De spiritu libellus.* Edidit Vernerus Guilelmus Jaeger. Leipzig.

Johansen 2012: Thomas Kjeller Johansen. *The Powers of Arisiotle's Soul.* Oxford.

Joly/Byl 1984: *Hippocratis De diaeta. Edidit, in linguam francogallicam vertit, commentatus est Robert Joly adiuvante Simon Byl.* Editio altera lucis ope expressa addendis et corrigendis aucta curatis a Simon Byl. Corpus Medicorum Graecorum I/2,4. Berlin.

Jori 2009: *Aristoteles, Über den Himmel,* Übersetzt und erläutert von Alberto Jori. Aristoteles, Werke in deutscher Übersetzung 12/III. Berlin,

Judson 1991: *Aristotle's* Physics: *a Collection of Essays,* ed. Lindsay Judson. Oxford.

Judson 1994: Lindsay Judson. "Heavenly Motion and the Unmoved Mover," in Gill/ Lennox 1994, 155-71.

Kahn 1966: Charles Kahn. "Sensation and Consciousness in Aristotle's Psychology," *Archiv für Geschichte der Philosophic* 48, 43-81 (reprinted in *Articles on Aristotle.* Vol. 4: *Psychology and Aesthetics,* ed. Jonathan Barnes, Malcolm Schofield, and Richard Sorabji. London 1977, 1-31).

Kampe 1870: Friedrich F. Kampe. *Die Erkenntnislehre des Aristoteles.* Leipzig.

Karfik 2004: Filip Karfik. *Die Beseelung des Kosmos. Untersuchungen zur Kosmologie, Seelenlehre und Theologie in Platons Phaidon und Timaios.* Beitrage zur Altertumskunde 199. München/Leipzig.

Kassel 1965: *Aristotelis de arte poetica liber.* Recognovit brevique adnotatione critica instruxit Rudolf Kassel. Oxford.

Kassel 1971: Rudolf Kassel. *Der Text der Aristotelischen Rhetorik. Prolegomena zu einer kritischen Ausgabe.* Peripatoi 3. Berlin/New York.

Keßler 1995: *Aristoteles Latine interpretibus variis.* Ed. Academia Regia Borussica. Berlin 1831. Nachdruck herausgegeben und eingeleitet von Eckhard Keßler. Humanistische Bibliothek II 30. München.

King 2006: *Common to Body and Soul: Philosophical Approaches to Explaining Living Behaviour in Greco-Roman Antiquity,* ed. Richard A.H. King. Berlin/ New York.

Koch 2017: Lutz Koch.τὸ τῆς λέζεως συνεχές. *Michael von Ephesos und die Rezeption der Aristotelischen Schrift* De motu animalium *in Byzanz.* Diss., Universität Hamburg 2015; published online (http://ediss.sub.uni-hamburg. de/ volltexte/2017/8647/; 09/11/17).

Kollesch 1960: Jutta Kollesch. "Aristoteles, De motu anim. 701b2-9, " *Philologus* 104, 143-4.

Kollesch 1985: Jutta Kollesch, *Aristoteles, Über die Bewegung der Lebewesen, Über die Fortbewegung der Lebewesen.* Übersetzt und erläutert von Jutta Kollesch. Aristoteles, Werke in deutscher Übersetzung 17/II-III. Darmstadt.

Kosman 1994a: Aryeh Kosman. "The Activity of Being in Aristotle's *Metaphysics,*" in *Unity, Identity and Explanation in Aristotle's Metaphysis*, ed. Theodore Scaltas, David Charles, and Mary L. Gill. Oxford.

Kosman 1994b: Aryeh Kosman. "Aristotle's Prime Mover," in Gill/Lennox 1994, 135-54.

Kung 1982: Joan Kung. "Aristotle's De Motu Animalium and the Separability of the Sciences," *Journal of the History of Philosophy* 20,65-76.

Kühn 1821: *ΚΛΑΥΔΙΟΥ ΓΑΛΗΝΟΥ ΑΠΑΝΤΑ. Claudii Galeni opera omnia.* Ed. curavit Karl G. Kühn. Vol. 1. Medicorum Graecorum opera quae exstant 1. Leipzig (reprinted Hildesheim 1965).

Kühner/Blass 1890-2: Raphael Kühner. *Ausführliche Grammatik der Griechischen Sprache.* Erster Teil: *Elementar- und Formenlehre.* Dritte Auflage in zwei

Bänden. In neuer Bearbeitung besorgt von Dr. Friedrich Blass. Hannover (reprinted Darmstadt 2015).

Kühner/Gerth 1898-1904: Raphael Kühner. *Ausführliche Grammatik der Griechischen Sprache,* Zweiter Teil: *Satzlehre.* Dritte Auflage in zwei Banden. In neuer Bearbeitung besorgt von Bernhard Gerth. Hannover (reprinted Darmstadt 2015).

Labarrière 1990: Jean-Louis Labarrière. "De la *phronesis* animale," in *Biologie, logique et métaphysique chez Aristote.* Actes du Séminaire C.N.R.S.-N.S.F., Oléron, 28 juin-3 juillet 1987, ed. Daniel Devereux and Pierre Pellegrin. Paris, 405-28.

Labarrière 2004: Jean-Louis Labarrière. *Langage, vie politique et mouvement des animaux.* Études aristotéliciennes. Paris.

Laks 2000: André Laks. "Metaphysics *Λ* 7," in *Aristotle's Metaphysics Lambda,* ed. Michael Frede and David Charles. Oxford, 207-44.

Laks 2013: André Laks. *Los motores inmóviles de Aristóteles: una introducción sencilia a un problema complejo.* Cátedra Tópicos 2012. Mexico.

Laks/Rashed 2004: *Aristote et le mouvement des animaux: Dix études sur le De motu animalium,* ed. André Laks and Marwan Rashed. Villeneuve d'Ascq.

Landauer 1902: *Themistii in libros Aristotelis de caelo paraphrasis Hebraice et Latine. Consilio et auctoritate Academiae Litterarum Regiae Borussicae,* Ed. Samuel Landauer. Berlin.

Lautner 1992: Peter Lautner. "Philoponus, in De Anima III: Quest for an Author," *Classical Quarterly* 42, 510-22.

Lefebvre 2004: David Lefebvre. "La critique du mythe d'Atlas. *DMA,* 3, 699a27-b11," in Laks/Rashed 2004, 115-36.

Lemerle 1971: Paul Lemerle. *Le premier humanisme byzantin. Notes et remarques sur enseignement et culture à Byzance des origines au X*e *siècle.* Bibliothèque Byzantine, Études 6. Paris.

Lennox 2001: *Aristotle, On the Parts of Animals.* Translated with a commentary by James G. Lennox. Oxford.

Lennox 2010: James G. Lennox. "Aristotle's Natural Science: the Many and the One," *Apeiron* 43/2-3,1-23.

Linnenkugel 1926: Albert Linnenkugel. *De Lucillo Tarrhaeo epigrammatum poeta, grammatico, rhetore.* Rhetorische Studien 13. Paderborn.

Lloyd/Owen 1978: *Aristotle on Mind and the Senses.* Proceedings of the Seventh Symposium Aristotelicum, ed. Geoffrey E.R. Lloyd, and Gwilym E.L. Owen. Cambridge.

Loening 1903: Richard Loening. *Die Zurechnungslehre des Aristoteles.* Jena.

Lorenz 2006: Hendrik Lorenz. *The Brute Within: Appetive Desire in Plato and Aristotle.* Oxford.

Lorenz 2007: Hendrik Lorenz. "The Assimilation of Sense to Sense-Object in Aristotle," *Oxford Studies in Ancient Philosophy* 33, 179-220.

Lorenz 2008: Hendrik Lorenz. "Zur Bewegung der Lebewesen bei Aristoteles," in Rapp/Corcilius 2008, 53-64.

Louis 1973: *Aristote, Marche des Animaux, Mouvement des Animaux, Index des traités biologiques.* Texte établi et traduit par Pierre Louis. Paris.

LSJ 1996: Henry G. Liddell, Robert Scott, and Henry S. Jones. *A Greek-English Lexicon.* With a revised supplement. Oxford.

Luna/Segonds 2007: *Proclus, Commentaire sur le Parménide de Platon.* Texte établi et traduit par Concetta Luna et Alain Ph. Segonds. Tome I, i[ere] partie: *Introduction générale.* Paris.

Lust/Eynikel/Hauspie 2015: Johan Lust, Erik Eynikel, and Katrin Hauspie. *Greek-English Lexicon of the Septuagint.* Third corrected edition. Stuttgart.

Maas 1937: Paul Maas. "Leitfehler und stemmatische Typen," *Byzantinische Zeitschrift 37,* 289-94.

Maas/Flower 1958: Paul Maas. *Textual Criticism.* Translated from the German by Barbara Flower. Oxford.

Makin 2006: *Aristotle, Metaphysics Book* Θ. Translated with an introduction and commentary by Stephen Makin. Clarendon Aristotle Series. Oxford.

Mansion 1948: Augustin Mansion. "Préface," in *Nuyens 1948*, ix-xv.

Manuwald 1989: Bernd Manuwald. *Studien zum Unbewegten Beweger in der Naturphilosophie des Aristoteles*. Akademie der Wissenschaften und der Literatur, Abhandlungen der geistes- und sozialwissenschaftlichen Klasse 1989/9. Stuttgart.

Mayhew 2014: *The Aristotelian Problemata Physica: Philosophical and Scientific Investigations*, ed. Robert Mayhew. Leiden/Boston.

Menn 2002: Stephen Menn. "Aristotle's definition of soul and the program of the *De anima*," *Oxford Studies in Ancient Philosophy* 22, 83-109.

Menn 2012: Stephen Menn. "Aristotle's Theology," in *The Oxford Handbook of Aristotle*, ed. Christopher Shields. Oxford, 422-64.

Menn (forthcoming): Stephen Menn. *The Aim and Argument of Aristotle's Metaphysics* (forthcoming).

Meyer 1993: Susan Sauvé Meyer. *Aristotle on Moral Responsibility*. Cambridge, Mass./Oxford.

Meyer 1994: Susan Sauvé Meyer. "Self-Movement and External Causation," in Gill/Lennox 1994, 65-80.

Mioni 1958: *Aristotelis codices graeci qui in bibliothecis Venetis adservantur.* Recognovit adnotatione critica instruxit Elpidius Mioni. Padova.

Mioni 1981: Elpidius Mioni. *Bibliothecae Divi Marci Venetiarum codices graeci manuscripts*. Volumen I: *Thesaurus Antiquus, Codices 1-299*. Roma.

Mondrain 2005: Brigitte Mondrain. "Traces et mémoire dans la lecture des textes: les *marginalia* dans les manuscrits scientifiques byzantins," in *Scientia in margine. Études sur les* marginalia *dans les manuscrits scientifiques du Moyen Âge à la Renaissance*, ed. Danielle Jacquart and Charles Burnett. Genève, 1-25.

Mondrain 2011: Brigitte Mondrain, "Copier et lire des manuscrits théologiques et philosophiques à Byzance," in *Byzantine Theology and its Philosophical Background,* ed. Antonio Rigo. Byzantios. Studies in Byzantine History and Civilization 4. Turnhout, 87-107.

Moraux 1951: Paul Moraux. *Les listes anciennes des outrages d'Aristote*. Louvain.

Moraux 1959: Paul Moraux. "Review of Tobrraca 1958a," *L'antiquité classique* 28, 363-66.

Moraux 1967: Paul Moraux. "Le parisinus graecus 1853 (ms. E)," *Scriptorium* 21, 17-41.

Moraux 1973: Paul Moraux. "Wiederentdeckung des Corpus Aristotelicum. Erste Ausgaben," in *Der Aristotelismus bei den Griechen. Von Andronikos bis Alexander von Aphrodisias.* Erster Band: *Die Renaissance des Aristotelismus im I. Jh.* u Chr., ed. Paul Moraux. Peripatoi 5. Berlin/New York, 1-94.

Moraux et al. 1976: Paul Moraux, Dieter Harlfinger, Diether Reinsch and Jürgen Wiesner. *Aristoteles Graecus. Die griechischen Manuskripte des Aristoteles.* Band 1: *Alexandrien-London.* Berlin/New York.

Morel 2004: Pierre-Marie Morel. "Volontaire, involontaire et non volontaire dans le chapitre 11 du *DMA* d'Aristote, " in Laks/Rashed 2004, 167-83.

Morel 2006: Pierre-Marie Morel "'Common to Soul and Body' in the *Parva Naturally,*" in King 2006, 212-39.

Morel 2007: Pierre-Marie Morel. *De la matière* à *faction. Aristote et le problème du vivant.* Paris.

Morel 2008: Pierre-Marie Morel. "The Practical Syllogism in Context: *De Motu* 7 and Zoology," in Rapp/Brüllinann 2008, 185-96.

Morel 2013a: Pierre-Marie Morel. *Aristote. Le Mouvement des animaux,* suivi de *La Locomotion des animaux.* Traduction et présentation par Pierre-Marie Morel. Paris. é

Morel 2013b: Pierre-Marie Morel. "Qui a peur de l' éthologie? Action humaine et action animale chez Aristote, " *Archai* 11, 91-100.

Morel 2014: Pierre-Marie Morel. "Mouvement des animaux et philosophie première: les arguments métaphysiques du De motu animalium, " in *Nature et Sagesse, Les rapports entre physique et métaphysique dans la tradition aristotélicienne.* Recueil de textes en hommage à Pierre Pellegrin, ed. Cristina Cerami. Louvain-la-Neuve, 309-27.

Morel 2016: Pierre-Marie Morel. "La physiologic des passions dans le *De motu animalium* d'Aristote, " in *L'Homme et ses Passions.* Actes du XVIIe Congrès International de l'Association Guillaume Budé, organisé à Lyon du 26 au 29 août

2013, ed. Isabelle Boehm, Jean-Louis Ferrary, and Sylvie Franchet d'Espèrey. Paris, 291-301.

Morison 2002: Benjamin Morison. *On Location: Aristotle's Concept of Place.* Oxford Aristotle Studies. Oxford.

Morison 2004: Benjamin Morison. "Self-Motion in *Physics* VIII," in Laks/ Rashed 2004, 67-80.

Moss 2012: Jessica Moss. *Aristotle on the Apparent Good. Perception,* Phantasia, *Thought, and Desire.* Oxford.

Mugnier 1953：*Aristote: Petits traités d'histoire naturelle.* Text établi et traduit par René Mugnier. Paris.

Müller 2008: Anselm Müller. "Formal and Material Goodness in Action. Reflections on an Aristotelian Analogy between Cognitive and Practical Teleology," in Rapp/ Brüllnann 2008,213-28.

Natali 2004: Carlo Natali, *L'action efficace. Études sur la philosophic de l'action d'Aristote.* Louvain-La-Neuve.

Natali 2009: *Aristotle:* Nicomachean Ethics *Book VII. Symposium Aristotelicutn,* ed. Carlo Natali. Oxford.

Nussbaum 1975a: Martha C. Nussbaum. *Aristotle's De motu animalium.* A thesis presented by Martha Louise Craven Nussbaum to The Department of the Classics in partial fulfillment of the requirements for the degree of Doctor of Philosophy in the subject of Classical Philology Harvard University. Cambridge, Massachusetts.

Nussbaum 1975b: Martha C. Nussbaum. "Review of Louis 1973," *The Journal of Hellenic Studies* 95, 207-8.

Nussbaum 1976: Martha C. Nussbaum. "The Text of Aristotle's *De Motu Animalium,*" *Harvard Studies in Classical Philology* 80, 111-59.

Nussbaum 1978: Martha C. Nussbaum. *Aristotle's De Motu Animalium.* Text with Translation, Commentary, and Interpretive Essays. Princeton (corrected paperback edition 1985).

Nussbaum 1983: Martha C. Nussbaum. "The 'Common Explanation' of Animal Motion," in *Zweifelhaftes im Corpus Aristotelicum.* Akten des 9. Symposium

Aristotelicum, ed. Paul Moraux and Jürgen Wiesner Berlin, 116-56.

Nussbaum 1985: See Nussbaum 1978.

Nussbaum 1986: Martha C. Nussbaum. *The Fragility of Goodness: Luck and Ethics in Greek Tragedy and Philosophy.* Cambridge.

Nussbaum/Rorty 1992: *Essays on Aristotle's* De Anima, ed. Martha C. Nussbaum and Amely O. Rorty. Oxford (augmented paperback edition 1995).

Nuyens 1948: François J.C.J. Nuyens. *L'évolution de la psychologic d'Aristote,* Louvain (reprinted 1973).

Odzuck 2014: Sebastian Odzuck. *The Priority of Locomotion in Aristotle's Physics.* Göttingen.

Oehler 1962: Klaus Oehler. *Die Lehre vom noetischen und dianoetischen Denken bei Platon und Aristoteles. Ein Beitrag zur Erforschung der Geschichte des Bewusstseinsproblems in der Antike.* München.

Omont 1892： Henri Omont. "Les manuscrits grecs datés des XVe & XVIe siècles de la Bibliothèque Nationale et des autres bibliothèques de France," *Revue des Bibliothèques* 2, 1-87.

Orlandi 2017: Luigi Orlandi. *ANDRONIKOS KALLISTOS: Manuscripts, Activities, Texts.* Diss., Universität Hamburg. Hamburg (unpublished).

Pakaluk/Pearson 2011: *Moral Psychology and Human Action in Aristotle,* ed. Michael Pakaluk and Giles Pearson. Cambridge.

Palmer 1959: Robert R. Palmer. *The Age of the Democratic Revolution.* Princeton.

Pappa 2002: *Georgios Pachymeres, Philosophia.* Buch 10: *Kommentar zur Metaphysik des Aristoteles,* Editio princeps. Einleitung, Text, Indices von Eleni Pappa. Corpus Philosophorum Medii Aevi 2. Athína.

Pearson 2011： Giles Pearson. "Aristotle and Scanlon on Desire and Motivation," in *Moral Psychology and Human Action in Aristotle,* ed. Michael Pakaluk and Giles Pearson, Cambridge, 95-118.

Pearson 2012: Giles Pearson. *Aristotle on Desire.* Cambridge.

Peck 1937: "Aristotle. Parts of Animals," in *Aristotle, Parts of Animals.* With an English Translation by Arthur L. Peck. *Movement of Animals, Progression of*

Animals. With an English Translation by Edward S. Forster, London/ Cambridge, Mass. (2nd edition 1961) 3-434.

Peck 1943: Arthur L. Peck. "Appendix B," in *Aristotle, Generation of Animals*. With an English translation. London/Cambridge, Mass., 576-93.

Peck 1953: Arthur L. Peck, "The Connate *Pneuma:* An Essential Factor in Aristotle's Solutions to the Problems of Reproduction and Sensation," in *Science, Medicine, and History*. Vol. 1, ed. Edgar A. Underwood. London, 111-21.

Perger 1997: Michael v. Perger. *Die Allseele in Platos Timaios*. Stuttgart/Leipzig.

Platt 1913: Arthur Platt. "Notes on Aristotle," *The Journal of Philology* 32, 274-99.

Polansky 2007: Roland Polansky, *Aristotle's* De Anima. Cambridge.

Poppelreuter 1891 :Hans Poppelreuter. *Zur Psychologie des Aristoteles, Theophrast, Strato,* Leipzig.

Preus 1981: *Aristotle and Michael of Ephesus: On the Movement and Progression of Animals*. Translated, with Introduction and Notes by Anthony Preus. Hildesheim/ New York.

Price 2008: Anthony W. Price. "The Practical Syllogism in Aristotle: A New Interpretation," in Rapp/Brüllmann 2008, 151-162a.

Primavesi 2007: Oliver Primavesi. "Ein Blick in den Stollen von Skepsis: Vier Kapitel zur frühen Überlieferung des *Corpus Aristotelicum*," *Philologus* 151, 51-77.

Primavesi 2008: Oliver Primavesi. "Two Notes on the Platonic Text," in *Plato's* Theaetetus. Proceedings of the Sixth Symposium Platonicum Pragense, ed. by Aleš Havlíček, Filip Karfík, and Štěpán Špinka. Praha, 331-71.

Primavesi 2018: O. Primavesi. "Philologische Einleitung," in Primavesi/Corcilius 2018, xi-cxliv.

Primavesi/Corcilius 2018: *Aristoteles. De motu animalium. Über die Bewegung der Lebewesen*. Historisch-kritische Edition des griechischen Textes und philologische Einleitung von Oliver Primavesi. Deutsche Übersetzung, philosophische Einleitung und erklärende Anmerkungen von Klaus Corcilius. Hamburg.

Rahlfs/Hanhart 2006: *Septuaginta. Id est Vetus Testamentum graece iuxta LXX interpretes*. Ed. Alfred Rahlfs. Editio altera quam recognovit et emendavit Robert Hanhart. Duo volumina in uno. Stuttgart.

Rapp 2006: Christof Rapp. "Interaction of Body and Soul: What the Hellenistic Philosophers Saw and Aristotle Avoided," in King 2006,187-208.

Rapp (unpublished): Christof Rapp. "Common to Body and Soul in the *De Motu Animalium*," presented at Oriel College, Oxford, June 2012 (unpublished manuscript).

Rapp 2014：Christof Rapp. "Aristotle and the Cosmic Game of Dice. A Conundrum in *De Caelo* II.12," *Rhizomata* 2/2,161-86.

Rapp 2020: Christof Rapp. "Joints and Movers in the Cliffhanger Passage at the end of Aristotle, De Anima III.10,"in *Aristote et l'âme humaine. Lectures de 'De Anima' III offertes* à *Michel Crubellier*, ed. Gweltaz Guyomarch, Claire Louguet, Charlotte Murgier. Louvain-la-Neuve, 273-302.

Rapp/Brüllmann 2008: *The Practical Syllogism*, ed. Christof Rapp and Philipp Brüllmann. Logical Analysis and History of Philosophy 11. Paderborn.

Rapp/Corcilius 2008: *Beiträge zur Aristotelischen Handlungstheorie,* ed. Christof Rapp and Klaus Corcilius. Stuttgart.

Rashed 2001: Marwan Rashed. *Die Überlieferungsgeschichte der aristotelischen Schrift* De generatione et corruptione. Serta Graeca 12. Wiesbaden.

Rashed 2002: Marwan Rashed. "Nicolas d'Otrante, Guillaume de Moerbeke et la 'Collection philosophique'," *Studi Medievali* 43, 693-717.

Rashed 2004: Marwan Rashed. "Agrégat de parties ou *vinculum substantiale?* Sur une hésitation conceptuelle et textuelle du *corpus* aristotélicien," in Laks/Rashed 2004, 185-202.

Rashed 2007: Marwan Rashed. *L'héritage aristotélicien, Textes inédits de l'Antiquité*. Paris.

Rebenich/Franke 2012: *Theodor Mommsen und Friedrich Althoff. Briefwechsel 1882-1903,* Herausgegeben und eingeleitet von Stefan Rebenich und Gisa Franke. Deutsche Geschichtsquellen des 19. und 20. Jahrhunderts 67. München.

Renehan 1994: Robert Renehan. "Of Mice and Men in Aristotle," *Classical Philology* 89/3, 245-55.

Renehan 1996: Robert Renehan. "Aristotelian Explications and Emendations, II: Passages from the De Anima, De Partibus Anitnaliumy De Generatione Animalium, De Motu Animalium, Politics, and Nicomachean Ethics," *Classical Philology* 91/3, 223-46.

Rolfes 1924: Eugen Rolfes. *Aristoteles, Kleine naturwissenschaftliche Schriften.* Leipzig.

Romero 2001: Fernando G. Romero. "Varia Paroemiographica Graeca," *Cuadernos de filología clásica: Estudios griegos e indoeuropeos* 11, 241-54.

Romilly 1958: Jacqueline de Romilly. *La Crainte et l'angoisse dans le theatre d'Eschyle.* Paris.

Rose 1854: Valentini Rose. *De Aristotelis librorum ordine et auctoritate cotnmentatio.* Berlin.

Rose 1893: Valentin Rose. *Verzeichniss der lateinischen Handschriften der Koniglichen Bibliothek zu Berlin.* Erster Band: *Die Meerman-Handschriften des Sir Thomas Phillipps.* Berlin.

Roselli 1992: Amneris Roselli. *Aristotele, De spiritu.* Ed. Amneris Roselli. Pisa.

Ross 1955: Sir David Ross. *Aristotle, Parva Naturalia.* A Revised Text with Introduction and Commentary by Sir David Ross. Oxford.

Ross 1957: Sir David Ross. "The Development of Aristotle's Thought," *Proceedings of the British Academy* 43, 63-78 (reprinted in *Articles on Aristotle.* Vol. 1: *Science,* ed. Jonathan Barnes, Malcolm Schofield, and Richard Sorabji. London 1975, 1-13).

Ross 1961: Sir David Ross. *Aristotle, De Anima.* Ed. with Introduction and Commentary by Sir David Ross. Oxford.

Rüsche 1930: Franz Rüsche. *Blut, Leben und Seele. Ihr Verhältnis nach der Auffassung der griechischen und hellenistischen Antike, der Bibel und der alten Alexandrinischen Theologen.* Paderborn.

Santas 1969: Gerasimos Santas. "Aristotle on Practical Inference, the Explanation of

Action, and Akrasia," *Phronesis* 14, 162-91.

Schmidt 1899: "Heronis Alexandrini De automatis," in *Heronis Alexandrini Opera quae supersunt omnia.* Vol. 1: *Pneumatica et automata.* Recensuit Guilelmus Schmidt. Leipzig, 335-453.

Schofield 1978: Malcolm Schofield. "Aristotle on the Imagination," in Lloyd/ Owen 1978, 99-129.

Schofield 2011: Malcolm Schofield. "Phantasia in De Motu Animalium," in *Moral Psychology and Human Action in Aristotle,* ed. Michael Pakaluk and Giles Pearson, Cambridge, 119-34.

Schwyzer 1939: Eduard Schwyzer. *Griechische Grammatik. Auf der Grundlage von Karl Brugmanns Griechischer Grammatik.* Erster Band: *Allgemeiner Teil, Lautlehre, Wortbildung, Flexion.* München.

Seeck 1992: Gustav A. Seeck. "Review of Manuwald 1989," *Anzeiger für die Altertumswissenschaft* 14, 3/4, col. 190-92.

Semler 1765: Johann S. Semler. *Hermenevtische Vorbereitung.* Drittes Stück, Erste Abtheilung, *worin von dem griechischen Text, und Handschriften der Evangelien Beobachtungen vorkommen.* Halle im Magdeburgischen.

Shailor 1984: Barbara A. Shailor. *Catalogue of Medieval and Renaissance Manuscripts in the Beinecke Rare Book and Manuscript Library*, Yale University. Vol. 1: MSS1 -250. Binghamton (New York).

Sharpies 2006: Robert W Sharpies. "Common to Body and Soul: Peripatetic Approaches after Aristotle," in King 2006, 165-86.

Shields 2007: Christopher Shields. "The Peculiar Motion of Aristotelian Souls," *Proceedings of the Aristotelian Society Supplementary Volume 81*, 139-61.

Shields 2009: Christopher Shields. "The Priority of Soul in Aristotle's *De Anima:* Mistaking Categories?" in *Body and Soul in Ancient Philosophy,* ed. Dorothea Frede and Burkhard Reis, Berlin/New York, 267-90.

Shields 2016: *Aristotle, De Anima.* Translated with an introduction and commentary by Christopher Shields. Oxford.

Siwek 1930: Paul Siwek. *La psychophysique humaine d'après Aristote.* Paris.

Siwek 1963: *Aristotelis Parva naturalia Graece et Latine.* Edidit, versione auxit, notis illustravit Paul Siwek. SJ. Collectio Philosophica Lateranensis 5. Roma.

Smith 1984： Jonathan A. Smith. *Aristotle, On the Soul.* Translated by Jonathan A. Smith, in *The Complete Works of Aristotle, The Revised Oxford Translation.* Vol. 1, ed. Jonathan Barnes. Princeton, 641-92.

Smyth 1920: Herbert W Smyth. *A Greek Grammar.* Cambridge, Mass.

Solmsen 1957: Friedrich Solmsen. "The Vital Heat, the Inborn Pneuma and the Aether," *Journal of Hellenic Studies 57*, 119-23.

Sorabji 1980: Richard R.K. Sorabji. *Necessity, Cause and Blame.* London/Ithaca.

Sorabji 1993: Richard R.K. Sorabji. *Animal Minds & Human Morals. The Origin of the Western Debate.* London.

Spengel 1849: Leonhard Spengel. *Ueber die Reihenfolge der naturwissenschaftlichen Schriften des Aristoteles.* München.

Speranzi 2012/17: David Speranzi. "Scheda manoscritto: Firenze, Biblioteca Riccardiana, Riccardiano, Ricc.14," in *Manus online* (http://manus.iccu.sbn.it// opac_SchedaScheda. php?ID=2O2O44;14/12/18).

Stadler 1909: *Alberti Magni liber de principiis motus processivi ad fidem Coloniensis archetypi.* Ed. Hermann Stadler. Programm des Könglichen Maximilians-Gymnasiums für das Schuljahr 1908 /1909. München.

Steel/Ritups 2013: *Simplicius: On Aristotle On the Soul 3.6-13.* Translated by Carlos Steel in collaboration with Arnis Ritups. London.

Stefec 2012: Rudolf S. Stefec. "Die griechische Bibliothek des Angelo Vadio da Rimini," *Römische Historische Mitteilungen* 54, 95-184.

Stevenson 1888: *Codices manuscripti graeci Reginae Suecorum et Pii Pp. II Bibliothecae Vaticanae, descripti Praeside I. B. Cardinali Pitra episcopo Port uensi S. R. E. Bibliothecario.* Recensuit et digessit Henricus Stevenson Senior, eiusdem Bibliothecae Scriptor. Roma.

Stocks 1930: John L. Stocks. "De Caelo," in *The Works of Aristotle Translated into English,* ed. William D. Ross. Vol. 2. Oxford.

Studemund/Cohn 1890: *Verzeichniss der griechischen Handschriften der*

Königlichen Bibliothek zu Berlin. I: *Codices ex bibliotheca Meermanniana Phillippici Graeci nunc Berolinenses descripserunt Guilelmus Studemund et Leopoldus Cohn.* Die Handschriften-Verzeichnisses der Königlichen Bibliothek zu Berlin, Elfter Band. Berlin.

Taillardat 1967: *Suétone, Περὶ βλασφημιῶν. Περὶ παιδιῶν (extraits byzantins).* Ed. Jean Taillardat. Paris.

Taylor 2006: *Aristotle, Nicomachean Ethics. Books II-IV.* Translated with a commentary by C.C.W Taylor. Oxford.

Thielscher 1948: Paul Thielscher. "Die relative Chronologic der erhaltenen Schriften des Aristoteles nach den bestimmten Selbstzitaten," *Philologus* 97, 229-65.

Thomæus 1523: *ARISTOTELIS STAGIRITAE PARVA NATURALIA: De Sensu & sensili. De Memoria & reminiscentia. De Somno & uigilia. De Insomniis. De Diuinatione per somnia. De Animalium motione. De animalium incessu. De Extensione & breuitate vitæ. De Iuuentute & Senectute, Morte & Vita, & de Spiratione.* Omnia in latinum conuersa & antiquorum more explicata. á.N. Leonico Thomaeo. Venice (Thomæus' translation of *MA* is reprinted in Keßler 1995, 342-5).

Thurn 1980: Hans Thurn. *Die griechischen Handschriften der Universitätsbibliothek Erlangen.* Wiesbaden.

Todd 1996: *Themistius: On Aristotle On the Soul.* Translated by Robert B. Todd. London.

Torraca 1958a: *Aristotele, De motu animalium.* Ed. Luigi Torraca. Collana di studi Greci XXX. Napoli.

Torraca 1958b: Luigi Torraca. "Suir autenticità del *De Motu Animalium* di Aristotele," *Maia 10*, 220-33.

Torraca 1959: Luigi Torraca. "Contributi alia storia del testo greco e del testo moerbekiano del '*De motu animaliunm*', " in *Ricerche sull'Aristotele minoret*, ed. Luigi Torraca. Padova, 7-26.

Torstrik 1857: Adolf Torstrik. "XXIV. Die authentica der Berliner ausgabe des Aristoteles, " *Philologus 12,* 494-530.

Torstrik 1858: Adolf Torstrik. "3. Die authentica der Berliner ausgabe des Aristoteles. (Nachtrag zu Philologus XII, p. 494flgg.) " *Philologus* 13, 204-6.

Tracy 1983: Theodore Tracy. "Heart and Soul in Aristotle," in *Essays in Ancient Greek Philosophy,* ed. John P. Anton and Anthony Preus. Vol. 2. Albany, 321-39.

Trendelenburg 1833: *Aristotelis de Anima libri tres.* Ad interpretum Graecorum auctoritatem et codicum fidem recognovit commentariis illustravit Frider. A. Trendelenburg. Jena.

Trovato 2017. Paolo Trovato. *Everything You Always Wanted to Know about Lachmann's Method: A Non-Standard Handbook of Genealogical Textual Criticism in the Age of Post-Structuralism, Cladistics, and Copy-Text.* Revised edition. Padova (first edition 2014).

Van der Eijk 1994: *Aristoteles. De Insomniis. De Divinatione per Somnum.* Übersetzt und erläutert von Philip van der Ejik. Aristoteles, Werke in deutscher Übersetzung 14/ III. Berlin.

Van der Eijk 1997: Philip van der Eijk. "The matter of mind: Aristotle on the biology of 'psychic' processes and the bodily aspects of thinking," in *Aristotelische Biologie. Intentionen, Methoden, Ergebnisse.* Akten des Symposions über Aristoteles' Biologie vom 24.-28. Juli 1995 in der Werner- Reimers-Stiftung in Bad Homburg, ed. Wolfgang Kullmann and Sabine Föllinger. Philosophie der Antike 6. Stuttgart, 221-58.

Van Leeuwen 2016: Joyce van Leeuwen. *The Aristotelian* Mechanics: *Text and Diagrams.* Boston Studies in the Philosophy and History of Science 316. Cham/ Heidelberg/New York/Dordrecht/London.

Vendruscolo 2008: Fabio Vendruscolo, "Codici dell'Argiropulo tra gli Utinenses Graeci," *Incontri triestini di filologia classica 6* (2006/07), 289-97.

Verbeke 1978: Gérard Verbeke. "Doctrine du pnéuma et entéléchisme chez Aristote," in Lloyd/Owen 1978, 191-214.

Verity/Hunter 2002：*Theocritus, Idylls.* Translated by Anthony Verity. Introduction and notes by Richard Hunter. Oxford.

Vita 1979: Vincenzo Vita, "Il punto nella terminologia di Aristotele," *Cultura e scuola 72*, 217-24.

Vita 1982: Vincenzo Vita. "Il punto nella terminologia matematica greca," *Archive for History of Exact Sciences* 27, 101-14.

Vladimir 1894: Archimandrite Vladimir. *Sistematičeskoe opisanie rukopisej Moskovskoj sinodalnoj (patriarsej) biblioteki* Vol. 1. Moskwa.

Vuillemin-Diem/Rashed 1997: Gudrun Vuillemin-Diem and Marwan Rashed. "Burgundio de Pise et ses manuscrits grecs d'Aristote: Laur. 87.7 et Laur. 81.18, " *Recherches de Théologie et Philosophie médiévales* 64, 136-98.

Wartelle 1963: André Wartelle. *Inventaire des manuscrits grecs d'Aristote et de ses Commentateurs: Contribution à l'histoire du texte d'Aristote.* Paris.

Watson 1982: Gerard Watson, "Φαντασία in Aristotle De Anima 3.3," *Classical Quarterly* 32, 100-13.

Watson 1988: Gerard Watson. *Phantasia in Classical Thought* Galway.

Wedin 1988: Michael Wedin. *Mind and Imagination in Aristotle.* New Haven/ London.

Welsch 1987: Wolfgang Welsch. *Aisthesis. Grundzüge und Perspektiven der Aristotelischen Sinneslehre.* Stuttgart.

Wendland 1901: *Alexandri in librum De sensu commentarium.* Consilio et auctoritate Academiae Litterarum Regiae Borussicae. Ed. Paulus Wendland. Berlin.

Whiting 2002: Jennifer E. Whiting, "Locomotive Soul: The Parts of Soul in Aristotle's Scientific Works," *Oxford Studies in Ancient Philosophy* 22, 141-200.

Wians 1996: *Aristotle's Philosophical Development. Problem and Prospects.* Ed. William Wians. Lanham.

Wians/Polansky 2017: *Reading Aristotle, Argument and Exposition.* Ed. William Wians and Ronald Polansky. Leiden.

Wiesner 1981: Jürgen Wiesner. "Zu den Scholien der Parva Naturalia des Aristoteles," in *Proceedings of the World Congress on Aristotle, Thessaloniki August 7-14,1978.* Vol. 1. Athína, 233-7.

Wiggins 1975: David Wiggins, "Deliberation and Practical Reason," *Proceedings of the Aristotelian Society* 76, 29-51 (reprinted in *Essays on Aristotle's Ethics,* ed.

Amely O. Rorty. Berkeley/Los Angeles/London 1980, 221-40).

Williams 1982: Christopher J. F. Williams. *Aristotle's de Generatione et Corruptione,* Clarendon Aristotle Series. Oxford.

Wilson 1913: J. Cook Wilson. "Difficulties in the Text of Aristotle," *The Journal of Philology* 32, 137-65.

Wilson 1983: Nigel Wilson. "A Mysterious Byzantine Scriptorium: Ioannikios and his Colleagues," *Scrittura e Civiltà 7,* 161-76.

Zeller 1879: Eduard Zeller. *Philosophie der Griechen in ihrer Geschichtlichen Entwicklung.* Zweiter Theil, zweite Abtheilung: *Aristoteles und die alten Peripatetiker.* Dritte Auflage. Leipzig.

译后记

2015 年 3 月到 2016 年 3 月，我得到国家留学基金委员会的资助，到德国慕尼黑大学的“古代哲学研究院”（Munich School of Ancient Philosophy，缩写 MUSAPH）访学。这个由克里斯托弗·拉普（Christof Rapp）教授在 2010 年创办的古代哲学研究中心，由三位讲席教授领衔：拉普教授主要关注古代哲学传统；奥利弗·普利马维希（Oliver Primavesi）教授主要关注古典语文学传统和古典文本的编辑；彼得·亚当森（Peter Adamson）教授主要关注古代哲学的注疏传统，特别是中世纪阿拉伯注疏传统。除了他们之外，MUSAPH 还有八九位副教授和助教，以及十几位硕士和博士生，另外就是数量不定的访问学者和学生。

来到 MUSAPH，对我来讲完全是一种耳目一新的体验，因为在其他大学，即便是很重视古代哲学研究（比如我之前访问过的加州大学伯克利分校和后来访问过的哥伦比亚大学、纽约大学、普林斯顿大学），能有三四位教师和七八个学生就已经是很“豪华”的配置了；而在这里，同时有将近三十人一起研究古代哲学(而且一半是老师)，每个学期给全校开出十几门关于古代哲学的课程，这简直就是“奢华”了！

MUSAPH 的古代哲学研究最大的特点就是全面和精深。“全面”很容易理解。从时间跨度上看，这里的研究跨越从前苏格拉底直到中世纪晚期的两千多年；从研究的地理跨度上看，从西边的罗马到中间的希腊世界再到东边的拜占庭和阿拉伯，无所不包；从研究的文本类型看，有古代文本编辑、残篇研究、出土文献研究、对经典文本的哲学分析，也有对修辞学和文学文本中哲学内容的阐发；从研究的语言上看，希腊语、拉丁语、阿拉伯语、叙利亚语、波斯语，还有德、英、法、意、俄等现代语言，一应俱全。

MUSAPH的“精深”也不难理解。拉普、普利马维希和亚当森三位教授都是各自领域当今最顶尖的学者。年轻一点的教师和研究助理也都是独当一面的好手，在这里工作几年之后，很多人都找到了很好的教职。仅以我访学时最熟悉的几位研究助理为例，Christopher Noble去了美国的雪城大学，Christopher Pfeiffer去了加拿大的多伦多大学，Antonio Ferro去了以色列的耶路撒冷希伯来大学，Matteo Di Giovanni去了意大利的都灵大学。在那之前和之后，MUSAPH更是为全球的古代哲学研究输送了大量人才。MUSAPH的学生也是从世界各地精挑细选，保持了小规模和高品质。除了出色的教师和学生，MUSAPH学术活动的数量和质量也首屈一指，除了常规的课程之外，还有博士研讨课（学生报告论文，老师和其他学生参与讨论）、大量的讲座和学术会议。

我想特别提到MUSAPH每个学期的重头戏“主研讨课”（Oberseminar），不同于一般的研讨课由一个老师教授，“主研讨课”总是由三位讲席教授共同主持（我当时参加的两个“主研讨课”分别关于亚里士多德的《形而上学》Λ卷和Z卷），课上会讨论同一个哲学文本的语文学、哲学、古代注疏、现代学术争论等等不同的方面，教授们的助手还会在课后给学生“开小灶”，讨论一些细节问题。

“主研讨课”也最集中展示了 MUSAPH 的全面和精深。

那一年的访学让我收获满满，特别是第一次严肃地接触了古典文本的编辑和古代的注疏传统。虽然由于研究兴趣、时间、精力、语言能力等方面的限制，我没有能够深入研究这两个领域，但是不免心向往之，期待有一天自己周围也能有这样一批互补性很强的同事，可以从不同角度共同推进古代哲学的研究。

离开 MUSAPH 之后，我一直怀念着那里近乎完美的学术环境，也一直想以某种方式纪念那一年的美好经历，感谢在那里结识的师友。

我访问的那段时间，拉普和普利马维希两位教授的一项重要工作就是编辑 2011 年举办的“亚里士多德研讨会”（Symposium Aristotelicum）的论文集，那次会议的主题是《论动物的运动》，论文集的内容不仅包括对这部作品内容的全面讨论，也包括了普利马维希教授编辑的《论动物的运动》的全新希腊文本。当我得知普利马维希教授的新版本与努斯鲍姆 1978 年的著名版本相比，居然有 120 处修订时，我的第一反应是震惊——毕竟《论动物的运动》的文本只有短短十几页而已！而且普利马维希教授讲述的编辑过程，就像侦探小说一样引人入胜。所以我当时就萌生了要将它做成希 – 汉对照版的想法，不过因为当时普利马维希教授还有一些工作没有完成，就暂时放了下来。

2017 年 7 月我到雅典参加第 21 届“亚里士多德研讨会”时，又跟拉普和普利马维希两位教授聊起了翻译《论动物的运动》的想法。此时他们已经完成了文本的编辑和文集“导论”的撰写，于是很愉快地接受了我的提议，并把尚未出版的希腊文本、英译本和两个“导论”

发给我，供我重印、翻译和参考。这个译本也顺利纳入了北京大学出版社“西方古典学研究”第二批的书目。

在正式接手这项工作时，我雄心勃勃的计划是借着翻译这个全新文本的机会，认真研究一下这部作品，最理想的情况是出版一个带哲学注疏的中译本。但是理想和现实之间的差距总是巨大的。后来因为各种工作堆积如山，《论动物的运动》的翻译也因为“重要而不紧急”而一拖再拖。直到今年“西方古典学研究”面临结项，这项工作才变得“既重要又紧急”，不得不被塞进了我已经很满的日程。

此时，细致的研究和撰写哲学注疏已经来不及了，在有限的时间里，我所能做的只能是尽可能忠实地将《论动物的运动》翻译出来（在翻译过程中参考了本杰明·莫里森 [Benjamin Morison] 教授出色的英译本），并将两位教授撰写的“导论”编译为中文。之所以采用“编译”的方式，一方面是因为他们编辑的《亚里士多德的〈论动物的运动〉：亚里士多德研讨会论文集》已经正式出版（*Aristotle's De Motu Animalium: Symposium Aristotelicum,* Oxford: Oxford University Press, 2020），涉及版权问题；另一方面也是因为篇幅的考虑，我采用“编译”的方式，两个“导论”都有 100 多页，如果全部翻译（特别是“语文学导论”里的大量注释），篇幅恐怕要接近 200 页了。我相信，虽然经过了缩减，现有的两篇“导论”也足以呈现《论动物的运动》这部短小作品的丰富内涵和希腊文本编辑过程的艰辛曲折。

近年来，国内学者对亚里士多德自然哲学的兴趣有了显著提升，希望这个《论动物的运动》希－汉对照版的问世，能够对中文学界相关问题的研究有所助益。我要感谢本书责任编辑王晨玉的一贯的负责、耐心和宽容。我深知古典文本翻译和研究的不易，本书中翻译和理解上的错漏，还望读者不吝赐教。

最后，我要将这个中译本献给拉普和普利马维希两位教授，感谢他们在本书筹备和出版过程中给予的巨大帮助，也以本书纪念我在MUSAPH度过的充实而愉快的时光！

刘 玮

2021年10月25日